John Siegfried Mehnert
Die Gewerkschafts-Bande

John Siegfried Mehnert

Die Gewerkschafts-Bande

Der größte Wirtschaftsskandal
der Nachkriegsgeschichte,
aufgeschrieben von dem Mann,
der die Neue Heimat zu Fall brachte

Rotbuch Verlag

Für Lionel, Marc, Peter, Reimer, Thilo und Wolfgang

Die Deutsche Bibliothek - CIP-Einheitsaufnahme

Mehnert, John S.:
Die Gewerkschafts-Bande / John S. Mehnert. -
Hamburg : Rotbuch Verlag, 1997
ISBN 3-88022-643-1

1. Auflage 1997
© Europäische Verlagsanstalt/Rotbuch Verlag, Hamburg 1997
Umschlaggestaltung: Groothuis+Malsy, Bremen, unter Verwendung
des Spiegel-Titels Nr. 7, 36. Jg., 15. Februar 1982
Herstellung: Das Herstellungsbüro, Hamburg
Satz: H & G Herstellung, Hamburg
Druck und Bindung: Druckerei Wagner, Nördlingen
Alle Rechte vorbehalten
ISBN 3-88022-643-1

Inhalt

Vom Unglück der Gewerkschaften
Prolog

D er Anteil Jugendlicher im DGB sank von 1980 bis 1995 um sechzig Prozent. Nur noch jedes fünfzehnte Gewerkschaftsmitglied ist unter 25 Jahre. Woher kommt die Abkehr der Jugend? Warum verkalken die Gewerkschaften?

In der Geschichte der Bundesrepublik spielten die DGB-Gewerkschaften einmal eine entscheidende Rolle; sie besaßen eine Macht, die sie einem Verfassungsorgan ähneln ließ — jedenfalls bis 1982, bis zum Skandal um den Wohnungskonzern Neue Heimat (NH).[1] Ohne die Gewerkschaften war damals so gut wie keine Politik zu machen: keine Schulpolitik, keine Gesundheitspolitik, keine Verkehrspolitik, keine Rechtspolitik und erst recht keine Wirtschafts- und Sozialpolitik. Der Deutsche Gewerkschaftsbund (DGB) hielt sich für den Gral des demokratischen Sozialstaates. Daß er (und seine Einzelvereine) vieles im Sozialstaat erkämpft hatte, rechtfertigte die Macht.

Die Eingliederung in das Bonner Verfassungssystem hatte die Gewerkschaften aus einer seit der Industrialisierung auferlegten Opposition erlöst. In allen Generationen zuvor hatten sie geglaubt, ihre Ziele nur in einer sozialistischen Ordnung erreichen zu können; ab 1945 wurden sie endlich Würdenträger einer bürgerlichen Demokratie. Eine umfassende Wiedergutmachung für die Leiden unter Hitler bescherte ihnen zudem immense Vermögenswerte; und diese addierten sie in den 50er und 60er Jahren mit ihren großen Rechten. Sie bestimmten so-

[1] Im gleichen Jahr begann die Ära Kohl.

zialpolitisch in allen Industriekonzernen mit und bauten vermö-
genspolitisch ein eigenes Wirtschaftsreich auf. Dreißig Jahre
phrasierten sie den innenpolitischen Ton Westdeutschlands.

Aber: Zur Wiedervereinigung 1990 war ihr Vermögen wieder futsch, und ihr Mitbestimmungsprogramm — das sie als
wirtschaftsdemokratische Idee auf drei Ebenen (Arbeitsplatz,
Aufsichtsrat, Regionalkontrolle) verfolgten — ebenfalls. Spätestens seitdem wurde klar, daß die Gewerkschaften sich über-
hoben hatten.

Sie schweigen heute auf allen Feldern, auf denen sie in der
alten Republik mitgemischt hatten. Bei den Schulproblemen
bleiben sie verlegen; in der Wohnungspolitik haben sie nichts
zu sagen; über die Medienrevolution machen sie sich kein Bild;
bei der Privatisierung öffentlicher Dienste knurren sie nur; die
Energiepolitik überlassen sie anderen; das Mitbestimmungs-
thema bleibt versteckt; und selbst die Machtkonzentrationen
bei Banken, Versicherungen, Händlern und Herstellern kom-
mentieren sie kaum noch. [2]

Diether Hofmann, Neue-Heimat-Chef 1983: »Wer radikale
Gewerkschaften will, der muß ihnen die Unternehmen und die
Mitbestimmung nehmen.« Radikal? Sie bangen um ihre Exi-
stenz. Und dieser sensationelle Wandel vollzog sich in zehn
Jahren! Was implodierte da beinahe so wie der Kommunismus
im Osten?

Der Anspruch einer gesellschaftlichen Veränderung von unten — die Vision einer antikapitalistischen Reform durch die
Arbeiter — bestimmte das Selbstverständnis der Gewerkschaften während ihrer langen Geschichte. Die Vision existierte seit
Karl Marx, für den der Sozialismus ja das Ende aller mensch-
lichen Leidensgeschichte bedeutete. Die Gewerkschaften

---

[2] 1995 zählten die im DGB zusammengeschlossenen Gewerkschaften 9,4
Millionen Mitglieder. Weitere 1,8 Millionen Gewerkschafter waren außer-
halb des DGB — etwa in der DAG oder im Beamtenbund — organisiert. Die
DGB-Mitgliederzahlen (durch die Wiedervereinigung gestiegen) gehen seit
Jahren zurück: stärker als die Beschäftigungszahlen.

kämpften zwar sehr praktisch für die Überwindung von Not und Diskriminierung — und erreichten entscheidende Freiheiten —, aber von der Marxschen Utopie ließen sie dennoch nie ab.

Schon in der Dialektik Hegels (die den jungen Marx anleitete) lag der Glaube, daß sich die Geschichte als Erlösungsprozeß entwickele: »Die Weltgeschichte ist der Fortschritt im Bewußtsein der Freiheit«, so Hegel. Daß die endgültige Befreiung bei Übernahme des industriellen Reichtums durch die Arbeiter käme — daß dadurch ein gesellschaftliches Paradies entstände —, wurde international der Marxsche Jahrhundertglaube.

Daß ein revolutionäres Proletariat die Avantgarde der Freiheit darstelle — so rundum mystisch (und terroristisch) hat es natürlich nur der kommunistische Ostblock propagiert. Aber die westdeutschen Gewerkschaften kamen aus der gleichen Glaubensschule und pflegten deshalb eine verwandte Tradition. Ihre bürgerliche Macht wurde von ihren idealistischen Theoretikern als »Niederlage der Arbeiterbewegung«[3] kritisiert. Mit der Marxschen Umsturztheorie konnten sie also verspielt drohen; mit ihr konnten sie zumindest ihre Ansprüche weihen: »Brüder, zur Sonne, zur Freiheit« sangen sie noch in den 80er Jahren auf ihren Kongressen (bevor sie in ihre Zweitautos stiegen). Sie sangen Revolutionslieder im Wohlstand.

Der Marxsche Glaube, so erinnerte der Franzose André Gorz 1980, ging aber »nicht von einer empirischen Beobachtung aus ... Marx dachte nicht, daß die Existenz eines revolutionären Proletariats seine Theorie rechtfertige; vielmehr sollte seine Theorie es ermöglichen, die Entstehung des Proletariats

---

[3] Ebbinghausen, Tiemann (Hrsg.), »Das Ende der Arbeiterbewegung in Deutschland?«, Opladen '84, S. 19

anzukündigen«.[4] Der Grüne Joschka Fischer: »Die Attraktivität des Marxismus lag in seinem Messianismus.«[5]

Kennzeichen gewisser Dekadenz war, daß dieser Messianismus beim DGB erhalten blieb und den eigenen Sozialstaat klein machte. Die Gewerkschaften hielten sich immer noch für besser als das bürgerliche System. Ihre vier Industriekonzerne etwa, die das System zu nutzen wußten, propagierten lautstark ein utopistisches Heil. Die DGB-Konzerne setzten keine technischen Produktivitäten frei, erfanden keine revolutionären Dienstleistungen, waren nicht kostenlos; aber sie beanspruchten alle, etwas Besonderes zu sein und für ein künftiges »Gemeinwohl« zu arbeiten. So zeigte sich die Arbeiterbewegung als Monstrum: Sie changierte zwischen Anspruch und Anpassung, Idealismus und Pragmatismus.

Noch Anfang der 90er Jahre ließen sich die Genossen daran erinnern, daß ihre Arbeit einen »Doppelcharakter« habe: »Kampf *im* Lohnsystem als Preisverfechter der Arbeiterklasse; Kampf *gegen* das Lohnsystem für eine revolutionäre Veränderung der Gesellschaft«.[6] Also mit vier kapitalistischen Trusts — deren Angebereien schon bloßlagen — weiter gegen das System! Und da auch die revolutionäre Veränderung im Nebel lag — weil kein Mensch verstand, wieso ein Umsturz den Wohlstand vermehren könne —, agierten sie erkennbar überdreht. Denn der Sozialstaat schaffte, so Fischer, »die epochale Veränderung des Kapitalismus, die nicht nur die materielle Lage der Arbeiter verändert, sondern auch ein utopisches Potential von Sicherheit, Gerechtigkeit und Zukunftschancen für die Unter-

---

[4] A. Gorz, »Abschied vom Proletariat«, Frankfurt '80, S. 14. »Daß eine empirische Nachprüfung der Theorie nicht möglich ist, hat den Marxismus wie eine Erbsünde belastet.« (S. 15)

[5] J. Fischer, »Die Linke nach dem Sozialismus«, Hamburg '92, S. 60. Der Autor nennt den Marxismus »politische Theologie« und greift damit auf ähnliche Benennungen von Ernst Bloch und Erich Fromm zurück.

[6] Infas-Studie »Gewerkschaften vor den Herausforderungen der 90er Jahre«, Frankfurt '89, S. 13 (Zitat von Marx)

klassen freigesetzt« hatte.[7] Die Gewerkschaften wirkten mächtig und marode.

Und ihr breiter Apparat zeigte sich träge und starr. Die Klientel bestand aus gut verdienenden Facharbeitern, unkündbaren öffentlichen Angestellten, beamteten Lehrern, beamteten Lokführern, beamteten Briefträgern. Der DGB war nicht mehr Sprecher der Unterprivilegierten, er bildete die Lobby einer bunten, gesicherten Mittelschicht. Die Schwerindustrie — Zentrum der Facharbeiter — verlor zudem an volkswirtschaftlicher Bedeutung; die Gewerkschaften begannen, strukturpolitische Reformen zu behindern.

Die Organisation bewegte sich derart satt, daß nicht einmal auffiel, wie der Verlust ihrer Industriekonzerne von den Funktionären als Betriebsunfall oder Partisanen-Anschlag verharmlost wurde: Nie wurde der Notverkauf als Zusammenbruch der dissonanten Grundhaltung untersucht. Eine Infas-Studie vermutete zwar, daß der alles auslösende NH-Skandal »auf die Einschätzung der gewerkschaftlichen Handlungskompetenz nicht ohne Auswirkungen« sei, sie hielt aber »die Akzeptanz zentraler Konzepte« für unbedroht.[8]

In diesem »zwar ... aber« lag nichts als Unsicherheit. Was blieb denn »zentral«? Ernst Breit, DGB-Vorsitzender von 82 bis 90, gab am Ende seiner Amtszeit eine Broschüre über seinen Wohnungskonzern heraus, die die Katastrophe als Ergebnis von Überraschungen beschrieb. In seiner Broschüre versuchte er, das Versagen auf eine Weise zu rechtfertigen, die nacktes Entsetzen hervorrief. Sein Eingeständnis von Ratlosigkeit ließ Zweifel an *jeder* außerbetrieblichen Kompetenz entstehen: Abgesehen von der Schuldzuweisung an NH-Chef Albert Vietor und der Propaganda für den Nachfolger Hoffmann pendelte die Verteidigungsschrift zwischen märchenhaften Dramatisierungen über dunkle Mächte der Verfolgung (»öffentliche Meinung«) und verblüffenden Beichten gewerk-

---

[7] Fischer, ebenda, S. 117
[8] Infas-Studie, ebenda, S. 6 (Vorwort)

schaftlicher Ahnungslosigkeit. Die schummerige Welt der Neuen Heimat, die sowohl Breit als auch Hoffmann (sowie dem Autor der DGB-Schrift)[9] schon vor der NH-Affäre bekannt war, diente plötzlich als Entschuldigung für den Bankrott. Und so sah man den Kern des Problems — die eigene Spekulation — bis zum Schluß nicht. Die Broschüre endete mit dem Seufzer: »Es wäre etwas gewonnen, wenn in den Medien ein zutreffendes Bild von den Gewerkschaften Platz greifen würde: wenn ihre Grenzen ebenso gesehen würden wie ihre Fähigkeiten, neue Ufer anzusteuern.« Vorwärts — und vergessen!

Wer vom NH-Skandal gleich in den co-op-Betrug stolperte, wer zehn Jahre lang — bei elitärem Anspruch — mit Blendereien, Bestechungen, Unterschlagungen und anderen Rechtsbrüchen die Schlagzeilen der Presse fütterte — und sich verteidigte wie ein Stasi-IM —, mußte mit historischen Strafen rechnen. Die »öffentliche Meinung« schlug zurück; in ihr lebte nicht nur feindlicher Konservatismus, sondern auch nachdenkliche Liberalität. Die öffentliche Meinung sah das Bild einer feisten Institution, einer verkommenen Sozialbewegung.

Ein überzüchteter Apparat implodierte also; sein Industriebesitz stellte den Höhepunkt seiner Macht dar — und entpuppte sich als Zeichen geistiger Leere. An der Entstehung der politischen »Unübersichtlichkeit«, die Philosoph Habermas als »Erschöpfung utopischer Energien« ausmachte, sind die Gewerkschaften entscheidend beteiligt.[10]

Mitte der 90er steht der DGB nun an der Wand. Es gibt 6

---

[9] Wilhelm Kaltenborn, »Neue Heimat. Die Jahre 1982 bis 1990«, hrsg. vom DGB-Bundesvorstand, April '90 (Kaltenborn hatte an den Aufsichtsrat-Sitzungen der NH teilgenommen.)

[10] Jürgen Habermas, »Die neue Unübersichtlichkeit«, Frankfurt '85, S. 141 ff. Für ihn endet jene »Utopie, die sich in der Vergangenheit um das Potential der Arbeitsgesellschaft kristallisiert hat« (S. 145). Und damit verschwände die Illusion, daß sich »Glück und Emanzipation« durch »Machtsteigerung und Produktion gesellschaftlichen Reichtums« einstelle (S. 161).

Millionen Arbeitslose.[11] Das gesamte Zentralsystem der Tarif-verträge gerät ins Wanken; mittelständische Unternehmer und konservative Politiker greifen an; die politischen Parteien (ein-schließlich Sozialdemokraten und Grüne) vergleichen die Stan-dards europaweit und erkennen die Kostenberge in den deut-schen Behörden und Sozialsystemen. Die Bewegung verschanzt sich — und bleibt doch so vermessen und schillernd wie damals.

Zudem steht sie vor gewaltigen technologischen Herausfor-derungen: Die Telekommunikation wird schon in den näch-sten zehn Jahren die Kultur in noch nie erlebtem Maße umwäl-zen. Radikale Arbeitsplatz- und Arbeitszeit-Veränderungen fallen an, völlig neue Lohnstrukturen und massenhafte Um-schulungen. Bereits heute erledigen deutsche Konzerne ihre Buchhaltung in Indien; schon heute werden in England Löhne wie in Korea gezahlt.

Und jedermann sucht nun Erklärungen, warum ausgerech-net in Deutschland mit der »Globalisierung« der Märkte und den technologischen Umwälzungen so hilflos umgegangen wird wie in kaum einem anderen Industriestaat: Die Arbeits-losigkeit wächst ohne Anzeichen eines Umschwungs; die Stücklohnkosten in der verarbeitenden Industrie zählen zu den höchsten der Welt; ein mit teuren Pensionen beladener Dienst-apparat überdacht das Land; und ganze Branchen können ihre Mitarbeiter nur bezahlen, weil der Staat sie subventioniert.

Der DGB müßte gegenüber Besitzeinbußen besser gerüstet sein als alle anderen Gewerkschaften in der EU. Aber das Ge-genteil ist der Fall: Er gibt nicht nach. Auf ihn fällt die Haupt-schuld für die Unbeweglichkeit des Landes, weil seine politi-schen Ansprüche bis heute nicht entwirrt sind — und in Erstarrung und Eigensucht blockieren.

Der Blick zurück auf das Blühen und Sterben der Neuen Hei-mat wird einige Erläuterungen geben für die heutige Paralyse;

---

[11] Die Bundesanstalt für Arbeit nennt 4,7 Millionen, aber rund 1,4 Millio-nen kommen hinzu: ABM-Kräfte oder arbeitsuchende Sozialhilfeempfän-ger.

er zeigt den Baukonzern als ökonomischen Mikrokosmos aktueller Gewerkschaftspositionen. Wer sich so in die Taschen log mit seinem Industriebesitz — und dies verdrängt —, kann ja nicht bei neuen Aufgaben offen sein. Der Blick zurück erfaßt die hanebüchenen Ansprüche aller damaligen DGB-Konzerne, gibt die besonderen Merkwürdigkeiten der Neuen Heimat wieder und führt schließlich — mit intimen Schilderungen aus der Konzernspitze — zu den Betrügereien und Dummheiten eines Managements, das im Auftrag des DGB den Wohnungsbau der Welt ändern wollte.

Daß die Jugend zu den Gewerkschaften zurückkommt, ist zu bezweifeln. Wahrscheinlich scheut sie den schuldbeladenen, verkrusteten Verein, obgleich die wirtschaftlichen Veränderungen ihre Einkommens-Chancen künftig schwächen werden. Denn die Kapital-Interessen organisieren sich weltweit; die sozialen Probleme hingegen entstehen lokal und fordern von den Arbeitnehmern eine neue Flexibilität. Und die kommende Informationsgesellschaft wird den politischen Durchblick eher verdunkeln.

Könnte man sich vorstellen, daß die Gewerkschaften jemals wieder kulturelle Hegemonie erreichen — so wie sie Antonio Gramsci als Voraussetzung für die moralische und politische Führung der damaligen Linken beschrieb? [12] Es gibt tatsächlich Theoretiker, die daran glauben: Oskar Negt etwa, Fahnenträger links engagierter Soziologie, forderte den DGB jüngst auf, den Sprung zur »selbstbewußten Gegenmacht« zu wiederholen. [13]

Negt — früher viel gelesen — argumentiert ungebrochen missionarisch. 1989 schrieb er schon (die Katastrophe der Neuen Heimat reflektierend), daß die Baupolitik der Gewerkschaften

[12] Gramsci (1891-1937) war ein populärer sozialistischer Theoretiker. Er schrieb: »Eine soziale Gruppe muß führend sein, bevor sie die Macht erobert; danach ... muß sie ›führend‹ bleiben.« Zitiert in: »Gramsci — vergessener Humanist?«, Berlin ’91, S. 27

[13] Oskar Negt in der Zeitschrift »Erziehung und Wissenschaft«, 10/96, S. 2

nicht aufgegeben werden müsse, wenn nur die »spezifischen Lebensorientierungen der Menschen« erkannt würden. Noch wichtiger als die Parteien, so Negt, seien in einer Demokratie die Gewerkschaften: Deren geschichtliche Kraft beruhe »darauf, daß sie ein ... Mandat ... der Unterdrückten und Ausgebeuteten ... haben«. [14] Daß Negt weitere sieben Jahre später — nach allen Pleiten und Verbrechen — die gleiche Schwärmerei veröffentlicht und dem DGB ein »sozialkulturelles Mandat« zuspricht, macht ihn zum Kreuzügler. Aber welcher Student hört da noch zu?

Die Gewerkschaften wuchsen einst als Emanzipationsbewegungen der Industriewelt: Daß ihre Zeit nun hauptsächlich durch eigene Schuld zu enden droht, wollen sie nicht wahrhaben — sie verschärfen dadurch die Krise.

[14] Oskar Negt, »Die Herausforderung der Gewerkschaften«, Frankfurt '89, S. 124 ff.

1. Wie ein Wolkenkuckucksheim entsteht *oder* Die ideologischen Ansprüche der Gemeinwirtschaft

Albert Vietor flog mit einem Charter-Jet ein; am Flughafen Frankfurt wartete der Chauffeur. Nach gut einstündiger Fahrt durch den sonnig-herbstlichen Taunus erreichte er den Konferenzort zwar als letzter, aber noch rechtzeitig zum Nachmittagskaffee. Rund vierzig Fachschuldozenten erwarteten dort — im idyllisch gelegenen Heidenrod/Springen — die Wirtschaftsmanager ihrer Gewerkschaften, um zu erfahren, »was in drei Teufelsnamen«, so ein Teilnehmer gleich zum Empfang, »wir noch mit unseren Unternehmen gemeinsam haben«.

Außer Albert Vietor, Chef der Neuen Heimat, waren zur zweitägigen Konferenz über Theorie und Praxis gewerkschaftseigener Konzerne erschienen: Diether Hoffmann von der Bank für Gemeinwirtschaft (BfG), Bernd Otto und Horst van Heukulum von der co-op, Walter Rittner von der Volksfürsorge sowie Walter Hesselbach von der Holding BGAG, in der kurz vorher alle Unternehmen des DGB —·außer dem größten Teil der Neuen Heimat — zusammengefaßt worden waren. Angereist war ebenfalls DGB-Vorsitzender Heinz Oskar Vetter, der im Kreise seiner Industriellen die Rolle des Arbeitgeber-Präsidenten spielte.

Auf der zweitägigen Top-Tagung im Taunus Ende 1977 wurde wohl letztmalig versucht zusammenzuhalten, was nicht zusammenhielt: Was hatte eine Arbeitnehmerorganisation mit einem Baugiganten wie der Neuen Heimat, einem Handelskonglomerat wie der co-op oder einem Versicherungs-Riesen wie der Volksfürsorge gemeinsam? Was unterschied diese Konzerne von anderen Unternehmen? Sollten sie sich überhaupt unterscheiden?

16

DGB-Chef Vetter formulierte in seiner Eröffnungsrede »die Schlüsselfrage« so: Verständen sich die eigenen Multis als »eine existentielle Auswirkung der Gewerkschaftsarbeit«? Aber niemand — keiner der Dozenten oder der Manager — konnte seine Frage beantworten; und die Unfähigkeit dazu lag nicht an Vetters geschraubtem Deutsch — sie lag schon an den gestelzten Zielen, die der DGB seinen Firmen setzte. Ein Dozent jammerte bereits am ersten Tag: »Die Leute begreifen die Besonderheit der Gemeinwirtschaft nicht.«

Unter dem Anspruch der »Gemeinwirtschaft« hatte der DGB seit Kriegsende seine unternehmerischen Aktivitäten eingeordnet. Noch 1972 definierte er seine Firmen als »Alternative zu privatwirtschaftlich geführten Unternehmen«, als »Schrittmacher wirtschaftlichen und gesellschaftlichen Fortschritts« und »dem Gemeinwohl verpflichtet«. Die namentlich aufgeführten Konzerne Neue Heimat, Volksfürsorge, BfG und co-op — jeder ein Gigant seiner Branche — würden »beispielhaft sozial- und gesellschaftspolitische Forderungen der Gewerkschaften verwirklichen« und aufzeigen, »durch welche Strukturen und Verhaltensweisen eine von den Gewerkschaften angestrebte Ordnung geprägt sein soll«.

Die BfG-Bank hatte innerhalb von 20 Jahren zu den drei Großen (Deutsche, Dresdner, Commerzbank) aufgeschlossen und rangierte der Bilanzsumme nach als viertgrößtes Geldinstitut der Bundesrepublik. Die co-op war aus der Fusion von Konsumgenossenschaften entstanden und hatte im Umsatz den Platz des ersten Lebensmittelgroßhändlers in Deutschland; kapitalistischen Supermärkten wollte sie »eine gegengewichtige Marktmacht« sein (Hesselbach). Die Volksfürsorge gehörte nach der »Allianz«-Gruppe zu den größten Lebens- und Sach-Versicherern im Lande; bei der Zahl der Lebens-Assekuranzen war sie sogar marktführend. Die Neue Heimat schließlich lief dem Wohnungsbau voran und bestimmte scheinbar auch jenen Markt, der sich mit Stadt- und Regionalplanung beschäftigte; sie galt nach Besitz, Umsatz und Arbeitsfeldern in Europa als führend.

Zusammen arbeiteten rund 75.000 Menschen in den vier Konzernen; dazu kamen mittlere Unternehmen wie etwa die Büchergilde Gutenberg oder die Bausparkasse BHW (50 Prozent). Die Touristik-Firma g.u.t. war zwar just verlustreich verkauft worden, aber das schien nur ein gezogener Zahn des Kolosses »Gemeinwirtschaft«. Der DGB wurde von vielen Experten als der größte Kapitalist Deutschlands eingeschätzt.

Im Taunus-Örtchen Springen traf nun pädagogische Theorie mit ökonomischem Pragmatismus aufeinander. Die Gewerkschafts-Dozenten kannten den industriellen Alltag nicht; die Macher interessierten sich nicht für die Träume der Ausbilder. Die Wirklichkeit — das wußten alle Teilnehmer — hatte mit den politischen Postulaten des DGB nichts zu tun. Was war denn an den Auslandskrediten, die die BfG an das faschistische Spanien vergab, »beispielhaft«? Wo lag die »Alternative« im Warenangebot der co-op? Wo arbeitete der »Schrittmacher des Fortschritts« bei der Neuen Heimat in Monte Carlo?

Vorwiegend als Selbsthilfeeinrichtungen der Arbeiter im 19. Jahrhundert, zu Beginn der Industrialisierung, gegründet, waren die historischen Leistungen gewerkschaftlicher Unternehmen unbestritten und hochgelobt. Wohnungen und Lebensmittel besorgten sich die Arbeiter damals selbst, um sich alternativ gegen Geschäftsgauner, Geldhaie und einen sozial gleichgültigen Staat zur Wehr zu setzen. Als sich etwa 1850 die ersten Konsumgenossenschaften gründeten, gab es noch Kinderarbeit in den Bergwerken. Als sich kurz darauf die ersten Arbeiterbauvereine bildeten, wurden noch Zimmer stundenweise an »Schlafburschen« vermietet. Wer damals unter den Knechten oder Dienstmägden eine eigene Kammer besaß, gehörte zu den Aufsteigern.

Der Kampf gegen das soziale Elend hatte Deutschland verändert, führte zum Aufstieg der Sozialdemokratie und zum (ungewollten) Sturz der Monarchie, und er prägte die erste republikanische Verfassung 1919. Aber was, außer der Ehrfurcht vor dieser Leistung, blieb für eine Politik der »Alternative« nach dem Zweiten Weltkrieg? 1949 wurde die Verfassung von 1919 fortgeschrieben, wurden die Gewerkschaften honoriert. Welche Funktionen hatten die Arbeiterunternehmen also über 100 Jahre nach den ersten Gründungen: bei einer besseren Sozialpolitik als in Weimar, bei einer fast die gesamte Industrie umfassenden Mitbestimmung in den Aufsichtsräten?[15]

Die in Springen versammelten Gewerkschaftslehrer glaubten weiterhin an das alternative Gebot. Sie glaubten zumindest, daß es für die DGB-Unternehmen noch immer besondere Ziele geben müsse. In den Bilanzen der Unternehmen fehlte ihnen ein Stück Utopie. Sie saßen im Karree um ihre Konzernmanager, und sie klagten an.

Es erzählte ein Schulungsleiter der IG Metall: Wenn man mit Gewerkschaftern über die eigenen Industriellen debattiere, so sei die Diskussion »durchweg negativ«, und der Unmut komme immer »wie ein Schuß«. Er sah unter den Genossen eine »Treibladung« gegen die Konzerne, und er machte dafür »das Verhalten unserer Unternehmer« verantwortlich.

Ein Dozent der IG Textil assistierte: Er sorge sich, daß »die Glaubwürdigkeit der Gewerkschaften in hohem Maße tangiert« sei. Denn »die Angriffe der Genossen wären nicht das schlimmste, wenn man nicht selbst vom Zweifel geplagt wäre, ob es sich bei den Firmen um verteidigungswerte Einrichtungen handelt«.

Außer den Konzernspitzen saßen noch einige Direktoren der Unternehmen an den Tagungstischen. Meistens fühlten sie sich gezwungen, zunächst ihr Gewerkschaftsbewußtsein herauszustellen, bevor sie sich mit den Bedingungen ihrer Arbeit entschuldigten.

Der großgewachsene, pausbackige co-op-Vorstand Bernd Otto faßte schließlich als einziger den Mut, den Klagen entgegenzutreten. Otto forderte das Ende der Ideologie. Er erhellte

---

[15] Zwei Modelle seit 1951/52: erstens eine paritätische Mitbestimmung in der Montan-Industrie, und zweitens eine Drittel-Quote in fast allen anderen Kapitalgesellschaften. 1976 wurde im zweiten Modell eine fast paritätische Mitbestimmung eingeführt (ab 2000 Beschäftigte).

an einem Beispiel über die Fleischpreise, warum sein Handelskonzern sich nicht anders verhalten könne als die Konkurrenz. Ihm genüge, wenn die Gewerkschaftsunternehmen »durch Leistung überzeugen ... Alles andere halte ich für verkrampft«. Es verschlug den Lehrern die Sprache, als er behauptete, »daß die umfassende Realisierung gewerkschaftlicher Ziele bei uns zu Schwierigkeiten« führen würde.

Dem co-op-Manager wurde prompt und heftig widersprochen: Ottos Haltung sei viel zu kapitalistisch; Erfolgsorientierung würde »nicht ausreichen«; DGB-Konzerne benötigten einen »besonderen Stellenwert«; ihre Existenz sei nur »mit Hilfe unserer gesellschaftspolitischen Konzeption zu rechtfertigen«.

Die Ideologen und Unternehmer quälten sich durch die Stunden. Mal schüttelte die eine Gruppe die Köpfe, mal die andere. Man zupfte sich seufzend an den Ohren oder blätterte abwesend in den Terminkalendern. Draußen schien die Sonne, drinnen drückte die Stimmung eines fruchtlosen Dialogs. Im kahlen Seminarraum am Rande eines Waldes wurde einer Führungsschar deutscher Gewerkschaften 1977 der unheimliche Zwiespalt ihrer Bewegung bewußt.

Eine Debatte darüber, welche »gesellschaftspolitische Konzeption« denn den Konzernen »helfen« solle, kam nicht zustande. Auf Ottos provokanten Hinweis, daß im DGB-Programm viel Verworrenes stehe — daß »man ideologisch auch etwas ganz anderes ableiten könnte« —, ging niemand ein.

In der Tat ähnelten die Thesen in der schmalen Broschüre von 1972, die eine Verfassung für die Gewerkschaftsunternehmen darstellte, manchmal den Missionssätzen calvinistischer Familienbetriebe der USA, die ihr Erwerbsstreben mit religiösen Glaubenssätzen garnieren. Die DGB-Konzerne, so war in dem Heft zu lesen, dienten »gewerkschaftlichen Zielen in folgender Weise: Sie verbessern die wirtschaftlichen Lebensbedingungen der Arbeitnehmer. Sie sind bemüht, Neuerungen durchzusetzen.« Und ihr Ziel sei erreicht, wenn sie »ein fortschrittliches Instrumentarium in Technik, Finanzwirtschaft und Unternehmensführung entwickeln«.

Am Rockefeller-Center in New York steht vor der Kunsteisbahn eine Tafel mit ähnlichen Sprüchen: Kapitalist Rockefeller sah sein »fortschrittliches Instrumentarium« als gottgefälliges Verhalten.

Den Widerspruch zwischen sozialen Geboten und kalter Praxis empfanden die Schulungsleiter als besonders eklatant bei der Neuen Heimat. Das Image des größten Wohnungsunternehmens Europas war düster, seine Selbstdarstellung protzig, seine Abrechnungen entpuppten sich als anstößig, seine politischen Geschäfte als skandalträchtig.

Aller Mißmut meinte immer zuerst die Neue Heimat. Der Bau-Konzern ging den Ideologen richtig »an den Nerv«. Und Vietors Vortrag half den Unmut auch nicht beseitigen: »Über unsere Köpfe hinweggeredet«, empfand ein Ausbilder die Ansprache. Ein anderer fühlte sich bestätigt, daß Vietor »nicht problemorientiert, sondern geltungsorientiert« denke.

Dabei bedachten die linken Lehrer ein paar Besonderheiten nicht, die die Neue Heimat von den anderen DGB-Konzernen unterschied. Beispielsweise wies sie sich in ihrem Wohnungsbau auch noch als »gemeinnützig« aus — ein doppelter Anspruch an Edelmut, der den Konzern unangreifbar arrogant machte: Eine gewerkschaftliche »Alternative« zur kapitalistischen Wirtschaft zu sein und darüber hinaus als »gemeinnützig« zu gelten, führte die Neue Heimat zur Behauptung, »eine Super-Gemeinnützigkeit« zu besitzen. Schon der brutale Ruf der Baubranche — in der unsaubere Kalkulationen bekanntlich verbreitet sind — schuf hier eine unüberbrückbare Strecke an Verwirrung.

Vietor verteidigte sich. Er verwies auf den Druck, den er auf gewerkschaftsfeindliche Baufirmen ausüben könnte; er hob ein paar sozialpolitische Leistungen seines Konzerns hervor, z. B. »Mieterbeiräte erfunden« oder staatlich bezahlte »Sozialarbeiter eingestellt« zu haben. Viel nannte er nicht. Es wirkte peinlich, wie ein Konzern-Chef vormachte, ein guter Junge zu sein — und dennoch schlechte Noten erhielt. Die nostalgischen DGB-Erzieher bemäkelten einen krassen »Zielkonflikt zwischen Marktverhalten und Sozialanspruch«. Und dieser Konflikt war so, als wenn eine Verkehrsordnung aus der Zeit der Pferdedroschken für die Autobahnen gälte: Der Sozialanspruch horchte auf die Echos der Vergangenheit — das Marktverhalten kannte die Technik der weltweiten Geldwäsche, betrieb Devisen- und Bodenspekulationen und nutzte das Know-how von Tausenden apolitischer Fachleute.

Walter Hesselbach, der mächtigste unter den versammelten Bossen, beteiligte sich nur verhalten an der Diskussion. In seiner Rede forderte er dazu auf, daß »der Inhalt der Gemeinwirtschaft mehr von den Gewerkschaften bestimmt« werden müsse, doch verwies er darauf, die Konzerne seien »nicht in der Lage, die Ordnung zu ändern«. Ansonsten lauschte er mit dem abgeklärten Lächeln des Unantastbaren.

Die von Hesselbach (bevor er zur Holding aufstieg) fast 20 Jahre lang gemanagte BfG-Bank stellte nämlich nicht nur das Zentrum aller vermögenspolitischen DGB-Erfolge dar, sondern auch das Hirn aller ideologischen Strategien. Sie war die gesamte Nachkriegszeit hindurch als Herausgeber einer Flut von Schriften und als Organisator ständiger Teach-ins über »Gemeinwirtschaft« aufgetreten. Eine eigens dafür gegründete Ideologie-Abteilung hatte sich mit haarspalterischen Abgrenzungen zum privaten Unternehmertum beschäftigt.

Hesselbach spielte die Hauptrolle im Wolkenkuckucksheim der Gewerkschafts-Theorie. Wer seine Aufsätze liest, die er bei seinem Aufstieg zum Herrscher über das gesamte DGB-Vermögen publizierte, kann noch heute feststellen, daß der als Pragmatiker geltende Bankier ein ideologischer Quacksalber war.

Ein kurzer Blick auf eine seiner Reden: »Parallel zu dieser Änderung ... ändert sich der Gegner, gegen den operiert wird. Dabei werden die alten Freund-Feind-Verhältnisse abgebaut und neue Fronten gebildet. Die Produktivgenossenschaft sah sich noch in tödlicher Feindschaft zum privaten Unternehmer ... Anders nun die ›gemeinwirtschaftlichen‹ Unternehmen: Sie haben keine konkreten Gegner mehr, keine Klasse oder keinen

Stand, den sie ausschalten möchten. Sie betrachten sich nicht mehr als Gegner der Marktwirtschaft. Sie sind ihre aktivsten Anhänger.«

Gleiche Rede, eine Seite weiter: »Die deutsche Arbeiterschaft verlangt heute von ihren Unternehmen keinen Schutz mehr gegen die Ausbeutung. Sie hat ihnen statt dessen ein operatives Vorgehen zum Schutz der bestehenden Wirtschaftsordnung aufgegeben ... Aufsichtsrat und Vorstand eines gemeinwirtschaftlichen Unternehmens müssen deshalb Überlegungen anstellen, die weit über das hinausgehen, was sonst in der Wirtschaft gedacht wird. Beide Organe benötigen mehr als nur den homo oeconomicus. Sie benötigen den homo politicus.«

Sätze wie von Ludwig Erhard — aber auf keinem Gewerkschaftskongreß gelesen.

Diesen Vortrag hielt Hesselbach 1970 — drei Jahre, nachdem er sich mit Vietor privat an der »teletherm« beteiligt hatte, die von den NH-Mietern das Heizgeld kassierte. Er sagte weiter, daß gemeinwirtschaftliche Unternehmen dennoch »für altruistische Ziele arbeiten«, daß ihre Ergebnisse »unmittelbar dem Wohl einer übergeordneten Gesamtheit gewidmet« seien und daß er sich unter Kritikern seiner Theorie vorkomme wie jemand, »der dem Blinden von der Farbe spricht«.

War Hesselbach ein Falschspieler oder nur ein Schwadroneur? Eine Erklärung für diese Phrasen scheint sein politischer Ehrgeiz gewesen zu sein, die Rolle eines Volkspädagogen zu spielen. Das Wort »Erziehung« tauchte bei ihm häufig auf, und in seinen biographischen Angaben schrieb er, daß er »ursprünglich Lehrer werden« wollte.[16]

Seine Kanzelreden glichen allerdings den Arbeiten einer Gruppe von Wirtschafts- und Sozialwissenschaftlern, die jahrzehntelang mühevolle Definitionen und Analysen von »Gemeinwirtschaft« anfertigten. Ihre Suche nach sozialistischen oder altruistischen Wirtschaftsformen entsprang wohl huma-

---

[16] Hesselbach lernte von 1933 bis '35 bei einem verfolgten jüdischen Bankier; dem Judentum zeigte er sich lebenslang verbunden.

nistischen Impulsen, führte jedoch nur zu politischen Gutachten oder zu akademischen Sandkastenspielen: Da die Gewerkschaften sich dem Gemeinwohl gleichsetzten, wurden ihre Konzerne als uneigennützig akzeptiert. Selbst Finanzierungskniffe der Neuen Heimat galten als »gemeinwirtschaftliche Pionierleistungen«. [17] Die meisten Bücher und Beiträge blieben unbeachtet, weil sie entweder vage oder widersprüchlich argumentierten. Keine der Arbeiten beeinflußte die Volkswirtschaft, die Betriebswirtschaft oder die Soziologie. [18]

Hesselbachs Sprüche dagegen, gepaart mit seiner Bankmacht, förderten die Täuschung. »Die Konkurrenz um die Gewinne«, so der Bankier, »muß um die Konkurrenz von Verhaltensweisen bereichert werden« (dies geschah in ungeahnter Weise). Während die DGB-Konzerne also nach den Gewinn-Regeln des kapitalistischen Systems wuchsen, sollten sie das System zur sozialen Verantwortung erziehen und die Kapitalisten zu »altruistischem« Denken führen. Was Fritz Naphtali, Theoretiker der Gewerkschaften in den 20er Jahren, sich als »Wirtschaftsdemokratie« gedacht hatte, sollte durch Beispiel-Politik ersetzt werden.

Hesselbach zitierte gerne Politiker und Gelehrte, die sich im Laufe der Geschichte mit Wirtschaftsideen beschäftigt hatten. Er nannte auch Max Weber — ohne aber dessen Kritik zu erwähnen. Denn »Gemeinwirtschaft« kam schon als Modeformel in den Debatten von 1919 auf. Damals spottete Max Weber — der wegen seines wirtschafts- und religionssoziologischen Durchblicks noch immer die Soziologie bestimmt — in seinem Katalog über die »Grundkategorien«: »Der sonst oft gebrauchte Ausdruck ›Gemeinwirtschaft‹ ist aus Zweckmä-

[17] Burkhardt Röper u. a., »Theorie und Praxis der gemeinwirtschaftlichen Konzeption«, Göttingen '76.
[18] Theo Thiemeyer (»Gewerkschaftliche Politik: Reform aus Solidarität«, Köln '77, S. 533 f.) vermengte öffentliche Betriebe mit Gewerkschaftskonzernen und kam zu Feststellungen wie: Gewinne seien hier oft »kein unmittelbares Ziel«, sondern »Abfallprodukt«.

ßigkeitsgründen hier vermieden, weil er ein ›Gemeininteresse‹ oder ›Gemeinschaftsgefühl‹ als normal vortäuscht, welches begrifflich nicht erfordert ist (über die Ökonomie nichts sagt; d. Verf.): Die Wirtschaft eines Fronherrn oder Großkönigs — nach Art des Pharaonischen — gehört zur gleichen Kategorie wie die eines Familienhaushalts.«

Die Privatindustrie, so Weber, die den Gewinn und die Effizienz sucht, habe eine klarere Geschäftsethik als alles, was unter »Solidaritätswirtschaft« erkennbar sei. Wo das Erwerbsstreben scheinbar aufgegeben werde, wie etwa bei der »Kriegsgemeinwirtschaft« unter Kaiser Wilhelm, habe sich »eine beispiellose Schädelstätte aller Wirtschaftsethik« gezeigt.

Auf der Rückfahrt durch den Herbstwald von Springen zum Flughafen Frankfurt erzählte ich Vietor, daß ich über Weber an der Uni Vorlesungen gehört hatte — und daß Weber von der »Gemeinwirtschaft« nichts hielt. Wir sprachen über das Brimborium der DGB-Theorien. Vietor gab zu, daß Besonderheiten bei Gewerkschaftskonzernen »schwer zu vermitteln« seien: »Besonders, wenn die Mitbestimmung wächst, wird es schwierig.«

Öffentlich hat Vietor aber nie den Salbadereien widersprochen. Hesselbachs Redetalent widersetzte er sich nirgendwo. Max Weber tat er als »Wegbereiter Hitlers« ab. Er übernahm damit die Diffamierungen marxistischer Theoretiker, mit denen er sonst nichts gemeinsam hatte.

Je böser die Kritik an der Neuen Heimat wurde, um so mehr Wind machte er selbst. Sein eigener Ideologe Wolfgang Werner, Leiter des Ressorts »Unternehmenspolitik«, 1979: »Die Entwicklung der Neuen Heimat ist eine Entwicklung von Gegenmacht gegen installierte Macht und damit eine Schutzmaßnahme der die freiheitliche Demokratie verteidigenden Kräfte.«

Ein Vierteljahr nach der Tagung im Taunus flog ich nach Düsseldorf, um an einer Referentenberatung über »Gemeinwirtschaft« teilzunehmen. Niemand war bereit, auf den Begriff zu verzichten, und in der DGB-Zentrale sollten neue Schnörkel gefunden werden. In Düsseldorf begrüßte Achim von Loesch, Leiter der Ideologie bei der BfG; die Beratung wurde von ihm bestimmt, obgleich er nicht der Gastgeber war. Loesch arbeitete als Hesselbachs Chefredakteur, und er hatte ein 360-Seiten-Buch geschrieben, in dem er einen betriebswirtschaftlichen Vergleich der DGB-Firmen mit der übrigen Wirtschaft ablehnte: »Nur mit Hilfe einer gemeinwirtschaftlichen Erfolgsrechnung könnten die Erfolge mit den Leistungen anderer Unternehmen verglichen werden.« Im Buch führte er nicht aus, wie seine Rechnung funktionierte. Von Loesch nahm den Aufsichtsräten auch jede Sorge, sie würden schlecht kontrollieren: »Der Machtzuwachs beim Management gemeinwirtschaftlicher Unternehmen ist weniger bedenklich als bei privaten Unternehmen.« Warum? Die »leitenden Mitglieder des Managements sind Verfechter gemeinwirtschaftlicher Ziele«.

Mit solchem Wortgeklingel beschäftigte sich die halbtägige Beratung in Düsseldorf. Meine Frage, ob man nicht alle Theorie lassen sollte, wurde vom Assistenten Vetters bejaht, aber mit dem Zusatz beantwortet, die Mitgliedschaft erwarte Definitionen. »Kein Problem«, ergänzte Loesch. Ich wußte eigentlich nie, wer die Ideologie forcierte: Hesselbachs Apparat oder eine Theorie-Fraktion im DGB.

Die Programmbroschüre von 1972 wurde 1979 durch ein neues Heft ersetzt — etwas bescheidener in den Ansprüchen, aber erheblich nebulöser: Es gab weiter den »gemeinwirtschaftlichen Auftrag«, der zu »gemeinwirtschaftlichen Verhaltensweisen« verpflichtete und dann »gemeinwirtschaftliche Ziele« erfüllte. Im Heft tummelten sich die Worthülsen; die meisten Sätze konnten von jedem Stammtisch unterschrieben werden. Die »konkreten Aufgaben« der DGB-Firmen ergäben sich »aus den Bedürfnissen der interessierten Gruppen«. Oder: »Die Unternehmen fördern den Wettbewerb durch Produktpolitik, Servicegestaltung und andere Marktleistungen. Sie tragen den Kundenbedürfnissen in besonderer Weise Rechnung.«

Einerseits gaben sich die Eigner utopistisch: »Zugunsten

übergeordneter Ziele« sollten die Gewerkschaftsfirmen »auf Gewinnchancen, die der Markt bietet, verzichten können«. Andererseits verlangten sie nicht nur ausdrücklich die »angemessene« Verzinsung des Kapitals, sondern auch »die Erwirtschaftung von Mitteln zur Selbstfinanzierung und zur Bildung von Rücklagen«.

Vetter hatte in Springen sinniert, ob »die Unternehmen für die Verwirklichung unserer Ziele noch nötig« seien. Na, welche Ziele verfolgte Vetter denn? War nicht beabsichtigt, daß die Konzerne die Gewerkschaften zu Machtkonglomeraten erweiterten, in denen ein Funktionär die Rollen des Puntila und des Knechts gleichzeitig spielte?

Klaus Biertz, Leiter der NH-Abteilung »Unternehmensrecht«, flüsterte beinahe in seinem Büro, als er einräumte, daß das strategische Ziel der Gewerkschaften — ja, ja — die Vermehrung ihres Vermögens sei, weil sie sich davon größeren Einfluß versprächen. Und er lächelte nur, als ich ihn fragte: »Wo liegt der Unterschied zwischen einem Unternehmer im DGB und einem im Industrieclub?« Denn den Wettbewerb konservieren zu wollen und zugleich die »Fortentwicklung der Wirtschaftsordnung« zu fordern, hieß in der Übersetzung Vietors (der auf Teilmärkten Monopolist war): »Wir können den politischen Auftrag nur erfüllen, wenn unser Einfluß am Markt verstärkt wird.«

1978 ließ ich einige Gruppen von Meinungsbildnern (Politiker, Bankiers, Architekten, Journalisten) zur »Gemeinwirtschaft« befragen: Über die Hälfte der Interviewten wußte mit dem Begriff nichts anzufangen. Ein weiteres Drittel war kühner, aber nicht klüger; es definierte etwas »Gesamtwirtschaftliches«. Als die Theorie im Vorstand der Neuen Heimat zur Diskussion stand, wurde darüber keine fünf Minuten gesprochen. Gleichgültig wurde das Papier beiseite gelegt.

Außerdem gab es ja für den Vorstand dieses zweite Etikett »Gemeinnützigkeit«, deren Bedingungen und Gebote schon genug beschäftigten. Mit »Gemeinnützigkeit« assoziierte jedermann Sozialverhalten, Wohltätigkeit, Hilfsbereitschaft.

Den Meinungsführern wurden Fragen auch zu diesem Begriff vorgelegt: 40 Prozent verbanden damit karitative Einrichtungen — wie das Rote Kreuz oder die Arbeiterwohlfahrt. Gleichfalls 40 Prozent meinten, daß solche Institutionen ohne Gewinn arbeiten müßten.

Die Geschichte gemeinnütziger Unternehmen verlief mit der der Gewerkschaftsfirmen verwandt und verwoben; auch diese Firmen entstanden als Reaktionen auf die sozialen Verhältnisse zu Beginn der Industrialisierung. Gemeinnützige Baugesellschaften arbeiteten z. B. als Stiftungen oder als genossenschaftliche Kollektive; und diese Organisation kollektiver Selbsthilfe markierte ja die Anfänge gewerkschaftlicher Firmen: bei Krediten, Versicherungen, Häusern und Konsumvereinen. Dem Wohnungsbau allerdings räumte das Kaiserreich eine besondere Bedürftigkeit ein. Ihm wurde deshalb eine extra »gemeinnützige« Betriebsform gestattet, die von bestimmten Steuern befreite, wenn sie auf die üblichen Gewinne verzichtete. Die Arbeiter nutzten die Betriebsform ebenso wie Kirchen, Kommunen oder sozial engagierte Stifter.

Gemeinnützige Baufirmen verfolgten schon eher »altruistische Ziele«, verzichteten schon eher auf »Gewinnchancen, die der Markt bietet«, waren jedenfalls immer eine organisierte Alternative zur Erwerbswirtschaft.

4,5 Millionen Wohnungen wurden in Westdeutschland nach dem Zweiten Weltkrieg von insgesamt 1.700 (eintausendsiebenhundert!) gemeinnützigen Initiatoren gebaut. In solcher Schar bewegte sich die Neue Heimat wie Gulliver in Liliput, ihr Marktanteil betrug rund 10 Prozent. Die zweitgrößte Wohnungsfirma war die kommunale »Saga« Hamburgs mit einem Viertel des NH-Besitzes. Die zehn ersten gemeinnützigen Träger besaßen zusammen so viel wie die Neue Heimat.

Doch dieser Erfolg genügte den Gewerkschaften nicht. Selbst im Kreis der alternativen Vermieter sahen sie ihren Baukonzern in einer Extra-Klasse. Hesselbach: So wie die Selbsthilfe einst gegen die »parasitäre Bourgeoisie« kämpfte, nämlich »fortschrittliche Unternehmensform in einem Markt mit atavistischer Konkurrenz zu sein — in der gleichen Situation ist die Neue Heimat«.

Um die Mittagszeit bestellten sich Vietor und sein Freund Rudolf Sperner, Chef der IG Bau, ein Bier: Auf dem Messegelände in Köln war soeben ein Kongreß der gemeinnützigen Wohnungsunternehmen zu Ende gegangen. Bei einer Podiumsdiskussion hatten evangelische und katholische Kirchenmänner — Mitglieder des Verbandes — ihre Arbeit als Wohnungsgeber mit den »Aufgaben der Barmherzigkeit für die Blinden, Krüppel und Armen« verglichen. Ihr Engagement auf dem Baumarkt sei ein gottgegebener Auftrag, so selbstverständlich »wie es in der Bibel steht«. Sperner, Hauptgesellschafter bei der Neuen Heimat, hatte an der Diskussion teilgenommen; feierlicher hätte er die Tätigkeit der Gewerkschaften nicht beschreiben können. Vietor hatte beifällig zugehört; Grund genug für einen abschließenden Schluck.

Als normative Basis für das alternative Unternehmertum galt das »Gesetz über die Gemeinnützigkeit im Wohnungsbau« (WGG). Es räumte den als sozial anerkannten Firmen Privilegien ein und unterwarf sie dafür bestimmten Auflagen. Die Privilegien lagen in den Abgabe-Befreiungen: Gemeinnützige Vermieter zahlten weder Körperschaftssteuer noch Kapitalsteuer noch Vermögenssteuer noch Gewerbesteuer.

Für diese Subventionen mußten sie sich Begrenzungen und Verpflichtungen unterwerfen: Sie durften höchstens vier Prozent Dividende ausschütten; sie hatten die Pflicht, überschüssige Gewinne zum Bau neuer Wohnungen zu verwenden; ihre Mieten konnten nur so hoch sein wie die Kosten; bei einer Liquidation fiel das Vermögen an den Staat; und ihre Geschäftstätigkeit mußte sich auf »Kleinwohnungsbau« beschränken. Ihr Besitz war also gebunden und ihre Verwaltung auf bescheidene Produkte eingeengt.

Die Aufsicht führte die gemeinnützige Interessengemeinschaft in eigener Regie. Sie rangierte als »Prüfungsverband« in genossenschaftlicher Selbstverwaltung, und sie überwachte

Organisation, Produkte und Bilanzen der Mitglieder. Die Selbstlosen kontrollierten sich selbst.

Und diese Vertraulichkeit hatte Vorteile. Wer unter den Mitgliedern wollte sich mit der Neuen Heimat anlegen? Der NH-Konzern zahlte rund 20 Prozent sowohl der Vereinsbeiträge als auch der Prüfungs-Gebühren. Zudem konnte sich der Verband Norddeutscher Wohnungsunternehmen (VNW), bei dem sich die Konzernzentrale angegliedert hatte, der Dynamik Vietors nicht entziehen: Der VNW spekulierte selber mit Grundstücken und Häusern. Was lag näher als gegenseitige Rücksicht?

Der Verband war beispielsweise am Harmonia-Verlag beteiligt, und die Neue Heimat bezog von diesem Verlag die Illustrierte »gut wohnen«. Weil die Zeitschrift als todlangweilig galt, sollte sie mehrfach storniert werden. Aber der Vorstand wollte nur kündigen, wenn Verbandsdirektor Joachim Teske zustimmte.

Prüfer Teske hatte der Neuen Heimat nämlich eine Gesellschaft mit 15.000 Wohnungen zum Freundschaftspreis verkauft. [19] Er erstellte dem Konzern private Gutachten und nahm an dessen Aufsichtsratssitzungen teil. Und er hatte eine eigene Prüfungsgesellschaft (»Nordrevision«) für jenen Konzern-Teil Vietors gegründet, der als »Städtebau« (NHS) außerhalb der WGG-Kontrolle arbeitete. Der NHS-Bereich nannte sich »Schwester-Konzern«. [20]

Teske machte aus seinem halbstaatlichen Idealverein eine ökonomische Wirtschaftseinheit. Und so nützlich wie Vietor den gemeinnützigen Teil mit dem NHS-Teil zu verbinden verstand, so bereitwillig gab Teske ihm die prüfende Hand. Er schickte die »Nordrevision«-Prüfer zum Verband oder umge-

---

[19] Die Nordwestdeutsche Siedlungsgesellschaft (NWDS)
[20] Der DGB und die damals 15 Einzelgewerkschaften waren an der NH und der NHS zwar verschieden, jedoch im wesentlichen wie folgt beteiligt: Größte Gesellschafter waren DGB, IG Metall und IG Bau; mittlere Anteile hielten IG Bergbau und ÖTV; die meisten anderen (z.B. Chemie, Handel, Post) besaßen jeweils drei bis fünf Prozent.

kehrt die Verbandsaufsicht zur »Nordrevision«. Denn derart locker übersprang auch Vietor die WGG-Grenzen: Auch in seinem Konzern wechselten die Manager von einem Rechtsbereich in den anderen; alle besaßen sicherheitshalber zwei Arbeitsverträge — für die gemeinnützige NH und für die NHS. Die Verbindung ermöglichte, NHS-Kosten auf die gemeinnützige Miete zu legen oder umgekehrt, gemeinnützige Gewinne dem Gesetz zu entziehen.

Die Tiefe der Freundschaft Vietor/Teske sah außerhalb des Konzerns niemand. Und dennoch war eine Bilanz-Kontrolle durch den eigenen Interessenverband öffentlich umstritten. Auch der sozialpolitische Nutzen der Steuer-Nachlässe wurde in den Medien bezweifelt, weil die Selbstlosen nicht billiger bauten als andere Vermieter.

Vor allem aber stellte die Neue Heimat die Vorstellung von »Gemeinnützigkeit« durch ihr undurchsichtiges Wachstum auf den Kopf. Sich zum größten Wohnungsherrn Europas zu machen und zugleich das Etikett einer Bahnhofsmission zu tragen, paßte nicht zusammen. Die Öffentlichkeit fühlte sich zunehmend für dumm verkauft. Daß das WGG 1990 abgeschafft wurde, ging nicht nur auf den NH-Skandal zurück, sondern lag schon 1980 in der Luft.

Vietor glaubte übrigens nie, daß er die Wohnungen treuhänderisch für den Staat baute: Da die Gewerkschaften sich dem Gemeinwohl gleichsetzten, gehörten die Wohnungen dem DGB — basta — auch im Falle einer Liquidation. Beim Aperitif sagte er einmal: »Wenn uns die Gemeinnützigkeit genommen wird, werden wir die Steuern nachzahlen.« Wieviel Steuern er insgesamt sparte, darüber gibt es keine Unterlagen.

»Der Begriff ›Gemeinwirtschaft‹ beinhaltet das weiteste, der Begriff ›Gemeinnützigkeit‹ das engste und strengste Verhaltensgebot«, so sein Ideologe Wolfgang Werner. »Da die Wohnungsgesellschaften unter das WGG fallen, die Städtebauunternehmen dem angenähert sind, ist der Gemeinwohl-Charakter der Neuen Heimat besonders deutlich.«

Ein Immobilienkonzern als Anstalt der öffentlichen Moral,

seine Baulöwen eine aufopfernde Heilsarmee, seine Spekulationen ein biblischer Auftrag! Die Neue Heimat stand auf einem extrem hohen Podest und rief in alle Richtungen ihre Einmaligkeit aus. Eine selbstlose Kämpferin sei sie im Elend der
Städte, ein Wunder der Wirtschaftswelt.

2. Wie ein Konzern gegen alle Welt kämpft
oder Der pathologische Alltag
der Neuen Heimat

In einigen Kreisen werde ich als Verräter eingestuft. Nach dem NH-Skandal verletzte mich ein befreundeter Politologie-Professor damit, daß er den Kontakt zu mir abbrach. Noch 1993 schrieb mir Helmut Kern, einst Wirtschaftssenator Hamburgs und mit der NH vertraut, einen Brief, aus dem hervorging, daß ich ihm Persona non grata bin.

Ich bin 1940 in Leipzig geboren. Meinen Vater zog es Ende 1945, als die Russen Sachsen besetzten, in den Westen. So wuchs ich in Bremen auf, wo bürgerlicher Biedersinn tolerant und bequem lebt. Die Stadt ist langsam und liberal; in ihr herrscht levantinischer Pragmatismus. Die Repression der 50er Jahre, die erzkonservative kulturpolitische Luft der Adenauer-Zeit, wurde hier durch kleine Freizügigkeiten erträglich. Hier machte ich mein Abitur.

Ich begann in Heidelberg, Deutsch und Politik zu studieren, wollte aber eigentlich Schauspieler werden und spielte einige Semester beim Kabarett »bügelbrett«. Als ich mit 23 Jahren Vater wurde, gab ich den Theatertraum auf und zog mit Familie nach Berlin, um schnell die Uni abzuschließen. Otto-Suhr-Institut und Osteuropa-Institut galten als Zentren des studentischen Aufruhrs gegen das Klima der Nachkriegszeit, gegen das Muffgemisch patriarchalischer Autorität und historischer Verlogenheit. Es entwickelte sich dort der Aufstand der 68er. In der Geschichte der Bundesrepublik gab es ja Vergleichbares nie wieder; die Ereignisse hatten verfassungsprägende Bedeutung. Ich machte meinen Hochschulabschluß inmitten dieser Turbulenzen: in Seminaren mit dem eifernden Dutschke, in Vorlesungen, zwischen denen die Professoren beschimpft und be-

worfen wurden und die Polizei die Demonstranten nieder-
knüppelte.

Ich hatte keine Hemmungen, 1968 als Diplom-Politologe
vom Otto-Suhr-Institut zu Krupp zu gehen. Ich war sogar stolz
auf den Anfänger-Vertrag: In Essen saß PR-Papst Zedtwitz-Ar-
nim (»Tu Gutes und rede darüber«), und der wollte jemanden
einstellen, der für Krupp-Chef Berthold Beitz politische Analysen begutachtete oder fertigte.

Schon 1970 erhielt ich ein Angebot vom »Spiegel«. Augstein
hatte Partei ergriffen für die 68er (so wie diese in der »Spiegel«-
Affäre für ihn auf die Straße gegangen waren), hatte seine
liberale Medienmacht etwas nach links gerückt und die Re-
form-Position der Studenten eingenommen. Die »Spiegel«-
Wirtschaftsredaktion, der ich nun fünf Jahre angehörte, stellte
die radikalsten Industrie-Reportagen der Republik zusammen:
Das kapitalistische System wurde nicht in Frage gestellt, aber
gesucht wurde rationale Autorität, soziale Verpflichtung, die
Begründung von Ansprüchen (bzw. Hierarchien) und der Blick
für Gerechtigkeiten. Die Reformpolitik Willy Brandts entwik-
kelte sich als Folge der 68er Unruhen, und der »Spiegel« stand
einer Regierung nie so nahe wie damals. Auch Krupp-Verweser
Beitz zeigte offen seine Sympathien für Brandts Ostpolitik, sein
Vorstand Mommsen ließ sich gar von Helmut Schmidt kostenlos anheuern. Während meiner »Spiegel«-Zeit wurde ich Gewerkschafter.

Als mich Vietor 1977 anwarb, kannte er meine Mitgliedschaft; ich hätte anderenfalls seinen Direktorenposten für Öffentlichkeitsarbeit nicht bekommen. Ich machte zur Bedin-
gung, an den Vorstandssitzungen teilnehmen zu können, weil
nur so Pressepolitik zu leisten war. Als ich anfing, hatte ich den
Glauben, mich für eine politisch gute Sache, die zu Unrecht in
Verruf gekommen war, zu engagieren. Dietrich Goldmann,
Leiter der Zentralabteilung ›Personalführung‹, begrüßte mich
»mit der Hoffnung, daß man im Bekanntenkreis irgendwann
wieder offen sagen kann, man sei bei der Neuen Heimat«.

Ich erkannte nur langsam, daß durch den Konzern ein Informationsnebel zog, als wäre die Konspiration das Geschäftsziel. Der Alltag hatte mit den ideologischen Ansprüchen nicht nur nichts zu tun, er zeigte eine Gegenwelt gespenstischen Hasardierens.

Gleich in den ersten Tagen saß ich viele Stunden bei Finanzvorstand Harro Iden. Er führte die Verhandlungen, die sich aus dem Zusammenbruch der »Bremer Treuhand« ergaben. Die Neue Heimat war an dieser Wohnungsfirma indirekt und geheim beteiligt gewesen und stritt nun mit den Banken um die hinterbliebenen Immobilienfonds. Iden rief regelmäßig Goldmann, die beiden Juristen Biertz und Becker sowie mich zu Konsultationen zusammen, erzählte aus den Verhandlungen und wollte unsere Meinungen hören.

Zum Streitpunkt entwickelte sich die Weigerung der Banken, für erkennbare Risiken der 34 Fonds zu haften. Iden berichtete nüchtern. Er erwähnte aber nie die politische Brisanz der Pleite: Die verdeckte Beteiligung war erst durch den Zusammenbruch aufgeflogen und hatte eine Verfilzung mit Politik und Bremer Landesbank offenbart. Wir sprachen nie darüber,

— welche lokalpolitischen Gefälligkeiten und Rücksichten existierten,
— wie die Verbindungen zum Boljahn-Skandal von 1970 aussahen (siehe S. 64),
— daß einige Banken, mit denen Iden um die Fonds zu streiten schien, Weisungen von der NH erhalten hatten, weil sie die »Treuhand«-Beteiligung für die NH verschleierten.

In meiner ersten Vorstandssitzung ging es sodann um ein Verfahren des Kartellamtes gegen die Konzerntochter »Union-Baubedarf« (UBB), die den Einkauf von Baustoffen besorgte. Einige Vorstände musterten mich so mißtrauisch, daß ich meine Kleidung überprüfte. Der Vorstand beschloß, die vom Kartellamt monierten UBB-Provisionen abzuschaffen. Monate vergingen, bis ich erkannte, daß diese Provisionen nicht nur formal wettbewerbswidrig, sondern betrügerisch waren (siehe 4. Kapitel).

Wer bei der Neuen Heimat zu arbeiten begann, brauchte nicht nur Gewerkschaftsausweis und Fachwissen. Die Krankenbilder des Konzerns zu verstehen und deren Ursachen zu kennen, war ebenso wichtig. Es hätte mit der Neuen Heimat niemals gutgehen können — selbst wenn die Vorstände sich die Privatgeschäfte verkniffen hätten. Der Konzern zeigte sich nicht nur als moralisches Blendwerk, sondern dahinter als organisatorische Mißgestalt. Er mühte sich mit zahlreichen Bürden, wovon die Ideologie nur die größte darstellte. Hinzu kamen Sonderprobleme, die aufgezählt werden müssen, um das politische Klima im Haus zu verstehen; die Neue Heimat kämpfte gegen den Rest der Welt.

Allein dadurch, wie ein Gewerbegesetz aus dem Kriegsjahr 1940 — das gemeinnützige WGG — das Management bestimmte, geriet jede Konzernplanung zum Vabanque-Spiel.

Alles, was die westdeutsche Industrie nach dem Zweiten Weltkrieg kennzeichnete — am Welthandel orientierte Unternehmen und internationale Kapital-Verflechtungen —, hatte sich vom WGG-Gesetz so weit entfernt wie ein Düsenflugzeug vom Doppeldecker. Die Nachkriegszeit (»Wirtschaftswunder«) sprengte in fast sämtlichen Industriezweigen die alte, autarkiebestimmte Volkswirtschaft. In der Wohnungsbranche ging es zudem um den Wiederaufbau eines zerbombten Landes mit Millionen von Ost-Flüchtlingen. Und: Als Lehre aus dem Kampf gegen Hitler hatten sich die Gewerkschaften zusammengeschlossen; ihr Besitz aus der Vorkriegszeit, bis dahin regional verstreut, wurde fusioniert.

Wenn das WGG wörtlich genommen worden wäre, hätte es den Baukonzern Neue Heimat nie gegeben. Er wuchs, weil die gesetzliche Basis »zeitgemäß« interpretiert wurde — und zwar nicht nur vom Vorstand, sondern von allen politischen Instanzen. Es kam nirgendwo Widerstand gegen einen »gemeinnützigen« Konzern auf, der in Frankreich Land kaufte oder in das Stadtbild Hamburgs einen Wolkenkratzer setzte.

Hauptmerkmal der NH-Organisation war ihre föderative Gliederung in sieben deutsche Regional-Töchter. Die Lenkung dieser Töchter erfolgte durch »Generalbetreuungen«, »Geschäftsbesorgungen« sowie mit weitgehender Vollmacht über die Gewinne eines »Ergebnisabführungsvertrages«. Hinzu wurde ein Kontrollorgan erfunden (das sogenannte »Vierte Organ«), das die regionalen Aufsichtsräte kleinhielt. Der Zentralismus gab dem Vorstand Einfluß auf Personal und Kapital aller Töchter — er war aber nach dem WGG illegal, weil das Gesetz nur regionale Geschäfte erlaubte.

Genaugenommen existierte der Konzern ohne Erlaubnis.

Darüber hinaus gab es eine Regel, die einem »gemeinnützigen« Vermieter grundsätzlich verbot, Bau-*Unternehmer* zu sein: Die sogenannte »AdB«-Regel schrieb vor, daß Betriebe, die sonst im Baugewerbe arbeiteten (z. B. Materialhändler, Makler, Architekten), keinen Einfluß auf den Vermieter haben dürften. Die klösterliche Vorschrift entstammte noch der Kaiserzeit; sie problematisierte Verflechtungen beim Einkauf, bei der Planung und Finanzierung — und zwang zu organisatorischen Schleichwegen. Der Konzern besaß keine Chance, normal zu sein.

Dreißig Jahre hindurch hat sich die Neue Heimat an den WGG-Vorschriften gerieben, hat unerlaubte Geschäfte gemacht, verbotene Finanzwege gebaut, Winkelzüge erdacht und Ausnahmen erschlichen. Ihre Energien waren darauf gerichtet, die Grenzen der alten Auflagen zu sprengen; ihr Wachstum kämpfte nur gegen das Gesetz.

Das wuchernde Unternehmen wurde in der Öffentlichkeit bewundert. Denn der Erfolg zählte, und die Neue Heimat packte an. Sie erwies sich als der energischste Wohnungsproduzent in der Not der Republik. Der als kritisch bekannte Bernt Engelmann, Kopf des westdeutschen PEN-Zentrums, schrieb einen Lobgesang auf die Neue Heimat: Sie sei »zu einem in der Welt einzigartigen Instrument und marktregulierenden Faktor« geworden. Der DGB könne stolz auf sie sein. Mißtrauen läge an mangelnder Information; die Gewerkschaften stellten »ihr Licht unter den Scheffel«.

Ein Hamburger Regierungsdirektor vom Amt für Wohnungswesen (AfW) war abgestellt, die Einhaltung der alten Normen zu überwachen; aber auch er ließ sich vom Aufbau überrollen. Das AfW erkannte zwar manchmal Verstöße, interpretierte das WGG jedoch »konstruktiv«. Und der Teskesche Prüfungsverband (mit Vietor verfilzt) sah das WGG ohnehin mit »Moos besetzt«.

Nur: Das Erfolgsfeld blieb eine Grauzone; helles Licht durfte auf die Methodik nicht scheinen. Der Konzern hatte darauf zu achten, daß seine Mittel geheim blieben und seine Resultate unübersichtlich.

Eine Verbotszone entstand also vergleichbar der Praxis bei der Parteienfinanzierung: Die Beteiligten hatten sich auf Verfahren geeinigt, die mit der Rechtsordnung schummelten. Politiker aller Lager und Beamte aller Stufen kniffen ein Auge zu, weil ihnen die Ergebnisse wichtiger schienen als die Regeln. Der parlamentarische Untersuchungsausschuß in Hamburg stellte 1986 fest, daß manchmal die Vorschläge, das WGG zu umgehen, sogar direkt von der Behörde kamen.

Die »konstruktive« Mitarbeit der Wohnungsbehörde AfW sah nach den Feststellungen des Ausschusses so aus:

»— Für die NH entscheidende Vorgänge wurden ihren Interessen gemäß politisch entschieden.

— Generell entwickelte sich eine Handlungsmaxime: Was der NH nütze, müsse unschädlich sein.

— Eine rechtlich unzulässige Konzernentwicklung wurde nicht zur Kenntnis genommen.

— Einmal so verfangen, vermochte sich die Behörde nicht aus dem vermeintlichen Gleichklang von NH-Interessen und Wohnungspolitik zu befreien.

— Wurde von Außenstehenden kritisiert, wurde dies von der Behörde als Einmischungsversuch betrachtet. Als Außenstehende galten die Steuerbehörden.«

Unter der Erfolgsdecke der »gemeinnützigen« Neuen Heimat brodelte eine existentielle Unsicherheit. Sie stieg ins Krankhafte, als dann mit dem »Städtebau« ein Nebenkonzern wuchs, der das WGG als Steuer-Oase mißbrauchte (siehe 4. Kapitel).

Und deshalb zeigte die Innenansicht des Konzerns das Gegenteil des äußeren Bildes von effizient gebündelter Macht.

Das Buch »Neue Heimat — Teure Heimat« von den Autoren Scheiner und Schmidt kam Mitte der 70er Jahre als erster kritischer Titel über die NH auf den Markt. Dennoch las es sich auf den meisten Seiten so, als hätte es ein anderes Unternehmen zum Thema: Ein wendiger und moderner Konzern wurde geschildert; konzentriert in seiner Organisation; scharf im Kalkül; die Spitze unternehmerischer Professionalität. Trotz aller Angst der Autoren vor einem Moloch, der den DGB verschlang — viel Respekt vor der Effizienz des Managements. Und ähnlich achtungsvoll schrieb die gesamte Publizistik.

In Wirklichkeit fehlte fast jede Effizienz: Wenn die »Bild am Sonntag« von der NH wissen wollte, ob bei den Wohnungen Mietsenkungen aufgrund gefallener Hypothekenzinsen durchgeführt wurden, brauchte die Recherche im Konzern — die Antwort auf eine einfache Frage — vier Tage.

Oder: Ich flog an einem Freitag zu einem Termin nach Düsseldorf und fuhr anschließend, spät nachmittags, noch bei der Verwaltung der NH-Tochter vorbei, um »Hallo« zu sagen. Da erzählte mir der dortige Medien-Referent Claus Schwoerbel, daß die Düsseldorfer Geschäftsführung in drei Tagen, also am Montag, eine Pressekonferenz geben würde. »Was? Wieso ist die Zentrale nicht unterrichtet?« — »Haben wir wohl vergessen.«

Schwoerbel organisierte Monate später ein Seminar über Öffentlichkeitsarbeit; er präsentierte auf dieser Veranstaltung sein eigenes Public-Relations-Konzept; ich erfuhr davon im nachhinein.

In der Informationspolitik benahm sich der Konzern wie eine Gemeinschaft unabhängiger Firmen. Daß Schwoerbel 1982 sogar mit fingierter Arbeit 400.000 Mark kassiert haben soll und den Staatsanwalt beschäftigte[21], sah zwar wie ein cha-

---

[21] »Spiegel«, 30/82, und »Stern«, 3.6.82

rakterliches Problem aus, bewies aber nochmals die föderativen Dunkelkammern.

Meine Präsenz im Vorstand ermöglichte keine Übersicht über die medien-relevanten Ereignisse im Konzern. Denn im Vorstand saßen drei Männer, denen die regionalen Geschäftsführer — und damit deren Pressereferenten — direkt unterstellt waren: Die norddeutschen Töchter unterstanden Wolfgang Vormbrock, die süddeutschen Horst Städter, die einzig westdeutsche überwachte Friedrich Riegels. Meine Arbeit hing von diesen Vorständen ab. Wollte ich wissen, welche Nachrichten die NH-Töchter produzierten, brauchte ich die Bereitschaft der drei.

»Wenn wir in Bayern«, so der dortige Geschäftsführer Loderbauer, »Abhängigkeiten von Hamburg zeigten — ja, nix wär.« Machte er sich mit Münchner Journalisten zu einer Städte-Tour nach Holland auf, benötigte er dafür keine Absprache mit der Zentrale; er mußte mich nicht einmal unterrichten.

Besonders exklusiv gerieten die Freiräume bei Wolfgang Vormbrock. Landsmannschaftliche Animositäten konnte er nicht vorbringen; er verfolgte dennoch den Aufbau einer persönlichen Bühne. Für seinen Konzernteil (von Osnabrück bis Berlin) ließ er ein eigenes Werbehandbuch drucken; und er leistete sich journalistische Berater, die für ihn heimlich arbeiteten.

In seine Pressearbeit hätte ich mich nicht einzumischen: »Für Sie gibt es da nichts zu koordinieren.« Und ob er Skipper-Treffen in Kiel finanzierte, Vorstellungen in Hamburger Theatern stützte oder Pressebälle in Berlin und Bremen subventionierte — über seine Werbung entschied seine Laune oder seine PR-Agentur. Der unerlaubte Zentralismus zeigte exotische Blüten.

Vormbrocks Belehrungen gegen meine Versuche, Überblick zu bekommen, beeinflußten natürlich seine regionalen Medien-Referenten: Der Bremer Kollege, meistens frohgelaunt, sagte mir deutlich, auf wen er angewiesen sei. Der Hamburger Referent, immer ernst, ließ mich gerne zappeln. Was die Pressestellen der NH-Töchter trieben, erfuhr ich nur zum Bruchteil.

Inhalt, Form und Empfänger regionaler Presse-Texte unterlagen gleichfalls örtlicher Bewertung. In Bremen waren die Meldungen auf orangefarbenem Papier mit braunem Rahmen gedruckt, in Hamburg wurden sie grau unterlegt, in München standen sie unter einem blauen Balken, in Berlin neben einer gelben Säule: So, als hätten die NH-Firmen nichts miteinander zu tun.

Hinter der Vielfalt steckte aber nicht etwa das Kalkül, eine regionale WGG-Organisation vorzutäuschen. Die Buntheit entstand durch Eigenmacht und Zufall. Das Konzernkürzel »NH« existierte auf Bauschildern, Briefbögen oder Anzeigen in etwa 20 graphischen Variationen. Das Signet war breit und dünn — oder eng und fett — oder mit Fußleiste — oder mit Namenszeile — oder der Dachbalken hatte jede gewünschte Neigung: von ganz spitz bis fast flach. Das Signet variierte selbst innerhalb der Hauptverwaltung.

Der Wirrwarr bei den informativen und optischen Signalen stand als Exempel für die Unentschiedenheit im Haus, d. h. für die Unfähigkeit, den Konzern überhaupt präsentieren und erklären zu können. Solange die Wiederaufbau-Geschäfte gebrummt hatten, brauchte niemand auf Genauigkeit zu achten; der Nachkriegsboom hielt das innere Durcheinander verdeckt. Aber wer den Konzern nicht erklären konnte, hielt auch seine Zukunft verschwommen.

Ende der 70er Jahre führte ein aufwendiger Geschäftsversuch die Last dieses organisatorischen Wildwuchses vor: Eine Fertighaus-Gesellschaft (NHF) sollte auf die Beine gestellt werden, und der kleine blonde Heinz Dietrich warf sich als junger Geschäftsführer mit Elan auf die Arbeit. Angetrieben wurde er vom Glauben, der Fertighausverkauf könnte den Konzern aus der Baisse ziehen.

Dietrich testete die abenteuerlichsten Verkäufer für sein Team. Auf einer seiner Tagungen bildete ich mir ein, nur so von Schlawinern, Hütchenspielern und Marktschreiern umgeben zu sein. Er scheiterte nach vierjährigem Versuch, weil die NHF die Gewinnzone nicht erreichte. Und sie konnte sie nicht erreichen, weil sie im Konzern-Labyrinth versackte.

Die altväterliche »AdB«-Regel verbot nämlich seinen Verkauf, da Vertriebsgarantien einen Fertighaus-Verkäufer zum Bau*unternehmer* machten. Es entstanden also behördlich genehmigte Umwege: Die NHF wurde der Konzern-Schwester »Städtebau« angehängt, beanspruchte aber die Mitarbeit der gemeinnützigen Töchter, da der Vorstand das Ziel hatte, regionale Grundstücke loszuwerden. Das umständliche Konstrukt erwies sich als aufreibend teuer, sein Ziel als marktfremd. Denn die Kauf-Interessenten besaßen eigenen Bauboden, und die gemeinnützigen, an Vermietung gewöhnten Sachbearbeiter zeigten für Verkäufe »wenig Motivation« (Dietrich).

Da die Fertighäuser auch noch vom Konkurrenten Streif geliefert wurden — was den Endpreis nicht verringerte —, glich es schon Tollheit, mit dem changierenden Apparat auf Erfolg zu hoffen.

Der Schlendrian, der sowohl im ideologischen als auch im gesetzlichen Dunst entstand, verstärkte sich sodann durch eine dritte Sonderheit: durch die Abhängigkeit von der Öffentlichen Hand als Auftraggeber. Als ich West-Vorstand Friedrich Riegels das erste Mal traf, im Düsseldorfer »Malkasten«, erzählte er gleich, daß seine Verkaufsgespräche durchweg »bei einem Bierchen« geführt würden.

Die Kumpaneien und Rücksichten in kommunalen Polit-Zirkeln, die Abhängigkeiten von Geldern guter Beziehungen — diese Eigenart schuf vornehmlich im NHS-Konzern eine Akquisitionspolitik am Stammtisch, die keine Systematik hatte und die weder vorher noch nachher zu kontrollieren war. Sie schuf die »Schädelstätte aller Wirtschaftsethik« (Max Weber).

Daß das vom Konzern gebaute Berliner Kongreßzentrum an der Avus so monströs ausfiel, befriedigte nach Überzeugung des Vorstandes einen Wunsch des Berliner Senats. Vietors Vertreter Iden: »Die Kosten pro Stuhl lagen viermal so hoch wie beim Hamburger Kongreßbau; der Protz war politischer Wille.« Vorstand Rolf Dehnkamp: »Hätten wir den Senat kritisieren sollen?« Nein, natürlich nicht. Kritik kam nicht in Frage, weil der Auftrag nicht öffentlich ausgeschrieben war, sondern »durch unsere Lobby« (Dehnkamp) vergeben wurde.

Der gesamte »Städtebau«(NHS)-Bereich — der Konzernteil, in dem Rathäuser, Kliniken und Schulen gebaut wurden — mußte allein aus diesem Grund zum Würfelspiel verlottern. Die NHS errichtete kaum Bürogebäude für private Unternehmen, und sie verfügte über keine Marktbeobachtung für den Hochbau: Sie verließ sich auf die Kollegen der Öffentlichen Hand.

Der NHS-Teil verunreinigte darüber hinaus die gesamte Organisation insofern, als er mit der gemeinnützigen NH zu einem »Gleichordnungskonzern« fusioniert werden durfte — und damit zwei Konzernteile vermischte, die unterschiedlich abzurechnen hatten. Auch diese Konstruktion stellte eine gigantische Versuchung geschäftlicher Unordnung dar. Jan Brech von der »Welt«, einer der namhaften Hamburger Wirtschaftsjournalisten, hatte nach zehnjähriger Beobachtung des Doppel-Konzerns »keinen Durchblick«.

Da die NHS-Aussichten im Biernebel lagen, halluzinierte man dort Hoffnungen über den Wolken. Selbst Vietor verlor die Übersicht, weil alle Auftragserwartungen auf persönlichen Kontakten zu wechselnden Amtsträgern oder schwankenden Ausschuß-Cliquen beruhten. Am Ende bestand solcher Kontakt (oder sein Wert) oft nur aus der Angeberei einzelner Geschäftsführer. Je schlechter der Ruf nämlich wurde, um so seltener mochten sich Bürgermeister oder Minister überhaupt ansprechen lassen. Das »Beiräte«-System, das die Kumpaneien systematisieren sollte, sorgte für zusätzlichen — nämlich öffentlichen — Schaden (siehe 3. Kapitel).

Folgender Dialog wurde mir erzählt. Bürgermeister: »Aber ihr habt doch keine Erfahrungen.« NH-Manager: »Macht nichts. Die kriegen wir.« Bürgermeister: »Welche Vorteile bietet ihr uns?« NH-Manager: »Wir haben Freunde.«

Bei einer durch Beziehungen bestimmten Akquisition zerfranste jede Verkaufsorganisation. Gesetzt wurde auf Wahrscheinlichkeiten: 1.000 Bierchen — vielleicht ein Auftrag. »Unsere Akquisition«, so Vorstand Vormbrock, »findet zwischen

Milz und Leber statt.« Manchmal betranken sich NH-Manager verschiedener Firmen mit demselben Kontakt.

Zudem entwickelte sich in diesem Groß-Gelage ein Verkaufsverhalten wie im Show-Geschäft: Der Konzern machte sich ständig finanz- und leistungsstärker, als er es war. Aufschneidereien prägten die Geschäftsgespräche. Um NHS-Aufträge wurde geworben, wo die Fachleute fehlten; Know-how wurde suggeriert, wo keinerlei Praxis existierte. »Wenn Sie wollen, können Sie bei uns eine komplette Stadt bestellen«, so Vietor. Der Vorstand setzte auf Stimmung und Schnäppchen; seine Planungen suchten den Konspiranten.

Der Emotionalität, die ein Heim oder ein Zuhause auslösen, hatte sich kein Unternehmen so wie die Neue Heimat zu stellen — ein weiteres Problem. Eine Wohnung erwirbt man ja nicht nur als Wirtschaftsprodukt, sondern als Lebensraum. Die Kontogebühren der BfG-Bank, die Versicherungspolicen der Volksfürsorge oder die Lebensmittelpreise der co-op füllten die Gefühle der Menschen längst nicht so aus wie ihr Domizil. Die Neue Heimat war verantwortlich für Quellen lebenslanger menschlicher Prägungen, vergleichbar der Schule — sie baute »Heimat«.

Der Konzern verwaltete rund 400.000 Wohnungen (Hunderte von Siedlungen) — in der gesamten westlichen Welt existierte kein Vermieter dieser Größe. Außer den Mietverträgen gab es aber keine Kommunikation der Zentrale mit dieser Million von Menschen, obgleich es regelmäßig — von München bis Flensburg, von Berlin bis Köln — zu Aufständen wegen falscher Abrechnungen oder mangelhafter Pflege kam. Es fehlte ein zentraler Sozialdienst oder ein »Mieter-Telefon« oder eine Organisationsstelle für Wohn-Ratschläge. Jede kluge Unternehmensführung hätte bei einer Million lebenslanger Kunden die Gelegenheit zur Kommunikation gesucht. Unter dem Dach des DGB lebte — zumindest theoretisch — nirgendwo eine größere Chance zur Sympathiewerbung für die Gewerkschaften.

44

Wir haben über diese Chance diskutiert. Teskes Verbandszeitschrift »gut wohnen«, die ein Teil der Mieter erhielt, wurde als langweilig bewertet; daher wurde ich gebeten, über einen Ersatz nachzudenken: Ein dutzendmal konferierten wir im Kreis der Pressereferenten über eine eigene Zeitschrift, und nach zwei Jahren einigten wir uns auf ein Konzept, das einen überregionalen Mantel sowie austauschbare Innenseiten für Lokales vorsah. Dann jedoch sagten die Stuttgarter aus Arbeitsüberlastung ab, brachten die Berliner neue Mühen vor, fanden die Düsseldorfer Einwände. Die Verweigerungen führten zu keinen organisatorischen Eingriffen; das Projekt verschwand wieder in der Schublade — zwanzig Jahre ohne eine Mieterwerbung der Zentrale.

Natürlich wurden manchmal PR-Aktionen durchgeführt — ein Straßenfest bezuschußt, eine Eiswoche für Kinder, ein Skatturnier —, aber es blieb bei Kleingeld.

Hinter der Kontaktarmut gegenüber den Mietern steckte nicht nur ein organisatorischer Mangel, sondern ein fundamentales politisches Unvermögen: Besaß die Arbeiterbewegung nach den 50er Jahren noch sinnliche Wünsche? Reflektierte sie Gefühlszonen wie Liebe, Haß, Geborgenheit, Fernweh — oder verlor sie sich in Versorgungstabellen? Wußten die Gewerkschaftsunternehmen noch, wonach Menschen sich sehnen, außer nach Geld und Wohlstand? Die DGB-Touristik »g.u.t.« zerschellte am Mangel solcher Fragen.

Soziologe Oskar Negt versuchte, nach dem NH-Ende die Gewerkschaften auf den Sinneswert von »Heimat als Hoffnungskategorie aufgehobener Fremdheit« hinzuweisen. Er forderte sie auf, Heimatgefühle als »gegenständliche Erfahrung« zu erkennen und im »Kulturkampf« gegen die »enteignenden« kapitalistischen Mechanismen zu setzen — seine Abhandlung las sich wie ein Aufruf zur Wieder-Gründung der NH.[22] Vietors Konzern dachte niemals über die Dinge nach, die Negt

[22] Oskar Negt, »Die Herausforderung der Gewerkschaften«, Frankfurt '89, S. 100 ff.

später für die »kollektive Selbstfindung der Menschen« beachtet wissen wollte: Bedürfnisse nach Identität ... Wunsch nach häuslicher Vertrautheit ... Sehnsucht, in der Umwelt »Spiegelungen des eigenen Inneren« zu finden. Wieso führt Negt mit seinen Träumen den DGB irre?

Denn sogar bei soziologischen Veränderungen tun sich die Gewerkschaften ja schwer. Wohnungspolitik folgt einem Schlingerkurs nach Koordinaten verschiedenster Interessen. Sie will gleichzeitig Sozial-, Vermögens-, Familien- und Wirtschaftspolitik sein. »Mittel und Auswirkungen sind inkonsistent oder gegensätzlich.«[23] Die Auflösung traditioneller Familienstrukturen kennzeichnet den Sozialstaat; daraus folgt, Alleinstehende (Jugendliche, Rentner, Geschiedene) zu unterstützen. Und nur die Wohnung verankert solchen Wandel. Das Zuhause bleibt »der räumliche Ort, an dem sich Herausbildung und Auflösung von Familie abspielt ... Auch das Verlassen des Heims ist nur möglich, wenn man nicht auf die Straße gesetzt wird.«[24]

Ich habe an keiner einzigen NH-Konferenz teilgenommen, in der veränderte Lebensformen (neue Wohnbedürfnisse) unternehmerisch erörtert wurden. Es fiel Vietor ohnehin leichter, Wohnungen als Besitz (z.B. Vermögensbildung) zu verstehen denn als Kulturprotektion; einen komplizierten Kontext zu reflektieren — den Zusammenhang etwa zwischen Wohnraum und Gewalt zu untersuchen — lag außerhalb seiner Interessen.[25]

Dazu kam noch das Grundübel: Für den DGB bedeutete Miete eine Einkommensbelastung, für die NH aber Profit-

[23] Renate Petzinger in einer engagierten Beitrags-Sammlung von sechs Gewerkschaftern: Neue Heimat, Hamburg '83
[24] Renate Petzinger, ebenda
[25] Im Konzern arbeitete ein Stab für »gewerkschaftliche Aufklärung«, der Finanzen für den Wohnungsbau erklärte, aber Soziologien nicht debattierte. — Petzinger macht übrigens die Baupolitik der sozialliberalen Bundesregierung für die später beginnende Wohnungsnot mitverantwortlich, weil sie nur Vermögensbildung für den Mittelstand stützte und die Reformen für Alleinstehende konterkarierte. Minister war Lauritz Lauritzen, der dann Vietors Lobbyist wurde.

quelle. Diese Polarität stach jedem um so mehr ins Auge, je monströser der Wohnkonzern wurde. Vornehmlich Mieter, die sich als Gewerkschaftsmitglieder engagierten, setzten das Unternehmen mit Erwartungen unter Druck — mit unbewußten Hoffnungen (Solidarität) und bewußten Forderungen (Mietnachlässen). Eigentlich wurde der Konzern als eine Vertretung der Mieter gesehen, da diese Sicht sich aus der Geschichte des DGB ergab. Humanistische und marxistische Gruppen pochten allemal auf diese Geschichte, forderten Mitbestimmung bei Mieteinnahmen und -ausgaben, witterten hinter Mißständen die grundsätzliche Feindschaft ausbeutender Kapitalinteressen — und verlangten dann den Beistand der Gewerkschaften.

Wie aber sollten die ihnen beistehen? Alle Widersprüche hatten die Funktionäre an die NH delegiert. Der Konzern fühlte sich manchmal von seinen Mietern geradezu verfolgt. Auf dem DGB-Kongreß 79 etwa wurde beantragt, die NH sei »anzuweisen, ihr Handeln gegenüber den Mietern so darzustellen, daß der Charakter der Gemeinwirtschaft erkennbar wird«. Zugleich saßen die Funktionäre im NH-Aufsichtsrat und achteten auf Wachstum.

Aus Angst vor allen Zerreißproben — vor allen idealistischen Ansprüchen oder soziologischen Überforderungen — wurde der Sozialmieter vom Management der Neuen Heimat auf ein betriebswirtschaftliches Objekt gestutzt. Der Vorstand versuchte hysterisch, ökonomisch zu bleiben. Mit Prozessen und Abrechnungstricks verfolgte er beinhart sein kaufmännisches Anliegen der Verwertung von Grund und Boden. Blieben die Fahrstühle stecken, liefen die Heizungen aus oder wurden die Kinder vom Rasen gejagt — beim täglichen Ärger irgendwo in der Bundesrepublik regelte eine unerkennbare Hierarchie den Schaden oder den Streit. Auf die damalige Springflut von Mieterinitiativen reagierte der Konzern ratlos, d. h. autoritär. Kam es zum Krach, pochte er nur auf seine wirtschaftlichen Belange: Für menschliche Probleme gab es die Sozialämter, für jugendliche Ungeduld die Polizei.

Sein schockierendes Verhalten kulminierte bei den Berliner

Hausbesetzungen 81: Der rechtslastige CDU-Innensenator Heinrich Lummer hatte okkupierte NH-Häuser von der Polizei freiprügeln lassen (und bei den Demonstranten einen Toten hinterlassen) — und Gewerkschaften sowie Geschäftsführung dankten und applaudierten. Die Immobilien hatten zwei Jahre leergestanden und auf Verrottung spekuliert, bevor sie von wohnungssuchenden Studenten belagert wurden. Die Besetzer brachten alle Häuser in Selbsthilfe auf Vordermann, deckten Dächer, setzten Fenster ein, legten Leitungen, engagierten Architekten für offene Treppenhäuser, führten neue Gemeinschaftsformen vor und rissen einen Teil der Bevölkerung durch ihre kreative Kraft mit. Aber das Räumungsersuchen der Neuen Heimat erhielt die Rückendeckung fast aller Gewerkschaften. Die IG Bau bezeichnete die Besetzer als »Krawallmacher und Chaoten«, und DGB-Landeschef Sickert (Aufsichtsrat der NH Berlin) sagte: »Die Politik der Neuen Heimat ist die des DGB.« Lummer konnte so rigoros eingreifen, weil sich die Gewerkschaften mit ihm verbündeten — so weit war es gekommen mit ihrer »Beispielpolitik« in der Wirtschaft.[26]

Einen Dialog mit den Bewohnern dachte der Hausherr sich so: Mit Helmut Schlich, dem Geschäftsführer des Mieterbundes, wollte er einen Vertrag schließen, der Mieterhöhungen erleichtern sollte. Gedacht war, daß bei Verteuerungen der Mieterbund mit »Testaten« beistand — Schlich winkte ab.[27]

Die destabilisierenden Einflüsse auf das Management, die zu überspannten und rigorosen Reaktionen führten, hatten damit noch kein Ende: Selbst ästhetischer Anspruch — die fünfte

---

[26] Gegen die Gewalt-Räumung waren IG Druck und GEW. Näheres in der Sammlung »Neue Heimat«, a. a. O.

[27] Der Mieterbund verlor dennoch an Bedeutung, da sich seine Geschäftsführer und Präsidenten von der Neuen Heimat binden ließen: Schlich saß im Konzern-Beirat; Ex-Präsident Nevermann hatte sich von der NH bezuschussen lassen. Als Folge bildeten sich neue Mieter-Initiativen in Konkurrenz zum Mieterbund.

Bürde! — lastete auf Vietor. Architektur wird an den Kunsthochschulen gelehrt; NH-Leistungen gerieten in die Kritik des Feuilletons.

Um kulturpolitische Präsenz bemühte sich der Konzern mit der Herausgabe einer Bau-Illustrierten, die den Chic ihres Geburtsjahres 1955 ausstrahlte. Nach der Umstellung auf ein neues Redaktionskonzept und nach der Modernisierung des Layouts wurde ein Chefredakteur gesucht, und Vietor engagierte dafür auf Vorschlag von Vorstands-Techniker Peter Dresel den Diplom-Ingenieur Lothar Juckel. Ich avancierte zum Herausgeber. Juckel arbeitete schnell; er montierte in die frisch gestylte Zeitschrift unredigierte Fachaufsätze.

Krach zog auf: Ich verlangte vom Chefredakteur, meinem PR-Konzept zu folgen, in das sich das Journal als ein leicht lesbares Kulturmagazin einordnen sollte und das journalistische Arbeit erforderte. Konkret umstritten blieb, welche Zielgruppen das Heft anzusteuern hatte.

Im Zweikampf erkannte Zigarrenraucher Juckel Vietors Gewohnheiten flinker als ich. Er pries die Verbindungen, die sich ergeben könnten, wenn bekannte Architekten und Bauamtsleiter als Autoren durchliefen und überzeugte ihn von einem Zeitschriften-»Beirat«. Volksschüler Vietor schmeichelte es, in einem Architekten-Zirkel mit Professorentiteln zu sitzen; er versprach sich dadurch einen neuen Stammtisch. Folge: Juckel wurde mir nicht unterstellt.

Die Zeitschrift geriet dann mehr und mehr unter die Fachaufsicht von Vorstand Dresel, und das bedeutete — weil Juckel mehr Beziehungen als journalistische Erfahrungen besaß — vor allem eine Verdoppelung der Zuschüsse innerhalb von vier Jahren: 1978 noch 568.000, 1981 dann (unter dem Titel »Stadt«) fast 1,1 Millionen. [28] Das Insider-Magazin wurde damit höher bezuschußt als irgendeine andere Werbung der Zentrale.

Firmenhistorischer Hintergrund für Juckels Sieg war, daß

[28] Parlamentar. Untersuchungsausschuß HH

die westdeutsche Architekten-Gilde jahrzehntelang elitären Widerwillen gegenüber dem Konzern pflegte. Das Feuilleton griff die Neue Heimat unaufhörlich an: Ihre Siedlungen verschandelten die Landschaft; man könne sie nicht wie Skulpturen oder Möbel wegstellen. Es kursierte der höhnische Witz: Deutschland sei zweimal zerstört worden — einmal im Krieg, dann durch die Neue Heimat.

Dabei glich es Verleumdung, den Siedlungsbau der Nachkriegszeit als »Baustil Neue Heimat« zu brandmarken. Trotz seiner Größe beherrschte der Konzern nicht den Markt. Er spielte auch nicht den Trendsetter, denn dazu fehlte es an schöpferischer Potenz und an Gestaltungswillen: Die Beton- und Kastenarchitektur unterlag dem Stil der Zeit, also dem Geschmack der Architekten und Bauämter.

»Während des Wochenendes in Berlin«, schrieb ich früh in mein Tagebuch, »hatte ich mir Teile der Ausstellung ›Tendenzen der zwanziger Jahre‹, einer Kulturschau der Weimarer Zeit, angesehen — insbesondere eine Exposition über die damalige Architektur. Ich hatte festgestellt, daß viele der seinerzeit als revolutionär empfundenen Entwürfe der heutigen Einöd-Architektur entsprachen, daß also schon in Weimar Klotz-Siedlungen entworfen wurden. Die Exposition wollte ich als NH-Ausstellung in Westdeutschland präsentieren.«

Das geschah dann auch, obwohl die Aktion als Entlastungsversuch zu klein blieb. Nötig gewesen wäre eine kontinuierliche und kontroverse Auseinandersetzung mit der Kreativität hochtrabender Baukünstler. »Der Spiegel« 1969 über den Wiederaufbau: »Jeder Spaziergang, jede Kamerafahrt durch die Tristesse deutscher Nachkriegsarchitektur — jede Beispielsammlung — verdeutlicht den geistigen Bankrott eines Berufsstandes, dessen Vertreter zumeist von sich glauben, sie seien die Wegbereiter des urbanen Fortschritts.«

Für den berühmten Psychoanalytiker Mitscherlich, der die sozialen Ursachen seelischer Erkrankungen erforschte, sahen die Wohnblöcke aus »wie durch Züchtung zu ungeheurer Größe herangewachsene Bahnwärterhäuschen. In der spätbürgerlichen Poetik, die sich der Armenviertel annahm, hätte man von einem versteinerten Alptraum gesprochen.« [29]

Aber Vietor wich kulturpolitischen Kontroversen aus. Für ihn bedeuteten sie eine weitere Last zu all den politischen Diskussionen, in denen er steckte. Für den Small talk übernahm er das vorherrschende Konzept als seine eigene Position: Er verteidigte die »Charta von Athen«, die 1933 von einem internationalen Gremium formuliert worden war — und dreißig Jahre später herhalten mußte für die mechanische Stadtplanung. Die »Charta« hatte eine strenge Zonenteilung in Wohnen, Erholen und Arbeiten verlangt; sie schuf die Ödnis der Siedlungen nach dem Zweiten Weltkrieg.

Noch heute, am Ende des Jahrhunderts, zeigen diese Wohnanlagen ihre schäbige Monotonie, obgleich Bäume und Grünanlagen die Armut verschleiern. In den 60er Jahren baute die Neue Heimat zum Beispiel die Bremer Großsiedlung »Neue Vahr« (40.000 Mieter): »Von oben, vom Dach des Aalto-Wohnturms«, schrieb die »Zeit« 1993, »sieht man das ganze idyllische Elend unten ausgebreitet, eine willkürlich zerstreute Herde von Miethausriegeln, weit auseinander, schräg gegeneinander versetzt ... Es bleibt schleierhaft, warum die Planer alle Tugenden in den Wind geschlagen haben für nichtssagende Zeilen.«

Daß Vietor solche Architektur verteidigte, lag nicht am gewaltigen Grundbesitz des Konzerns und einer gewünschten Verwertung durch Mammut-Projekte: Sein riesiger Landbesitz entstand erst als Ergebnis eines blinden Vertrauens in baukünstlerische Autoritäten, also als Folge der Unsicherheit gegenüber Bauform und Lebensstil.

Die Kasseler »documenta urbana« — dieser Versuch 1982, der weltberühmten Kunstschau eine architektonische Ergänzung zu geben — entstammte einer Initiative der Neuen Hei-

---

[29] A. Mitscherlich, »Die Unwirtlichkeit unserer Städte«, Frankfurt '65. — Mitscherlich beriet 1969 die Planung einer NH-Siedlung in Heidelberg; von dieser Arbeit zog er sich im Streit zurück.

mat! Dies behauptete jedenfalls Vietor. Die Anregung vereinte sich mit der Vorstellung der »documenta«-Macher, daß die Architektur die »Mutter der Künste« sei. Was hatte Vietor dort zu suchen? Mit der Initiative verfolgte er das Ziel, seine Kasseler Grundstücke zu bebauen.

Folgerichtig tauchten schnell Reibereien auf. Die Kasseler Kunstmanager und ihre international eingekauften Berater sahen sich von einem »Kuhhandel« (Berater Jos Weber) zwischen Bürokratie und Neuer Heimat überrollt. Sie hatten den anspruchsvollen »documenta«-Namen für eine schlichte, wenn auch aufwendig geförderte NH-Siedlung hergegeben.

Der Kunsthandel platzte danach für immer, weil er einem Fälschungsversuch glich; die »documenta urbana« wurde nicht wiederholt.

Der Vorgang war natürlich erneut Wasser auf die Mühlen der Architekten. Hier hatten sie wieder einen Beleg für den Unverstand der Neuen Heimat. Die »documenta«-Chuzpe erwuchs aber letztlich aus Unbeholfenheit: Die Architekten taten stets so, als erdrücke ein »sozialistischer« Konzern ihre schöpferische Freiheit; da konnte eine labile Macht schon einmal für trampelhafte Peinlichkeiten sorgen. Der größte Siedlungs-Eigner Europas traute sich nie, eine Kulturdebatte zu führen. Er veranstaltete keine Kolloquien, förderte keine Studien, schrieb nicht einmal einen Architektenpreis aus — obgleich der gewerkschaftliche Anspruch ·verkündete, »Schrittmacher des Fortschritts« zu sein.

Auch diese Sprachlosigkeit trug zum Untergang der Neuen Heimat bei. Denn wie hätte der Konzern bei der urbanen Gestaltung Deutschlands Fuß fassen können, wenn die Fachleute ihn unwidersprochen verhöhnten? Und wie hätte er kulturelle Trends erkennen können, wenn er sich von den Diskussionen im Feuilleton fernhielt?

Juckels publizistischen Sieg akzeptierte ich als Versuch eines Fach-Dialogs. Ich hielt ihn aber in seiner Klüngelei für zu defensiv und vor allem zu teuer. Der enorme Anstieg seiner Zeitungs-Kosten zeigte sich als Ergebnis von unsicherem Aktionismus. An den Beiratstreffen nahm ich anfangs teil; in ihnen ging es vornehmlich um Geschäftskontakte. Architekt Werner Düttmann: »Den kenn ich.« Vorstand Dresel: »Ich auch.« Vietor: »Mir schuldet er was.« Düttmann: »Ich ruf mal an.«

Die NH wurde von wirtschaftsfremden Einflüssen erstickt! Alle genannten organisatorischen Schwächen und politischen Gewichte — die Theorien, Gesetzlosigkeiten, Abhängigkeiten, Kultur-Ansprüche — zeigten gebündelt eine Problemwucht, der kein Unternehmen hätte standhalten können. Und bei allen Problemen handelte es sich eher um Geburtsfehler als um Unfähigkeiten des Managements. Die Neue Heimat steckte in einer einmaligen Dimension von Anfälligkeiten; dies gilt es zu sehen, bevor über Leichtsinn und Kriminalität berichtet wird.

Gleichzeitig begünstigten diese unternehmensfremden Faktoren eine interne Laxheit: Die Konferenzen etwa, die der Vorstand von Zeit zu Zeit mit seinen Geschäftsführern und Direktoren abhielt, hatten meistens eine phlegmatische Atmosphäre. Wenn das Führungsteam (rund vierzig Männer, eine Frau) auf solchen Treffen zusammenkam, entstand schnell Einigkeit über eine zu teure Belegschaft. Doch konnte der aufwendige Apparat des Hauses nie beseitigt werden, weil er sich als gewerkschaftlicher Progreß verkleidete. [30] Und ein »Einstellungsstopp« des Vorstandes entpuppte sich als Witz: Innerhalb eines halben Jahres waren regional 200 neue Leute angeheuert.

In meiner Abteilung arbeitete ein sympathischer Opern-Liebhaber für die Werbung. Über ihn notierte ich: »Er war im Urlaub gewesen. Erstens hatte er mir auf einer Notiz, Papiere an den Vorstand über mich zu leiten, zurückgeschrieben, daß ich das ›doch wohl nicht ernst gemeint‹ haben könnte. Zweitens hatte er sich den Urlaub selbst gegeben. Das Gespräch entwickelte sich zum Streit: Er sei Werbechef der NH und könne Vorstandsnachrichten und Urlaub alleine regeln.«

[30] 5.200 Mitarbeiter

Die Arbeit dieses Mannes bestand aus dem Auf- und Abbau von Kaffeeständen auf Gewerkschaftskongressen. Seine Selbsteinschätzung stand beispielhaft für die Haltung vieler Kollegen.

Zu meiner Zentralabteilung gehörten insgesamt zwanzig Leute, obgleich die Pressearbeit weitgehend von den Töchtern erledigt wurde. »Personalstellenleiter K. kommt um 11 Uhr«, so mein Tagebuch, »weil drei Kollegen der Fotogruppe, von mir zur Kostenkontrolle verpflichtet, sich beim Vorstand beschwert haben.«

Im Dunkel des Konzerns schienen viele Arbeitsstellen vornehmlich mit sich selbst beschäftigt – und jede Stelle wurde gut bezahlt. Unsere Gehälter mit ihren Zulagen (z. B. Betriebsrenten) konnten sich sehen lassen. Personal-Vorstand Helmut Pinther erzählte mir gleich zu Beginn, daß seine jährlichen »Sozialberichte« – die Personalleistungen des Konzerns – noch nie an die Presse geschickt worden seien, weil der Vorstand befürchtete, die teuren Zulagen könnten die Öffentlichkeit schocken.

Hier biß sich der Konzern also in den politischen Schwanz: Wäre die Belegschaft nicht so gut versorgt worden, hätte das Unternehmen ja billiger arbeiten können. Aber einen politischen Vorteil, nämlich mit der Sozialversorgung anzugeben, gab es auch nicht, da die Versorgung nach Selbstbedienung roch: Schließlich lebte der Konzern von Steuergeldern und Mieten. Obgleich die großen Aktiengesellschaften, die politischen DGB-Gegner, alljährlich ihre »Sozialbilanzen« hochhielten, konnte die Neue Heimat ähnliches nicht wagen. Geheimhaltung selbst auf dem Feld der eigenen Sozialgeschichte.

Darüber hinaus existierte nicht einmal eine Betriebszeitung. Etwa alle vier Monate verteilte Pinther ein paar Bulletins und gesammelte Zettel vom Schwarzen Brett. Lieber zahlte das Haus gute Gehälter, als daß es Einblicke gewährte.

Im übrigen fungierten die zwei Aufsichtsräte (für die NH und für die NHS) als Teil des Geheimapparates, weil die Kontrolleure nie vergaßen, daß sie mit dem Vorstand eine »gemeinwirtschaftliche« Kampfgemeinschaft gegen ein feindliches Umfeld bildeten. Die Illusion, progressiv zu sein und gegen das Ressentiment bürgerlicher Kreise zu kämpfen, führte zum Schulterschluß — zum Hang klaustrophiler Ergänzung.

Fazit: Ein Wirtschaftsunternehmen, das beeinflußt wird von Utopien der Selbstlosigkeit; und dann von
a) beliebiger Auslegung gesetzlicher Regeln,
b) schwankenden politischen Auftraggebern,
c) widersprüchlichen Bedürfnissen elementarer Lebensformen
d) ästhetischen Unsicherheiten,
führt einen Kampf gegen das Universum. Es kompensiert seine Auflösungsgefahr durch psychopathische Gegenmacht. Im Aufstieg und Fall der Neuen Heimat zeigte sich der größte organisatorische Irrtum der Gewerkschaften in ihrer mehr als 100jährigen Geschichte.

Nur einen Tag vor einem Treffen der NH-Spitze mit dem DGB-Vorstand wollte Vietor einmal ein von seinem Gehilfen Wolfgang Werner geschriebenes Papier über »Grundsätze der Unternehmenspolitik« verabschieden lassen. Werner besaß das Talent, wieselflink zu schreiben. Seine »Grundsätze« wurden so blumig, daß sich selbst der Vorstand schüttelte; besonders Städter und Dehnkamp konnten nicht fassen, daß der Text zur Beratung vorgelegt wurde. Vietor zog das Papier verlegen lächelnd zurück: Der Konzern war ehrlicherweise nicht in der Lage, Prinzipien festzuhalten.

Ob der verschwörerische Firmenbau vom Management gewollt war, bleibt nebensächlich. 25 Vorstandsjahre verschafften Vietor natürlich exklusive Kenntnisse über die Schleichwege; aber die vielen Verstecke waren von niemandem zu überwachen. Vietor trug kaum Schuld an den Krankheiten, wenn sie ihm auch seinen Aufstieg ermöglichten und seine Habgier bedienten.

Als die Spekulationserfolge ausblieben, der Konzern überexpandiert war und die Schulden ihm die Luft nahmen, geriet der Finanzdruck im Kreis aller anderen Zwänge zur tödlichen

Überlast. Aus seiner unheilvollen Anlage kam das Management nicht mehr heraus: die Politiker opportunistisch, die Mieter aufgebracht, die Medien schadenfroh, die Kulturwelt hämisch, die Gerichte streng und die Gewerkschaftsbasis zornig, weil sie die Probleme nicht verstand. Für den Vorstand nirgendwo mehr Hilfe.

Wegen der »gemeinnützigen« Steuervorteile hatte die Hamburger Finanzbehörde den Doppel-Konzern jahrelang beargwöhnt. Am Bundesfinanzhof erkämpfte sie sich schließlich das Recht, die gesamte Organisation prüfen zu dürfen, was sie vorher nicht konnte. Anfang der 80er Jahre begannen die Steuerfahnder, das Gespinst zu durchleuchten. Sie hätten die Organisation demoliert, wäre Vietor selbst ihnen nicht zuvorgekommen.

3. Wie Beziehungen schaden können
oder Der schamlose Filz
als Verkaufsstrategie

Für die Aufsichtsratswahl bei einer norddeutschen Tochter gab Vormbrock an Vietor zwei Empfehlungen: Erstens sei ein Repräsentant im »für uns sehr wichtigen Raum Braunschweig zu berücksichtigen«; zweitens sei dringlich zu bedenken, daß bislang ein »Vertreter für Emden fehlt«.

Wenn es um die Protektion seiner Geschäfte ging, versuchte der Konzern, wie ein Heereskommando zu operieren. Es gab kein deutsches Unternehmen, das sich so kartographisch und unverblümt bemühte, seine schwankenden Auftraggeber anzuketten. Keine Firma konzentrierte sich so gründlich und flächendeckend auf die Beeinflussung der Politiker wie die Neue Heimat.

Als Folge totaler Abhängigkeit von der Öffentlichen Hand bemühte sich der Konzern, über das Land ein Netzwerk von »guten Beziehungen« zu knüpfen. »Beiräte« (manchmal »Gesellschafter-«, manchmal »Geschäftsführer-«, manchmal »Regional-Beiräte« betitelt) sollten neben den ebenso politischen Aufsichtsräten für eine Groß-Sippe von Gönnern sorgen. Die NHS allein wies 1979 über einhundertfünfzig Räte vor — bei 700 Beschäftigten.

Die föderative Struktur des Konzerns erleichterte die Installation dieser Gremien. Jede Gesellschaft führte ihre Clubs; und da die regionalen Töchter häufig eigene Töchter besaßen — wie für Köln und Essen oder für die Landstriche Franken und Schwaben —, hatten die Besetzungsspiele unbegrenzte Möglichkeiten. Die gemeinnützige NH zählte rund zwei Dutzend Firmen.

Dutzende von Beschaffungs-Zirkeln also besorgten dem Konzern ein Bataillon von Verbindungsfunktionären: Parlamentarier, Minister, Senatoren, Bürgermeister, Landräte, Staatssekretäre, Regierungspräsidenten, Ministerialbeamte.

Sie alle haben dem Konzern aber nichts genutzt. Sie alle haben ihm geschadet.

Der Münchener Politologe Paul Noack beurteilte die Enthüllungen über Vietors Privatgeschäfte als eine »Verbands-Korruption«.[31] Noack folgerte: Der Schaden aus den Enthüllungen habe sich mit Recht als Schaden für die Gewerkschaften niedergeschlagen, denn die Bedeutung des DGB habe darin gelegen, »daß aus organisierter Arbeit nicht nur organisierte Arbeitermacht wurde, sondern organisiertes Kapital«. Wegen »der engen Verflechtungen von Staat und Gewerkschaften« habe der NH-Skandal einen Teil des Verfassungssystems gefährdet.

Vietors Geschäfte als »Verbands-Korruption« — und nicht als eine Industrie-Affäre — einzustufen, schien 1985 (vor dem co-op-Skandal) politisch überreizt; damals sah die öffentliche Mehrheit im NH-Vorfall einen Unternehmens-Skandal. Daß es sich aber bei Vietors Management um Verbandsarbeit handelte, belegt der Beschaffungs-Filz.

Die Neue Heimat orientierte ihren Lobbyismus zunächst einmal an ihren Arbeitsfeldern. Der Wohnungsbau wird ja bestimmt von einer Unzahl von Ämtern und Ausschüssen: für Grundstücksentscheidungen, Bauverfahren, Verkehrsplanungen, Finanzregularien etc. Und kommunale Großbauten unterliegen häufig sogar einer willkürlich anmutenden Beweglichkeit: In diesem Bereich wird nicht einfach ökonomisch addiert, sondern eher politisch reagiert.

Für die gemeinnützige NH war also eine Menge parteilicher Ausschüsse zuständig, und die NHS lockte ein großer Spielraum der Entscheidungsträger: zusammen das ideale Terrain für politische Beeinflussung.

[31] Paul Noack, »Korruption, die andere Seite der Macht«, München '85

Und dann arbeitete der Doppel-Konzern sowieso in einem Land, in dem die politische Korruption in »wohlwollender Nichtbeachtung« (Noack) akzeptiert ist. Für die bundesdeutsche Wohlstandsgesellschaft gilt der »kleine« Betrug als Kavaliersdelikt; für sie zählt auch die Gefälligkeitsmoral zum normalen Alltag: Ärzte beschummeln Krankenkassen, Journalisten werben heimlich für Blanko-Schecks, Beamte stecken geliehene Gelder ein, Auto-Manager kassieren Bakschisch von ihren Zulieferern, Polizisten nehmen Zubrot von ihren Ausstattern, Abgeordnete lassen ihre Arbeit von Sponsoren stützen, Minister ihre Flüge von Millionären zahlen. Seit Adenauers Kanzlerschaft 1949 rissen die illegalen und legalen Korruptions-Fälle nicht ab; sie gipfelten in der Flick-Affäre 83/84, in der ein Stahl-Konzern zur »Pflege der politischen Landschaft« über den gesamten Bundestag seine Schmiergelder streute. Seitdem vergeht kein Monat, in dem nicht aus Konzernen (Opel, Thyssen, Siemens), aus Krankenhäusern oder Bauämtern Korruptions-Affären gemeldet werden. Allein 1996 wurde gegen fast 2.000 Ärzte wegen Bestechlichkeit ermittelt.

Otto Graf Lambsdorff war der Skandal-Träger Nr. 1 in der Flick-Affäre; er wurde wegen Steuerhinterziehung verurteilt — und dennoch anschließend zum Vorsitzenden der FDP gewählt. CSU-Chef Franz Josef Strauß schien so vielfältig in Bestechungs-Vorwürfe verwickelt, daß ihm gerichtsnotorisch »der Ruch von Korruption« anhing — und dennoch strahlte er 1980 als Kanzlerkandidat der Konservativen.

»Die strafbare Korruption mag sich in Grenzen bewegen. Aber die strafrechtlich nicht erfaßbare Korruption ist weit verbreitet«, schrieb Staatsrechtler Theodor Eschenburg schon zu Zeiten der Studentenunruhen. »Dem Neobyzantinismus wird in einem Ausmaß gehuldigt, wie es die Weimarer Zeit nicht gekannt hat.«

An dieses Polit-Klima muß erinnert werden, um das Rätesystem des Konzerns einzustufen.

Die Filzokratie der NH breitete sich als ein offen gezeigtes Beziehungsnetz aus. Es war fast immer bekannt, wer als Ratgeber in einem der NH-Gremien saß: Wo die SPD regierte, nahmen die Sozialdemokraten Platz; wo die CDU bestimmte, kamen die Freunde von da. Die Baugeschäfte entschieden sich ja nicht am Markt.

Nur: Die über das Land verteilten Hundertschaften assoziierter Freunde provozierten schon wegen ihrer Vielzahl. Wenn man alle Namen hintereinander las, reihte sich die Prominenz zu einem Korruptions-»Who is who«. Der Konzern wirkte wie eine Krake.

Allein eine halbe Kompanie von Bürgermeistern — unter ihnen die der Großstädte — ließ sich zu Vietors Beratern wählen. In den Mini-Ländern Bremen, Hamburg und Berlin flatterten die Ernennungen auch in die behördliche Tiefe. Der Deutsche Städtetag, die Interessenorganisation der Kommunen, schien an den Tischen des Konzerns zu sitzen.

Da in den Ballungsgebieten zumeist die Sozialdemokraten das Sagen hatten, wurde das System häufig als »Genossen-Filz« angeprangert. Aber die Kritik war einseitig, denn die Neue Heimat besorgte sich auch leuchtende CDU-Namen wie Bundesarbeitsminister Katzer, den Düsseldorfer Sozialminister Grundmann — oder den Stuttgarter CDU-Star Lothar Späth. Späths Beziehung zum Konzern gestaltete sich besser als die eines Beirats: Als NH-Geschäftsführer nahm er an Privatgeschäften teil, ehe er zum Landesvater von Baden-Württemberg aufstieg (siehe S. 151 f.).

Zur Mitarbeit lud der Konzern jeden ein, der ihm wichtig war: ungeniert, ungetarnt.

Das politische Geflecht reizte die Öffentlichkeit, bevor die Skandal-Chronik über die Bauwerke begann. Vietor beschäftigte etwa den Juso-Vorsitzenden Wolfgang Roth und den Hamburger Ex-Bürgermeister Paul Nevermann: Auf solche Berater-Verträge warfen die Medien früh ihre Pfeile. Vergleichbare Anstellungen bei Elektro- oder Stahl-Konzernen knüpften den Lobbyismus dezent, fielen also nicht auf.

Lauritz Lauritzen erinnerte mich an meine Angestellten-Zeit bei Krupp, als ich ihn fragte, ob er Bedenken habe, für Vietor zu

arbeiten: »Was war denn bei Berthold Beitz?« fragte er zurück;
»für ihn arbeiteten Gerhard Stoltenberg und Karl-Heinz Sohn.
Oder?« Das stimmte. CDU-Stoltenberg machte danach in Kiel
und Bonn eine Super-Karriere; SPD-Sohn wurde immerhin
Bonner Staatssekretär.

Lauritz Lauritzen stellte unter Bundeskanzler Willy Brandt
sowohl den Wohnungsbau- als auch den Verkehrsminister dar.
Nach Brandts Rücktritt 74 hatte er keine Hemmungen, sich als
Lobbyist Vietors zu zeigen: Auf der Bilanz-Pressekonferenz
setzte er sich neben ihn. Wie Vietor kam er aus Kassel; beide
verband also mehr als die Politik. Während seiner Bonner
Amtszeit hatte er Vietor das Große Verdienstkreuz verliehen
und das Städtebau-Förderungsgesetz durchgepaukt, das die
Opposition »Lex Neue Heimat« nannte. [32]

Als ich mich mit Lauritzen bei der Bilanzpressekonferenz
unterhielt, kam Vietor vorbei. Ich fragte gerade den Lobbyisten, der mich aus seiner Bonner Amtszeit kannte, ob Vietor
wohl eine Chance hätte, Bundesbauminister zu werden. Vietor
hörte die Sottise und retournierte: »Ich werde nicht Minister«,
zwinkerte er Lauritzen zu, »ich mache Minister.«

Der NH-Lobbyismus gab sich nie diskret oder feinfühlig. Er
hielt sich auch für keine unmoralische Zone. Er hatte keinerlei
Gespür für die öffentlichen Empfindsamkeiten; und das lag am
»gemeinwirtschaftlichen« Anspruch oder — wie Noack formulierte — daran, daß die NH als das »organisierte Kapital« der
Arbeiterbewegung auftrat.

Die Gewerkschaften verstanden sich ja nicht als ein x-belie-
biger Verband; sie waren *der* Verband schlechthin. Da sie in ihrem historischen Aufstieg und in ihrer verfassungspolitischen
Bedeutung tatsächlich auch unvergleichbare Spuren hinterlie-
ßen, saßen sie beratend in Hunderten von staatlichen Ausschüssen — im ganzen Land, auf jeder föderativen Ebene, in allen Parlamenten, bei sämtlichen Verwaltungen. Sie schätzten

[32] Die Stadtsanierung nach diesem Gesetz erwies sich für den Konzern als
Nebengeschäft.

sich als »Ordnungsfaktor« und »Gegenmacht« ein[33]; sie gaben sich »eine Doppelfunktion als Interessensvertretung und quasi-öffentliche Institution«.[34] Und so sehen sie sich immer noch. Obgleich ihre Kampfbilder vergilbt sind, beanspruchen sie weiterhin diese Sonderrolle.

Die Neue Heimat übernahm das Selbstverständnis des DGB, indem sie sich zur milizionären Wohnungs-Instanz erklärte und Ausschüsse schuf, die sie als Beraterkreise einer Fach-Hoheit verstanden wissen wollte. Sie hielt sich für eine auserwählte Bau-Macht, die im Auftrag des DGB den Behörden Paroli zu bieten hatte. Ihre Kumpaneien sah sie als Vorteil für die soziale Gerechtigkeit.

So anmaßend die Erklärungen klangen, so ungeniert stand man zum Filz. Und so zwangsläufig setzte man sich in die Nesseln.

Nach dem Bremer Boljahn-Skandal meldeten sich die allerersten politischen Kritiker. »Es zeigt sich immer wieder«, warnte etwa der bekannte Architekt Christoph Hackelsberger[35], »daß die Neue Heimat die Entscheidungsfreiheit politischer Gremien stark einschränkt: Hier werden Landkäufe getätigt, hier werden Baugebiete erklärt, und hier werden Situationen geschaffen ...«

Beim Bremer Boljahn-Skandal 69/70 stand der Konzern auf dem Höhepunkt seiner Macht. Radio Bremen übertrug die Parlaments-Verhöre live, als Vietor die Muskeln spielen ließ:

Vietor: Ich bin nicht bereit, Aussagen zu machen.

K: Herr Vietor, ich muß allerdings sagen ...

---

[33] Helga Grebing, »Über die Bedingungen der Verwirklichung ...« in: »Gewerkschaftliche Monatshefte«, 5/76, S. 266

[34] Gerhard Beiers Aufsatz in »Gewerkschaftliche Politik: Reform aus Solidarität« (Zum 60. Geburtstag von Heinz O. Vetter), Köln '77, S. 209. Beier sprach dem DGB »soziale Autonomie« zu und forderte, daß die DGB-Konzerne »die Aufgabe haben, im Schoß der alten Gesellschaft die Verhaltensweisen einer neuen Gesellschaft vorzubereiten«.

[35] »BDA-Aspekte«, 2/1972

Vietor: Herr Vorsitzender, ich bin nicht bereit, über die Personalpolitik meiner Gesellschaft hier Aussagen zu machen.

K: Es ist aber von elementarem öffentlichen Interesse, ob ein ...

Vietor: Das bezweifle ich ...

K: ... ehemaliger Fraktionsvorsitzender der Mehrheitspartei, der eine große Macht in Bremen hatte, in einem bislang verschwiegenen Dienstverhältnis zu Ihnen gestanden hat.

Vietor: Ich bin nicht verpflichtet, über meine Personalpolitik vor der Öffentlichkeit eine Aussage zu machen. Das geht diesen Ausschuß ... Was interessiert Sie ...

K: Darüber haben Sie nicht zu befinden, Herr Vietor, was den Ausschuß angeht oder nicht.

Vietor war nach Bremen gefahren, um erstmals vor einem parlamentarischen Untersuchungsausschuß Rede und Antwort zu stehen. Er kam als unbescholtener Zeuge, und es ging nicht einmal um die Neue Heimat. Die Parlaments-Untersuchung zielte auf den Makler Willy Lohmann, der gemeinsam mit Beamten und Abgeordneten die Stadt übervorteilt haben sollte. Und zu den Abgeordneten zählte ein enger Freund Lohmanns: der DGB-Bezirksleiter und langjährige SPD-Fraktionschef Richard Boljahn.

In Boljahn sahen die Medien die graue Eminenz des Stadt-Staates; einen Multifunktionär, der für seine Einkünfte mehrere Lohnsteuerkarten benötigte. »Bremen tanzt den Boljahn«, schrieb ein Magazin. Boljahns Herrschaft ruhte auf vielen Ämtern. Er nahm sowohl den Aufsichtsrats-Vorsitz der städtischen Grundstücksgesellschaft »Weser« ein als auch den der Bremer Neue-Heimat-Tochter. Und nun ging eine Bombe hoch: Boljahn war zudem Angestellter der NH-Zentrale in Hamburg.

Die parlamentarischen Untersuchungen entwickelten sich wie beim Watergate-Skandal in Washington: Die örtliche Tageszeitung hatte zu bohren angefangen, und plötzlich sahen die Fahnder in der fernen Macht Vietors das Zentrum des Skandals. Der von Vietors Weisungen abhängige Boljahn hatte nämlich rund 200 Hektar Land nahe der neuen Universität über die Gesellschaft »Weser« und über den Freund Lohmann erwerben lassen — und dann dafür gesorgt, daß alles an Vietor weiterverkauft wurde.

Vietors Landgriff hatte auf Überlegungen der Bremer Stadtplaner spekuliert, ihre weit draußen, auf der grünen Wiese fröstelnde Universität durch eine Neubausiedlung namens »Hollerland« zu beleben. Im zuständigen Bausenat waren dafür schon Pläne entworfen worden. Das Projekt »Hollerland« hatte im Rathaus viele Befürworter.

Aber die Ermittlung über Boljahns Verfilzung mit der NH — der Umstand, daß der Käufer der Chef des staatlichen Verkäufers war — sowie Vietors zunächst trotzige, dann dreiste Antwort (Boljahn sei »unser soziales Gewissen«) zerrissen sämtliche Pläne. Der SPD-Senat sah sich von der Neuen Heimat bloßgestellt. Boljahn wurde aus seinen Ämtern gejagt, dem Konzern weitere Gespräche verweigert.

Nun saß Vietor auf den gekauften Wiesen. Alle Beiräte und politischen Kumpane nutzten ihm nichts. Er berief den Sohn des Ex-Bürgermeisters Dehnkamp in den Vorstand; der neue Bürgermeister Koschnick sah in Boljahns NH-Vertrag »nichts Belastendes« — dennoch war »Hollerland« nicht mehr zu retten. Die Bremer Politiker kämpften gegen die öffentliche Entrüstung über den Filz; die Stadt ließ die Universität lieber im Wind stehen als die Neue Heimat ins Geschäft kommen. [36]

Zehn Jahre später sah ich Vormbrock (für norddeutsche Geschäfte zuständig) eine Mappe öffnen und daraus einen Bebauungsplan entfalten. Mit dem Ausdruck feierlichen Stolzes sagte er: »Im Hollerland kommen wir weiter. Es handelt sich um ein Bauvolumen von 500 Millionen Mark.« Die Kollegen im Vorstand nickten kurz und stumm; die Ankündigung erweckte keinerlei Hoffnung.

Vormbrock machte sich noch mehrmals dicke, ohne daß im

---

[36] Daß die Wohnungsfirma »Bremer Treuhand« — die am Hollerland-Projekt beteiligt werden sollte — gleichfalls zur NH gehörte, wurde noch nicht entdeckt (siehe S. 35).

Hollerland auch nur ein Stein bewegt wurde: Über zwanzig Jahre erfreuten sich die Spekulations-Wiesen ihrer ländlichen Jahreszeiten. Erst nach dem Zusammenbruch der NH ließ die Stadt eine Teil-Bebauung zu.

Genauso wie in Bremen verpuffte dann eine riesige Geschäfts-Spekulation in Hamburg — trotz allerbester Ratspflege zu allerersten Ratsherren. Der Plan zum Bau einer Großsiedlung im Stadtbereich Billwerder-Allermöhe schien die Unterstützung der regierenden SPD zu haben und wurde im Hamburger Wahlkampf 74 vehement propagiert. Die NH besaß bereits einen Rahmenvertrag mit dem Senat und war aufgefordert, das Finanzierungs- und Durchführungskonzept vorzulegen.

Aber die Wogen der Wahl-Debatten schlugen sturmartig hoch, weil in der Öffentlichkeit der Verdacht nicht auszuräumen war, daß die staatliche Planungshoheit in den Händen der Neuen Heimat läge: Ein »blaues Buch« von Wolfgang Vormbrock, in dem er detaillierte Vorstellungen über Allermöhe entwickelt hatte, geisterte durch die Diskussionen. Sozialdemokrat Vormbrock legte seine politischen Ehrenämter nieder, im Glauben, das Milliarden-Projekt dadurch retten zu können — es nutzte nichts.

Die vom Filz-Vorwurf bedrängte SPD — ungekündigter Regierungsherr wie in Bremen — zog sich nach der Wahl einfach aus der Baubehörde zurück und übertrug das Ressort der FDP. Und die Liberalen ließen die Pläne zunächst schmoren und dann verwittern.

Als ich Vormbrock kennenlernte, schimpfte er, daß in Hamburg »fünf oder sechs FDP-Leute die Baupolitik bestimmen«; die Gruppe würde »an Wochenenden alle Entscheidungen treffen«, und natürlich stets gegen den Konzern. Als nach der Wahl 78 die SPD wieder die Leitung der Baubehörde übernahm, wollte Allermöhe jedoch niemand mehr. Das Projekt war auch bei den Sozialdemokraten längst gestorben.

Sowohl in Bremen als auch in Hamburg bestanden gute Argumente für die Siedlungen; es gab einen Bedarf, und der Bau entsprach einer stadtplanerischen Logik. Aber in beiden Fällen schreckten die Entscheidungsträger vor dem Krach über die vermeintliche Beziehungsmacht der NH zurück, die nicht nur Hunderte guter Freunde bezahlte, sondern sogar Hoheitsrechte beanspruchte.

Große Pläne hatte der Konzern für die Räume Düsseldorf, Heidelberg und Nürnberg: Überall waren die Oberbürgermeister als NH-Räte ausgewiesen — nirgendwo gingen die Pläne richtig auf. Alle Freunde hielten sich bedeckt. Der Einbruch beim Wohnungsbau in den 70er Jahren wurde später auf die schlechte Konjunktur zurückgeführt. Doch ihr Grund lag in der Angst vor Korruptionsvorwürfen, die die Gremien hemmte und die Geschäfte verdarb. Denn der Marktanteil der NH ging zurück: Sie baute weniger Wohnungen als andere Gesellschaften.

Der Hamburger Untersuchungsausschuß 86 beispielsweise nahm die Geschichte von vier mittleren NH-Siedlungen unter die Lupe, die in jener Zeit errichtet wurden; er kam zu dem Schluß: »Die Auswertung der Akten bestätigt die Erfahrung, daß Investoren versuchen, Einfluß auf die Planung zu bekommen. Einflußnahmen der NH wären aus dem Rahmen fallend, wenn sie über das übliche Maß hinausgingen. Feststellungen dieser Art konnten nicht getroffen werden.« Der überaus kritische Ausschuß schwächte also den Verdacht ab, daß die Beiräte dem Konzern stärkere Vorteile verschafften, als sie sich andere Investoren besorgen konnten.

Kommunen, die sich von jeder Rücksicht frei fühlten, setzten sich sogar aufsehenerregend zur Wehr: In München gelang Vietor mit dem Bau der Perlach-Siedlung sein größtes NH-Geschäft vor dem Boljahn-Skandal. »Terrafinanz«, seine dortige Privatfirma, wäre vielleicht nicht enttarnt worden ohne den jahrelangen Widerstand der Münchner Nachbargemeinde Keferloh. Auch hier wurde eine Siedlung geplant; das Land war schon von der »Terrafinanz« gekauft worden. Der bis zum Bundesgerichtshof geführte Kampf des Örtchens Keferloh gegen die Baupläne (die im Verdacht standen, von der NH zu stammen) wuchs zum zähesten Ringen einer deutschen Kommune um ihre Planungshoheit – und hielt die »Terrafinanz« im Blicklicht (siehe S. 156 f.).

Überall, von Nord bis Süd, wurden die kommunalen Politiker wegen der scheinbaren Allmacht des Konzerns nervös. Und dies bedeutete für die NH nicht nur, daß langfristige Pläne zusammenbrachen, es hatte auch katastrophale Folgen für laufende Finanz-Geschäfte: Im Vertrauen auf das große Netzwerk (und die Meinungen der Architekten) hatte die Neue Heimat eine Bauland-Sammlung angelegt, die sich jeder Umsicht entzog. 24 Millionen Quadratmeter Boden besaß sie am Ende; ihr unbebauter Besitz war so groß wie die Insel Borkum. Rund zehn Millionen qm davon lagen in Norddeutschland, vier Millionen in Bayern.

Zwar führten die leichtsinnigen Abenteuer im Ausland den Konzern in den Tod, aber der unbebaute Grundbesitz in Deutschland brach ihm vorher die Beine.

Wäre nun der Filz auf den Wohnungsbau beschränkt geblieben, hätte sich der Versuch, die Politiker zu lenken, vielleicht als ein begrenztes Übel eingependelt. Jedoch mit der Gründung der NHS 1969 – mit dem lauten Geschäftsaufbruch in den kompletten Städtebau – hatte der Konzern überhaupt nichts mehr mit der Gewerkschaftsgeschichte zu tun. Jetzt wurde nicht mehr auf Wohn-Mißstände reagiert wie rund 100 Jahre lang; von da an propagierte der Konzern seine Berufung, das deutsche Stadtbild zu revolutionieren.

Selbstredend arbeitete die neue NHS im Namen der sozialen Demokratie: »Gemeinwohl ist lebenswichtig«, drechselte eine DGB-Broschüre. »Es muß genügend Kräfte, die sich darum kümmern, geben.« Was immer den Hauptgrund für die Expansion lieferte – die Geschäftsnase Vietors oder der Machthunger des DGB –, Management und Eigner verstanden auch die NHS »als gesellschaftliches Instrument, das politische Daten zu setzen« hatte. Die Beiräte wurden vermehrt.

Zehn Jahre nach der NHS-Gründung gab Vietor dem Fachblatt »Architekt« ein Interview. Chefredakteurin Ingeborg Flagge wollte den Trend zu »großen Apparaten« untersuchen und hatte um »ein nachdenkliches Gespräch« gebeten. Ob seine politischen Clubs ihm nicht unlautere »Nähe zum Auftraggeber« verschafften, wurde er gefragt, und Vietor antwortete: »Nein. Mit Sicherheit nicht. Im Gegenteil. Wir haben es wesentlich schwieriger.« — »Wieso?« erkundigte sich die verblüffte Journalistin. Vietor: »Weil wir ein sehr kritischer Partner sind.«

Vietor hatte recht, obschon seine unverfrorene Antwort anders gemeint war: Der Konzern hatte es 1979 »wesentlich schwieriger« als andere Anbieter; seine zur Schau gestellten Beiräte machten ihn zu einem äußerst problematischen Partner.

Und deshalb brachten die Gebäude, die die NHS ab 69 zu errichten begann, nicht einmal einen Ertrag. Nach einem Jahrzehnt wurde Kassensturz gemacht, und da besaß der kühne Zweit-Konzern Schuldscheine; er hatte zwar spektakuläre Immobilien hochgezogen, aber ansonsten nur für Aufregung gesorgt. Nach kurzen Anfangserfolgen reihte sich ein Ärgernis an das andere. Durch den Bau von Schulen und Krankenhäusern war Vietor schon in fremdes Gebiet gedrungen, bevor die NHS in den Markt donnerte — nun stieg er in das Universitätsgeschäft ein und sorgte für den ersten Skandal.

Mit einer Festpreisgarantie von 970 Millionen Mark wollte er die damals drei niedersächsischen Hochschulen (die Alma mater Göttingen sowie die Technischen Universitäten Hannover und Braunschweig) ausbauen — und schaffte es, am Ende dafür 1,7 Milliarden Mark zu kassieren.

Das Projekt-Paket wurde auf Biegen und Brechen verfolgt. Zu Beginn besaß Vietor weder die Übersicht über die Bauwünsche noch ein Bild von den Kosten. Aber das Wohlwollen der SPD-Landesregierung, dem Konzern trotz seiner Festpreis-Garantie alle Mehrkosten — ohne Rechtsstreit — zu bezahlen, bildete das Zentrum des Anstoßes: Das Wohlwollen galt als Beleg dafür, wie sich der Staat von Vietor einsacken ließ. Die niedersächsische SPD wurde für 14 Jahre in die Opposition geschickt. Der Hamburger Wahlkampf über Allermöhe lief ein Jahr später.

Der Universitäts-Skandal ließ das gepriesene Beziehungsnetz als Schurkerei erscheinen. Und zum ideellen Schaden gesellte sich der materielle Spott: Beim gesamten Komplex verlor der Konzern immer noch 36 Millionen.

Nach Auszahlung der Mehrgelder von 700 Millionen erhielt Niedersachsens Wirtschaftsminister Helmut Greulich sowohl einen Beiratssitz in der Konzern-Zentrale als auch einen persönlichen Beratervertrag. Vietor zeigte sich dankbar. Es wuchs dadurch zwar die Gewißheit, daß Greulich als Aufsichtsrats-Chef der Hochschulbau-Gesellschaft (des Auftraggebers) die Mehrgelder in Schwung gebracht hatte — aber Vietor fühlte sich von der Anrüchigkeit solch gegenseitiger Dienste frei.

Der Bau einer Müllverbrennungsanlage in Bremerhaven geriet zum zweiten NHS-Skandal: Im Unterschied zu Boljahn hatte der SPD-Fraktionsführer Werner Lenz dort seinen Angestelltenvertrag nicht verheimlicht. Er arbeitete als Geschäftsführer einer NH-Tochter, und er verstand zunächst die öffentliche Erregung nicht, als seine Fraktion (als Parlamentsmehrheit) seiner Firma den Bauauftrag für die Müllverwertung gab. Das auch als Heizwerk konzipierte Groß-Projekt, mit eigenem Schwimmbad für die Müllmänner, machte Schlagzeilen im Bundesgebiet, weil es erstens als besonders schön und zweitens als besonders überflüssig galt. Jahrelang blieb es weitgehend ungenutzt, weil der Müll fehlte.

Da die städtischen Abfälle nicht einmal halb so groß waren, wie die Verbrennungsanlage zur Rentabilität benötigte, litt die Stadt an einer unüberschaubaren Verschuldung. Denn für die Energieversorgung feuerten die Müllmänner mit gekauftem Heizöl und suchten den Abfall sogar in Süddeutschland, um die horrenden Betriebskosten zu senken.

Wieder einmal setzte die Bremer Bürgerschaft, politisch zuständig für Bremerhaven, einen Untersuchungsausschuß ein, und der — mit den Stimmen der SPD — stellte fest, daß

1. bei Auftragsvergabe der Müll Bremerhavens »geschätzt wurde nach Gefühl oder Augenschein«,

2. ein Interesse benachbarter Landkreise an dem Werk »eine irrige und durch Verhandlungsergebnisse nicht zu belegende Annahme« gewesen sei,

3. »Herr Lenz an den Sitzungen, in denen die Interessen der Neuen Heimat behandelt wurden, nicht hätte teilnehmen sollen«.

Werner Lenz hatte das Glück, daß seine 60 Kilometer von Bremen entfernte Küstenstadt die Arbeit des Untersuchungsausschusses für eine Weile blockieren konnte. In dieser Zeit ließ er sich zum zweiten Bürgermeister Bremerhavens wählen, und er gab seinen Job als NH-Geschäftsführer auf. Vorstand Vormbrock wollte für ihn keinen Nachfolger suchen, weil »durch seine neue Funktion unsere Akquisition ja wohl gesichert ist«. Aber Lenz hatte sich hochgeseilt; er achtete jetzt auf Distanz.

In Berlin — das in ähnlichem Filz-Verruf stand wie Bremen — rutschte der Konzern danach in den nächsten NHS-Ärger: Hier hatte er den Auftrag zum Bau eines Kongreßzentrums ergattert, das zur Weltspitze zählen wollte. Er erhielt den Auftrag ohne detaillierte Berechnung und außerhalb der Konkurrenz. Von der ersten Schätzung bis zum Endpreis verdreifachten sich die Kosten.

Das Kongreßzentrum ICC stand als bis dahin größtes Einzelprojekt West-Berlins im Brennpunkt. Der Handstreich, mit dem der prächtige Auftrag erobert worden war, machte den Konzern in der Stadt so anrüchig, daß ihm von da an jedes Vergehen angehängt wurde, das die Berliner aufregte. Die ungeliebte Siedlung »Märkisches Viertel« etwa wurde ihm wieder und wieder angekreidet, obwohl er da nicht gearbeitet hatte. Und so mancher der vielen Bau-Skandale, die in Berlin blühten, verlor sich im Schatten des Unmuts über die NHS.

Nach Baubeginn am ICC hatte die öffentliche Meinung die Neue Heimat »auf dem Kieker«. Selbst der Berliner Interessenverband legte die Kontrolle der NH-Geschäfte so eng an, daß Vormbrock auf die schräge Idee kam, die Geschäfte formal-juristisch nach Hamburg zu verlegen. Die rigiden Kontrollen trugen zum Sturz des Vorstandes bei, denn sie deckten die Schummeleien bei Berliner Geldanlagen auf (siehe 4. und 7. Kapitel).

Das ICC kostete am Ende fast eine Milliarde Mark; architektonisch ein Raumschiff und ein Flughafen zugleich. Seine Einweihung feierte der Konzern mit einer spektakulären Gala, aber danach bekam er keine Chance mehr für einen Auftritt auf großer Bühne. Obgleich das Kongreßmonster pannenarm errichtet worden war, ließen sich die Berliner Medien davon nicht besänftigen. Sie sahen das pompöse Bauwerk, die hohe Rechnung — und die Kumpanei, die beides verursacht hatte.

Der Ärger um das Tagungs-Zentrum führte dazu, daß alle Politiker öffentlich auf Abstand gingen: Bausenator Harry Ristock zeigte derart kühl die Schulter, daß Vormbrock das Genossen-»Du« zurückgab. Finanzsenator Heinz Striek, Mitglied im NHS-Beirat, konnte über den Kongreßbau nicht reden, »ohne die Neue Heimat in die Pfanne zu hauen«. Und bei einer Einweihung eines NH-Krankenhauses in Spandau sah ich Bürgermeister Stobbe weglaufen, sobald sich Fotografen zeigten.

Die Skandale in Hannover, Bremerhaven und Berlin platzten kurz hintereinander. So war auch der ICC-Auftrag schon vor dem Ende der Hochschul-Affäre vergeben. In den gewerkschaftlichen Debatten wurde derweil die Schock-Reihe totgeschwiegen, das Thema »Filz« als Feindes-Propaganda weggewischt. Allenfalls unterlag die Geschäftspolitik Vietors vager Kritik; niemals aber wurden strukturelle Zusammenhänge zwischen den Skandalen und der Verbandsmacht des DGB gezogen. Nach drei Fällen erschien das hoheitliche Berater-System des Konzerns jedoch als öffentliche Gefahr.

Und es kam noch schlimmer. Höhepunkt der NHS-Affären wurde das Klinikum in Aachen. Allein in dieses Projekt verbissen sich zwei parlamentarische Untersuchungsausschüsse. Die Entrüstung über die baulich wohl scheußlichste Medizin-Festung Europas bedeutete das Waterloo für die NHS.

Die Vertragspartner überhäuften sich mit Rechtsklagen; die Staatsanwaltschaft griff mit Ermittlungen ein; selbst Privatleute erstatteten Anzeige wegen Steuerverschwendung. Der von der SPD geführte nordrhein-westfälische Landtag gab der Neuen Heimat kein Pardon mehr.

Beim Universitäts-Klinikum Aachen (nahe der belgischen Grenze), das von der Landesregierung bei der NHS in Auftrag gegeben worden war, stiegen die Kosten gleichfalls um das Dreifache: auf rund 2,5 Milliarden Mark. Die Bauzeit verzögerte sich wegen ständiger Pannen und Veränderungen um sieben Jahre.

Türen waren zu klein, Decken zu niedrig, Fassaden fielen, Fenster fehlten, Fundamente sackten — während der Bauzeit brachte fast jedes Quartal neue Horrormeldungen über Schäden und Schlampereien. Im Hamburger Vorstand wurde mehrfach über die Unfähigkeit der eigenen Manager geklagt. Aber es herrschte auch die Überzeugung, daß die Veränderungen und Verteuerungen durch die Ziellosigkeit des Auftraggebers entstanden.

Schlimmer als das Chaos wirkte der erneute Verdacht, in dieses skandalöse Abenteuer habe sich der Konzern allein durch seine politischen Verbands-Beziehungen begeben können. Wieder einmal hatte kaum öffentlicher Wettbewerb stattgefunden; erneut sah die Kalkulation relativ grob aus.

Das Klinikum, so hatte der Konzern bei der Landesregierung geworben, sollte nach einer »Synchron-Planung« hochgezogen werden, was in der Praxis bedeutete: Der Bauherr weiß noch nicht, was er will — aber wir fangen schon mal an. Und in dieser Mischung aus Wagemut und Einfalt schwammen die Vorwürfe, die sich Regierung und Konzern anschließend machten. Ex-Finanzminister Friedrich Halstenberg, NH-Beirat, kratzte politisch die Kurve: Er sei der Neuen Heimat »auf den Leim gegangen«. Johannes Rau, NH-Beirat und Wissenschaftsminister bei Vertrags-Unterschrift: »Wenn ich alles bei Baubeginn geahnt hätte, hätte ich gesagt, geht zu einem anderen Unternehmen.«

Als Vietor vor dem Düsseldorfer Untersuchungsausschuß vernommen wurde, stand das Klinikum halb fertig. Gerade war bekannt geworden, daß eine Geschoßfläche von 25.000 qm eine zu niedrige Raumhöhe hatte; die »Netzplan«-Technik der Bauleitung galt als stümperhaft. Vietor wurde in die Mangel genommen: Die Parlamentarier versuchten zu beweisen, daß die Neue Heimat bereits beim Universitätsbau in Göttingen ähnlich versagt hätte. Da Vietor sich zunächst weigerte, über die alten Vorfälle zu reden, drohte ihm Beugehaft. Die Stimmung im Parlament heizte sich so aggressiv auf wie bei einem amerikanischen Strafprozeß.

Vietor konterte: Der Konzern habe zweimal überlegt, aus dem Aachener Vertrag auszusteigen, denn die Bauvorschriften seien entscheidend verändert, die Einrichtungswünsche laufend aufgestockt worden. Er besaß solide Argumente für seine Entlastung — aber richtig zuhören konnte ihm kaum jemand. Die CDU wollte Ministerpräsident Rau stürzen; die SPD versuchte, den Konzern bloßzustellen. Und der Regierung fiel es leicht, Vietor fertigzumachen. Mochten die politischen Instanzen als noch so unkundig oder ziellos erscheinen — immer und überall in Deutschland tauchte die Neue Heimat auf, wenn es um unsaubere Beschaffung, großspurige Bauten und teure Abrechnungen ging. Dieses überregional wiederkehrende Ärgernis hatte für die Öffentlichkeit eine einfache Ursache: den selbstherrlichen Filz der Neuen Heimat.

Nachdem sich Vietor vom Düsseldorfer Kreuz-Verhör im Tessin erholt hatte, suchte er Raus neuen Finanzminister Posser auf. Im Vorstand behauptete er, Posser wolle erklären, daß sich »das Land durch die Neue Heimat nicht geschädigt fühle«. Die Konzernspitze atmete durch. Aber die Empörung über die Aachener Baustelle dehnte sich über die Republik: Der Landesrechnungshof enthüllte Quittungs-Greuel, und die Bundesregierung drohte, ihre Zuschüsse zu stoppen. Im März 80 reichte Posser die erste Gerichts-Klage gegen den Konzern ein.

Von da an wurde bundesweit klar, daß es sich kaum noch ein Bürgermeister oder Minister leisten konnte, der NHS einen Auftrag zu geben. Der Glaube an eine Verbands-Vormacht im Städtebau hatte zu verheerenden Niederlagen geführt. Nach

Aachen war der Ofen bei der NHS aus — unabhängig von den Enthüllungen 82.

Hätte sich das Beziehungsnetz so verdeckt gehalten wie das der Energiewirtschaft oder der Raumfahrt-Industrie — gleichfalls von der Öffentlichen Hand abhängig —, wäre der Schaden kleiner geblieben. Aber erfüllt vom historischen Auftrag der Gewerkschaften galt jedes Protz-Geschäft ja als sozialer Segen, jeder schnöde Lobbyist als Ritter des Gemeinwohls. Nur deshalb wirkte die Filzokratie so aufdringlich.

Auch der Schlendrian im Management beruhigte sich mit der Einbildung, die Beiräte bildeten eine verkaufspolitische Wunderwaffe. Marktbeobachtung, Absatzplanung, Wettbewerbsanalyse — das alles spielte für die Verkaufs-Strategie des Doppel-Konzerns keine Rolle. Der Filz gab den Vorständen das sonnige Gefühl, systematisch zu arbeiten.

Der Begriff wurde zum Stigma: Nach seinem Rauswurf aus der Bremer Szene reiste Richard Boljahn als NH-Verkäufer für Bauten des Umweltschutzes umher. Beim Müllwerk in Bremerhaven hatte er noch seine Finger im Spiel — danach war mit Boljahn kein Geschäft mehr zu machen, nirgendwo. Vietor wunderte sich 1978, »daß es im Bereich des Umweltschutzes trotz intensivster Bemühungen nicht gelang, einen Auftrag zu erhalten«. Ihm fehlte die Einsicht, daß ihn die Kameraderie ruinierte.

»Mit den Vorwürfen der Verfilzung müssen wir fertig werden«, rief er noch gegen Ende auf einer Betriebsversammlung. »Wir haben unsere Einflüsse nicht aufzugeben, sondern zu verstärken.«

Wenn der Vorstand seine zentralen Aufsichts- und Beiräte zusammenrief, dann versammelte sich ein Forum von rund 60 Politikern, Funktionären und Managern. Solche Sitzungen wurden nicht Werbe- oder Verkaufs-Konferenzen genannt, sondern — ganz im pathetischen Selbstverständnis des DGB — Treffen der Demokratie: Die Politrunde sorge für »die Durchsichtigkeit des Geschäftsgebarens«.

74

Intern drängte Vietor darauf, daß die Zirkel »nach akquisitorischen Gesichtspunkten zusammengesetzt« wurden. Und als die Geschäfte ausblieben, faßte der Vorstand den Beschluß, Politiker sofort als Räte zu entlassen, wenn sie ihre Mandate oder Ämter verloren. NH-Beirat zu sein, hatte allerdings eher den Wert eines Ehrenamts als den einer Einkommensquelle; der Posten war leicht aufzugeben, als Vietors Ansehen sank. Nicht der Konzern entließ seine Räte — die Räte entließen den Konzern.

Vietor verteidigte mir gegenüber am Schluß auch noch ein als »Schnüffelbrief« angeprangertes Schreiben, in dem es hieß: »Die Erfolge unserer Arbeit sind davon abhängig, daß wir rechtzeitig von Bauabsichten in Städten und Gemeinden erfahren ... Bitte geben Sie uns Nachricht, wenn Ihnen Bauabsichten bekannt werden.«

Die Bitte war von einem Referat verschickt worden, das sich »gewerkschaftliche Aufklärung« nannte. Der Brief erreichte nicht nur hauptamtliche DGB-Funktionäre, sondern auch normale Baureferenten — und verursachte landesweiten Protest. Vietor: »Wir haben öffentlich gesagt, daß er aus Versehen gestreut wurde. Aber was ist eigentlich schlimm daran?« Ja, was? Staatliche Baureferenten sollten sich zu NH-Vertretern verbinden; Akquisition gab sich als »gewerkschaftliche Aufklärung«.

Die gleiche Hybris führte andererseits dazu, daß der Konzern für persönliche Beraterverträge weniger ausgab, als die Öffentlichkeit mutmaßte: Es zählte ja zu den Besonderheiten der Bundesrepublik, daß es hier erlaubt war, Parlamentarier zu besolden und solche Schmiergelder steuerlich abzusetzen. [37] Die NH bezahlte auf diesem Sektor wenig. Daß sie Abgeordnete mit Beraterverträgen löhnte, ist nur in wenigen Fällen bewiesen und für ihr Korruptionsprofil nicht kennzeichnend. Ihre Zurückhaltung kam nicht aus moralischen Bedenken, sondern

---

[37] Die steuerliche Begünstigung von Schmiergeld-Zahlungen wurde erst 1996 eingeschränkt.

aus dem Glauben, daß das Rätesystem die Schmiergelder er-
übrige. Das System war billiger als das von Flick.

Nein, moralische Bedenken kamen bei der Neuen Heimat
kaum auf. Was sie trieb, geschah für eine gute Sache — sollte
stets zum Lobe gewerkschaftlicher Macht sein. Der »gemeinwirtschaftliche« Anspruch enthemmte.

Wo kein Beziehungsnetz bestand, konnten Schmiergelder
durchaus fließen: für den Umgang mit den Medien etwa; hier
scheute man nichts.

Reiner Pfeiffer spielt eine umfassendere Rolle in der Geschichte
deutscher Skandale, als er glaubt: Der CDU-Journalist stellte nicht nur sich und den Kieler Ministerpräsidenten Uwe
Barschel bloß; er wirkte auch ungewollt bei der Aufdeckung
des Vietor-Skandals mit.

Pfeiffer hatte von Vormbrock ohne mein Wissen den Auftrag
erhalten, ein Konzept für die NH-Pressearbeit in West-Berlin
zu erarbeiten. Wegen des ICC stand der Konzern an der Wand,
und Vormbrock sah sich zuständig.

In einem siebenseitigen Arbeitsergebnis, das Pfeiffer im
März 79 vorlegte, empfahl er als »vorrangige Maßnahmen«,
über die Berliner Medienlandschaft Beraterverträge zu streu-
en: Zunächst sollte dem Chefredakteur des »Spandauer Volks-
blatts« ein Vertrag angeboten werden, der ihn »in Zugzwang
bringt, mehr positiv als negativ über die NH zu berichten«. Sodann müßte »jeweils ein Mann aus der BZ- und Morgenpost-
Redaktion ausfindig« gemacht werden. Und schließlich »sollte
ein SFB-Journalist für die NH gewonnen werden«.

Von der Berliner Geschäftsführung wurde daraufhin »beschlossen: 1. vertragliche Beziehungen zu einflußreichen Journalisten in Springer-Redaktionen und im SFB vorzubereiten
sowie 2. mit dem Spandauer Volksblatt — auch unter wirtschaftlichen Aspekten — ein klärendes Gespräch zu führen«.

Eine Woche später hatte Pfeiffer das erledigt: In einem Bericht an den NH-Geschäftsführer Kremer meldete er »einen
selbst für mich skeptischen Menschen unerwarteten Erfolg«;

die Chefredaktion in Spandau habe »durchblicken« lassen, daß ihre Zeitung NH-Anzeigen »gebrauchen könne«; und sie sei bereit, »Spitzen« gegenüber dem Konzern »abzubauen«. Im übrigen sei der zuständige Redakteur leicht zu nehmen — er gelte als »ein mittelmäßig begabter Kollege«.

Pfeiffers Berlin-Konzept endete mit partei-strategischen Ratschlägen: »Optimal wäre, die politische Opposition (CDU) per Einsickerungsmethode davon zu überzeugen, daß der Klassenfeind allenfalls in der SPD, keinesfalls bei der Neuen Heimat zu suchen ist.« Er verwies auf seine Erfahrungen: »In Bremen hat ein ähnliches Experiment schöne Früchte getragen.«

Westfale Pfeiffer leitete in jenem Jahr das Bremer Anzeigenblatt »Weser-Report«, das sich zur Hälfte im Besitz zweier CDU-Politiker befand. Und er stand seit langem auch im Lohn der Neuen Heimat: Überparteilich — verdeckt vom Pseudonym »Arthur Zobel« — beriet er SPD-Mitglied Vormbrock und dessen Anstrengungen, nach dem Boljahn-Fall mit den Gremien der Stadt im Geschäft zu bleiben.

Als ich bei Vormbrock, der mir das Berlin-Papier kopiert hatte, gegen Pfeiffers Ratschläge protestierte, wußte ich nicht, daß das Schmiergeld-Konzept schon angenommen war; offensichtlich hatte Vormbrock die Hoffnung, mich in den Pakt hineinziehen zu können. Pfeiffers Ideen hatten derart begeistert, daß er einen laufenden Beratervertrag für Berlin erhielt. Aus seinen Bremer und Berliner NH-Verträgen bezog er somit ein monatliches Salär von 3.500,— Mark.

Der »Stern« zitierte Auszüge aus Pfeiffers Konzept in jenem Artikel, der mich aus dem Konzern schleuderte; der Rausschmiß führte zu Vietors Geheimnissen (siehe 7. Kapitel).

Nachdem ich auch von Beraterkontrakten Wind bekam, die Vormbrock in Bremen verteilt hatte (z.B. an einen Redakteur bei Radio Bremen), ging ich endlich zum Konzernchef: »Die Verträge bringen Gefahr!« — »Ich weiß davon nichts«, antwortete Vietor; »beruhigen Sie sich.« Ich witterte die allgemeine Neigung zu einem flächendeckenden Berater-Gewebe über deutsche Redaktionen.

Nun existierte allerdings schon die gewerkschaftseigene Presse — und die arbeitete im Netzwerk. Denn da die Neue Heimat Verbandsziele verfolgte, unterstellten sich die meisten DGB-Journalisten dem Konzern mit blinder Loyalität. Die Gewerkschaftspresse bildete praktisch einen publizistischen Beirat.

Nur so waren die familiären Erwartungen zu verstehen, die DGB-Journalisten ihrerseits an die NH stellten. Tagebuch: »In der Wandelhalle lerne ich Chefredakteur Schmidt von der Jugendzeitschrift ›ran‹ sowie den HBV-Sprecher Götz kennen. Beide begegnen mir mit kühler Distanz und äußern dann ihren Ärger darüber, daß niemand aus ihrem Kreis eine Chance bekommen habe, Presse-Chef der Neuen Heimat zu werden, schlimmer: daß Vietor den ›Arbeitskreis Gewerkschaftspresse‹ nicht einmal kontaktiert habe. ›Wieder so eine Art der Verselbständigung Vietors‹, schimpft Schmidt; ›ein Verhalten wie ein Manchester-Kapitalist, der seine Entscheidungen allein und beim Wein trifft‹.« Ich konnte seine Verärgerung anfangs nicht begreifen.

Nachdem der »Stern« Pfeiffers Schmierpapier zitiert hatte, traf sich Vietor mit diesem Arbeitskreis zur Gegenoffensive. Er beschwindelte seine schreibenden Beiräte, daß die Fenster klirrten: Das Pfeiffer-Papier sei als »miserabel und undiskutierbar abgelehnt« worden, und es gäbe auch »keinen Zweifel über die Erfolgsaussichten rechtlicher Schritte« gegen die Zeitschrift.

Seine publizistischen Kampfgefährten nickten mit den Köpfen, fühlten solidarisch — und ahnten wohl nicht, wie sie mißbraucht wurden. »Du, Albert«, sprach ein Journalist, »sag uns klipp und klar, wie wir dir helfen können.« Ein anderer: »Wir stehen euch doch zur Verfügung. Ihr müßt euch nur ein bißchen regen und dürft nicht so stumm bleiben.« Ein Dritter: »Albert, deine Presseabteilung ist vielleicht überlastet. Aber du hast auch noch uns — vergiß das nicht.«

Albert Vietor duzte die Redakteure gleichfalls; das zwischen ihm und mir, seinem Angestellten, benutzte »Sie« schwirrte störend durch die Runde. Dies glich keiner Pressekonferenz;

dies ähnelte einem Vereinstreffen. So viel Goodwill fand Vietor selten im eigenen Konzern.

Nur: Die Gewerkschaftspresse, so belegten Stichproben, wurde kaum gelesen. Sie hatte zumeist Bulletin-Charakter und verbreitete den Glauben an die »Gegenmacht«. Sie hatte für Vietor geringen Nutzen. Je mächtiger und vermögender der DGB geworden war, um so behäbiger und blinder zeigte sich auch sein Verbandsjournalismus.

Zwischen den Redakteuren dieser Presse und jenen, die sich nur gewerkschaftlich organisierten, stand eine Welt. Vietor hat nie gesehen, daß häufig gewerkschaftlich orientierte, dennoch unabhängige Redakteure die schärfsten Berichte gegen die Neue Heimat zusammentrugen: Im »Stern«, im »Spiegel«, bei den TV-Magazinen »Monitor« oder »Panorama«.

Die »Deutsche Post«, das Blatt der Postgewerkschaft, veröffentlichte nach dem Beiratstreffen einen ganzseitigen Artikel mit der Überschrift: »Die Neue Heimat steht Rede und Antwort — sie hat nichts zu verbergen oder zu verschweigen«. Wer unter den Postlern konnte das im Jahr 1980 noch glauben? Die DGB-Redakteure erwiesen sich als des Konzerns treueste Lobbyisten.

4. Wie eine Gaunerlandschaft aussieht
oder Der heimliche Betrug gegen
Mieter und andere

Immer wenn ich müde wurde, auf der Hut zu sein, mußte ich nur auf Wolfgang Vormbrock horchen. In Vietors Abwesenheit riskierte er gerne eine Lippe — mit dem Anspruch des selbstkritischen Durchblicks, im Tonfall provozierender Entschlossenheit: Die Geschäftspraxis des Konzerns, resümierte er, sei »hier mal Fünfzigtausend, da mal Fünfzigtausend reinholen — manchmal am Rande der Legalität. Aber pfeif der Hund drauf, solange kein Ankläger da ist.«

Die »Union-Baubedarf« (UBB) wirtschaftete als zentrale Einkaufsgesellschaft für die Ausstattung der Mietshäuser: für Klos, Fußböden, Fenster, Dachziegel etc. Mich hatten die mißtrauischen Blicke beschäftigt, die mich auf der ersten Vorstandssitzung taxierten, als es um die Provisionen ging, die sich die UBB von den Lieferanten zahlen ließ. Die Provisionen wurden abgeschafft, weil das Kartellamt gegen sie ermittelte (siehe S. 35).

Drei Monate später, in einer bayerischen Wirtsstube, erzählte mir Klaus Biertz, der verschwiegene Protokollant aller Sitzungen, die Geschäftsgeschichte der UBB: Wie diese Provisionen in den 60er Jahren z. B. halfen, die bankrotte Baufirma Boswau & Knauer, die der BfG-Bank am Hals hing, zu sanieren. In der Wirtsstube kam mir der Gedanke, daß die UBB den Einkauf nicht verbillige, sondern verteuere.

Jurist Biertz und ich hatten in gemeinsamer »Moarschaft« an einem bayerischen Eisstock-Turnier teilgenommen, und er war gesprächiger als sonst. Welchen Sinn machten Gewinne, wenn sie die eigenen Kosten erhöhten? »Die Gewinne blieben doch bei der NHS«, sagte Biertz freundlich.

Ich hatte dies übersehen: Die UBB gehörte zum Städtebau-Konzern NHS; ihre durch Provisionen verteuerten Einkäufe dagegen zahlte die »gemeinnützige« NH, weil der die Wohnungen gehörten. Die UBB hatte all die Jahre hindurch wie ein Gebührenhäuschen am NH-Liefereingang gestanden und für die NHS abgesahnt. Sie hatte dadurch die Wohnungskosten, also die staatlichen Bau-Zuschüsse, in die Höhe getrieben — schlicht Subventionsschwindel betrieben.

Naja, das Kartellamt hatte eingegriffen — wenn auch aus dem Grund, die Lieferanten zu schützen. Das Trick-Geschäft war abgestellt; oder?

Es kam anders. Meine Arbeit bei der Neuen Heimat drängte mich (unerwartet) von Anfang an in die Position eines Detektivs.

Schon einen Monat später begann es: Der Februar-Nebel lichtete sich über einen »Instandhaltungsstau«. 500 bis 600 Millionen Mark, so wurde im Dachsaal des Hauptquartiers bekanntgemacht, seien nötig, um die Wohnungen des Konzerns in Ordnung zu halten.

Für das laufende Jahr wurde der Instandhaltungs-»Bedarf« auf 182 Millionen geschätzt; die Mieter zahlten durch vereinbarte Pauschalen 144 Millionen. Also zu wenig. Doch der Vorstand faßte einen überraschenden Beschluß: Für Instandhaltung ausgegeben werden sollten nur 111 Millionen.

Bei den Mieten des sozialen Wohnungsbaus durfte der Hausherr ein Beigeld verlangen, das er für laufende Wartung deklarierte. Der Aufschlag wurde neben gleichfalls zusätzlichen Betriebs- und Verwaltungskosten kassiert. Wieso wurden 33 Millionen davon hinterzogen? Wieso, wenn der »Bedarf« sogar höher als die Beitrags-Summe lag?

Ende Februar flog ich mit Vietor in gecharterter Lufttaxe nach Berlin. Ich sprach ihn auf den Reparatur-Stau an: »500 Millionen. Wie lange ist das hinauszuschieben?« fragte ich. — »Wir werden schon aufpassen.« — »Ist es nicht unfair gegenüber den Mietern?« Er sah mich an, blickte aus dem Fenster, dann: »Sie müssen noch viel lernen. Was meinen Sie, wie viele Bauschäden wir haben, nur weil die Firmen schlecht arbeiten?«

Kurz darauf wurde ich erstmals aus einer Vorstandssitzung ausgeschlossen. Und als ich aus dem Oster-Urlaub zurückkehrte, wurde die Sitzung unterbrochen: Ich wurde gebeten, den Vorstand »für eine Weile alleine zu lassen«.

Ich diskutierte mit Thilo von Bose, dem Leiter der Personalverwaltung, über den Instandhaltungsmangel. Von Bose gefiel mir als intelligenter, zynischer Spaßvogel; er erklärte mir das Denken am Bau: Wenn erst einmal die Treppenhäuser vergammelt, die Fassaden rissig und die Fenster windschief seien, könne der Hausherr »modernisieren«. Und dafür kriege er neue Zuschüsse sowie die Chance, die Miete zu erhöhen.

Zwei Monate nach Ostern ein neuer Fall: Bürgermeister Hans-Ulrich Klose hatte die Hamburger SPD zum Wahlsieg, zur absoluten Parlaments-Mehrheit, geführt. Am Morgen nach der Wahl tagte der Vorstand. »Jetzt kriegen wir ja wohl wieder Aufträge«, rief Vietor zu Vormbrock. Die Sitzung begann so heiter wie der frühe Junitag.

Da bat Harro Iden den Vorstand zu entscheiden, ob Klage gegen drei brasilianische NH-Geschäftsführer erhoben werden sollte, die der Unterschlagung in Millionen-Höhe verdächtigt wurden:

— Erstens sei beim Erwerb einer NH-Beteiligung an der Firma »Moura-Schwark« die Hälfte der Kaufsumme privat abgezweigt worden,
— zweitens sei von einem aus Deutschland überwiesenen Betriebskredit auch nur die Hälfte angekommen,
— drittens fehle in Hamburg die Einzahlung aus Brasilien erwarteter Gebühren.

Der dritte Vorwurf schmerzte: Der Export von Geld aus Brasilien war nicht erlaubt; das Geld wurde deshalb in Koffern über die Grenze geschmuggelt. Einer der NH-Geschäftsführer hatte also, so der Jammer, eine große Summe nicht bei seinen Chefs abgeliefert, sondern auf das eigene Konto gebracht. Eine Situation wie in einer Kriminalkommmödie. Wie war dem Angestellten die Beute zu entreißen, wenn sein Raub vom Vorstand beauftragt war?

Biertz, Werner und ich — Gäste der Sitzung — wurden kurz vor die Tür gesetzt; nie zuvor und nur einmal danach sah ich Biertz ausgeschlossen. Bevor wir hinausgingen, meinte Vormbrock: Eine Enttarnung sei »halb so schlimm, weil der Öffentlichkeit in geeigneter Form« der Koffer-Schleich zu erklären sei.

Ich redete mit Vietor über den Fall Tage später. Ich riet ihm, gegen die drei Beschuldigten nicht zu klagen. Denn der Ruf des Konzerns sei düster genug; ein Devisen-Skandal brächte ungeahnten neuen Schaden; und Kollege Vormbrock irre sich, den Schmuggel rechtfertigen zu können.

Vietor nickte stumm. Ich glaubte, ihn überzeugt zu haben, und stieß gleich nach: Warum ich im März aus der gesamten Vorstandssitzung ausgeschlossen worden sei? Er antwortete ironisch: »Sie brauchen nicht alles zu wissen.« — »Worum ging es denn?« — »Begebau. UBB. Vermögensfragen.«

UBB? Was war denn mit der UBB? Sollte sie aufhören? Konnten ihre Einkäufe von der NH übernommen werden?

Beim Mittagessen dachte die Führung darüber nach, Immobilien von der NH auf die NHS »zu übertragen«, um sie dann zu verkaufen. Meinte sie die »Vermögensfragen«? Wieso war eine Übertragung überhaupt möglich? Ideologe Werner hatte mir anfangs die Gemeinnützigkeit erklärt: Siedlungen und Grundstücke (unter Aufsicht der Wohnungsbehörde) seien nicht frei verfügbar.

Zu den Krisenbeschlüssen jener Monate zählte, die zwei NHS-Töchter »Bewobau« und »Begebau« aufzugeben. An der »Bewobau« hing allerdings ein Grundstücks-Ballast von über 100 Millionen Mark. Die Firma wurde entlastet, indem ihre Schulden auf die gemeinnützige NH geschoben wurden. Daß dies ein Teil der »Vermögensfragen« sein mußte, merkte ich an einem Beispiel: Es ging um zwei Bewobau-Grundstücke in Köln, die von einer NH-Tochter übernommen wurden — zu einem Preis, der doppelt so hoch lag wie der Verkehrswert. Die örtlichen Prüfer verweigerten ihre Zustimmung. Der Vorstand dachte sich deshalb eine Finesse aus. Er kam auf die Idee, die Grundstücke zunächst von der NH mit einer Höchstpreisgarantie »betreuen« zu lassen. Man war sich im klaren, daß bei der Verwertung der Bauflächen »die Höchstpreisgarantie voraussichtlich nicht eingehalten werden« würde, aber gegen eine Garantie auf einen *späteren* Wert konnten die Prüfer nichts einwenden — und die Verlust-Übertragung ging durch.

Ich merkte, daß es mit der gesetzlichen Aufsicht nicht weit her sein konnte. Das Hin- und Herschieben von Werten zwischen den Teilen des Doppelkonzerns — Thema der »Vermögensfragen« — schien gedeckt von außenstehenden Instanzen. Umfang und betriebliche Bedeutung der Schiebereien begriff ich erst später, den Tatbestand der Fälschung von Subventionsdaten aber sofort.

Was geschah mit der Union-Baubedarf, der UBB? Würde sie aufgeben? Meine Sekretärin Karin Pachale — eine ruhige Beobachterin (und liiert mit einem späteren Polizeipräsidenten) — half mir auf die Sprünge: Sie habe gehört, daß die UBB ein Musterstudio eröffnen würde und künftig »irgendwie intern« Beiträge erhalte. Im Vorstands-Protokoll stand tatsächlich zu lesen, daß für die UBB neue »Wege gefunden« werden müßten. Ich telefonierte mit dem UBB-Geschäftsführer Walter Budde, und er bestätigte das Musterstudio; ansonsten aber hatte er keine Lust, Fragen zu beantworten. Ich säße doch am Vorstandstisch, dort könne ich mehr erfahren als von ihm.

Etwa zur gleichen Zeit beschäftigten uns Mieterproteste, die sich über die Republik hinweg Gehör verschafften:

a) In München hatte sich die bayerische NH ein »Mietausfallwagnis« und eine Kaution zahlen lassen. Gegen die doppelte Gebühr setzten sich Geschröpfte zur Wehr. Die NH stellte sich solange stur, bis die Mieter vor den Kadi zogen.

b) In Berlin sorgte eine Initiative in Spandau für Furore. Sie belegte schwere Baumängel und undurchsichtige Abrechnungen. Vormbrock gab in der Vorstandssitzung zu, daß die Betriebskosten zweifelhaft seien: die Hauswartsgehälter vielleicht zu großzügig umgelegt wurden.

c) In Bochum kämpften 200 Familien gegen chaotisch anmutende Neben-Mieten. Die Kosten für die Müllabfuhr schienen fraglich, die Wassergelder falsch, die Kehrgebühren unverständlich. Nach langem Streit war die NH im sog. Ruhrpott zur Rückzahlung eines Teils bereit; die Bewohner zogen die Gerichte vor (und siegten).

In Hamburg, Hannover oder Wiesbaden zeigten sich ähnliche Protestgruppen — der Eindruck, der Konzern neige zum Betrug bei den Nebenkosten, verbreitete sich über das Land. Und in dieser Situation diskutierte der Vorstand über seine Wohnungsverwaltung, und Rolf Dehnkamp bezeichnete den Instandhaltungs-»Stau« — die hinterzogenen Pauschalen — als eine der letzten Gewinnquellen des Konzerns. Dehnkamp wollte die Finanznot belegen (siehe 5. Kapitel) und dokumentierte ungewollt den Betrugsfaden von der Konzernspitze zu den örtlichen Verwaltern: Hilda von Jordan etwa arbeitete als Geschäftsführerin für die hessischen Wohnungen. Sie litt unter den Krächen mit einer Mieter-Initiative in Wiesbaden. Nach den Zusammenhängen zwischen mangelnder Instandhaltung und Protest gefragt, nickte sie seufzend.

Die Mieter reinzulegen, erschien mir hartleibiger als Subventionsschwindel oder Devisenschmuggel, weil von der schlechten Wartung der Häuser das Lebensgefühl der Menschen direkt beengt wurde und zugleich dieser Betrug selbst von den Mietern nicht so schnell zu erkennen war wie etwa der beim Wassergeld. Die Entwertung der Siedlungen stellte andererseits auch ein Konzern-Risiko dar. Allein die Betonschäden bezifferte die Konzernverwaltung auf annähernd 100 Millionen. Wer konnte glauben, daß hier Kleinreparaturen nur verschoben wurden?

Der Aufsichtsrat wurde über die »Kappungen« der Instandhaltung unterrichtet, und nur zwei Betriebsräte erhoben leise Einwände. Wortlos zur Kenntnis genommen wurde die Tat von den Gewerkschaftsführern Vetter, Vietherr, Sperner, Hesselbach und Lappas. Der Vorstand brauchte nur auf seine Finanzkrise zu weisen, um alle Einwände verstummen zu lassen.

Im Oktober kam die Devisen-Affäre von Rio wieder auf den Tisch: Der Vorstand beschloß, die brasilianischen Unterschlagungen einzuklagen. Vietor hatte meine Bedenken weitergereicht, und Hamburgs Ex-Bürgermeister Peter Schulz, NH-Rechtsanwalt, stimmte mir ebenfalls zu — aber die Mehrheit wollte die Geschäftsführer bestraft sehen. Die Entrüstung verdrängte das Schuldgefühl; ich wunderte mich dennoch über die Kurzsicht.

Im selben Monat fand ich eine neue Spur zur UBB; und dazu verhalf mir Kurt Jaenecke, der brummige Geschäftsführer der NH-Tochter »Nord«.

Das Musterstudio, so hatte ich gehört, werde gemeinsam von der UBB und der »Nord« betrieben. Mit Jaenecke hatte ich eine Verabredung zum Kennenlernen, kam aber eine Viertelstunde zu spät. Jaenecke war darüber ungehemmt übellaunig und verbat sich in schulmeisterlicher Art Unpünktlichkeiten. Viel zu reden gab es da nicht mehr.

Ich fragte ihn jedoch, ob er zur Eröffnung des Musterstudios eine Veranstaltung plane und was überhaupt der Sinn des Studios sei; immerhin könnten die Mieter sich die Einrichtungen nicht aussuchen. »Wieso? Es geht auch um Eigenheime.« Und wie sei die Regelung zwischen Nord und UBB? »Normale Geschäftsbesorgung«, blaffte Jaenecke. »Wieso wissen Sie das nicht?«

Ich konnte mir danach folgenden Reim machen: Die UBB kümmerte sich weiterhin um den zentralen Einkauf der Türen, Fenster, Küchen und Wannen der Wohnungen und erhielt dafür »geschäftsbesorgend« — von den gemeinnützigen Töchtern — ein Honorar. Reimte ich richtig, dann wäre das vom Kartellamt verbotene System nicht aufgegeben, sondern nur wie eine Kleidung gewendet worden. Ein Honorar würde die Baukosten ebenso erhöhen wie eine Provision.

Eine überraschende Neuigkeit komplizierte meine Kombinationen: Während ich vom Vorstand ausgeschlossen war, hatte die Runde die UBB verkauft! Was hatte das wiederum zu bedeuten?

86

Für die NH-Wohnungen konnte sich dadurch doch nichts ändern. Ihre Ausstattungen besorgte künftig ein Fremder — mit Gewinn natürlich. Wem immer die UBB nun gehörte: Was sie für die gemeinnützige NH zu besorgen hatte, trieb die Subventionen hoch. Zu veräußern war sie nur wegen der Erlöse.

Wochen später wußte ich, daß 76 Prozent des UBB-Kapitals für 48 Millionen an den Wärmelieferanten »teletherm« verkauft worden waren. Wer die »teletherm« besaß, blieb unbekannt; merkwürdig war jedoch, daß die NHS sich für die Käuferin bei der Bank verbürgte.

Es wurde wieder Januar: Der Vorstand entschied, auch im neuen Jahr 18 Millionen Mark von den Instandhaltungsgeldern für sich abzuzweigen. Den Bremer Mietern ging man besonders an die Gurgel. Allein von ihren Beiträgen sollten sechs Millionen gespart werden. Die Konzernpapiere wiesen jetzt einen Reparatur-Bedarf »Dringlichkeitsstufe I« von 230 Millionen Mark aus. Über die Unterschlagungen wurde fast nebensächlich entschieden; der Betrug hatte sich automatisiert.

Das Stuttgarter Marktforschungs-Institut »Compagnon« legte Tage später die Resultate einer Befragung zum Image des Konzerns vor; die Ergebnisse bedrückten. Besonders Journalisten und Architekten charakterisierten den Konzern als filzig, übermächtig und verschlossen. Der Vorstand ließ »Compagnon«-Chef Wettig vor und gab ihm zwei Stunden Zeit, die Ergebnisse auszubreiten. Anschließend wollte Vormbrock wissen, woher die miesen Meinungen bloß kämen. Die Unzufriedenheit der Mieter, das schlechte Feuilleton, die Bauskandale — das alles schien ihm an Erklärungen nicht ausreichend.[38] Er war sich ja sicher, daß noch niemand die Betrügereien kennen konnte.

Allerdings: Den Instandhaltungs-Betrug und die Vermö-

[38] Daß die Neue Heimat alte Stadtkerne in Hameln, Mainz und Osnabrück ansehnlich renovierte, wollte keine Zeitung mehr erzählen.

gensschiebereien — solche Übergriffe kannten mindestens hundert Manager, Betriebsräte und Gewerkschafts-Funktionäre. Um Arbeitsplätze zu erhalten, stellte sich der Betriebsrat taub; um die DGB-Macht zu sichern, blieben die Funktionäre stumm.

Auf dem Hamburger Presseball (auf dem der Konzern rund 20 Journalisten-Paare zum Diner lud) erhielt ich dann im trunkenen Trubel eine Nachricht, deren Bedeutung ich erst später in der Nüchternheit bemerkte. Manfred Zierke, Kollege Jaeneckes, erzählte mir, daß die UBB sogar Heizölgeschäften nachging.

Das fehlte noch. Die dunkle, betrügerische (verkaufte) UBB saugte sich an den NH-Bewohnern fest. Sie betrieb demnach Großeinkäufe bei den Mineralöl-Konzernen und ließ die Rabatte bei sich hängen. Ob sie auf direktem Weg oder durch interne Verrechnung kassierte, blieb gleichgültig: Der vom Konzern installierte Zwischenhandel erregte meinen Widerwillen.

Inzwischen war Vetter von Vietor in den brasilianischen Urwald geführt worden; der DGB-Chef erfuhr von den dortigen Vergehen. Die Abgabe der Gerichtsklage wurde daraufhin erneut vertagt; es sollte nochmals ein Vermittler gesucht werden, um einen Teil des geschmuggelten Geldes ohne Streit zurückzubekommen. Und es sollte Rechtsschutz für den Vorstand entstehen für den Fall, daß die Devisen-Schiebungen dem Zoll bekannt würden.

Nach der Mogelei mit dem »gemeinnützigen« Vermögen und mit den Geldern der Sozialmieter beteiligte sich der als ehrenwert geltende Vetter nun also auch hier als Mitwisser. Auf seine Bereitschaft zur Mauschelei baute das Management; wo immer das Betrugsfeuer bei der NH brannte, sorgte er für Windschutz.

Vetter kam aus der IG Bergbau; er war 1969 nur deshalb an die DGB-Spitze gelangt, weil der designierte Kandidat Gscheidle sich kurz vorher im Rotlicht-Milieu Berlins gerauft hatte und der Vorgang publik wurde. Der damals 52jährige

Vetter wurde somit über Nacht Kontrolleur mehrerer Wirt-schaftskonzerne, obgleich er weder kaufmännische noch fi-nanztechnische Erfahrungen besaß. [39]

Wenn es um die »Vermögensfragen« ging, blieb ich oft aus-geschlossen. Da nutzte der Vorstand gar den Sonntag zum Tref-fen, um vertraulich zu beraten. Ich schrieb an Vietor: »Auf dieser Sitzung sollen Wirtschaftsplan und Jahresabschluß be-handelt werden. Weil beide Punkte die Bilanzpressekonferenz betreffen, wäre ich am Sonntag gerne dabei.« Aber ich durfte freimachen.

Derart draußen gehalten, sah ich das Papier nicht, das Dehn-kamps Mitarbeiter Carsten Lüßmann angefertigt hatte und das die »Zeit« später entdeckte. Lüßmann hatte für den Verkauf von gemeinnützigen Immobilien einen Plan entwickelt, nach dem zwischen NH und NHS eine Kommanditgesellschaft ge-klemmt wurde, um die »Übertragungen« unauffällig zu erledi-gen. Dennoch ergaben sich Einblicke im Alltag: So, wenn Horst Städter auf die »Loyalität« der NH Bayern verwies, die diese gezeigt habe, indem sie bei zwei NHS-Grundstücken Ver-luste von 30 Millionen Mark übernahm. Oder wenn Rolf Dehnkamp den Geschäftsführern erzählte, daß die Bilanz der gemeinnützigen NH durch den »Verkauf von Vermögen an die NHS« bestimmt sei.

Gute Werte von der NH zur NHS schieben, schlechte Werte umgekehrt — das bildete ein für jedermann in der Führung er-kennbares Geschäftsprinzip. Und jeder wußte, daß das WGG-Gesetz das Geschiebe schon aus steuerlichen Gründen verbot.

Dann der zweite Sommer: Die Suche nach einem Brasilien-Vermittler war erfolglos geblieben, die Klage also abgeschickt

[39] Vetter wuchs wie Vietor und wie Hesselbach in kleinbürgerlichen Ver-hältnissen auf; die »gemeinwirtschaftlichen« Visionen komplettierte er mit Machtansprüchen, die den DGB den Parteien gleichsetzten. Mit diesen An-sprüchen scheute er auch Konflikte mit der Regierung Willy Brandts nicht. Während Vetters Amtszeit lebte der DGB auf dem Höhepunkt seiner Forde-rungen.

worden — da stürzten plötzlich Alarmmeldungen vom Tatort herein. Inmitten einer Sitzung wurden zwei Kündigungen aus São Paulo in den Raum gereicht, fristlose Abschiede. Die Hamburger Nachfolger des brasilianischen Gauner-Trios hatten die Klamotten hingeworfen und Hals über Kopf das Land verlassen, nachdem sie das Ausmaß der Vergehen übersahen. Sie hatten befürchtet, als Vertreter des Konzerns in Haft genommen zu werden, sobald die brasilianischen Behörden Wind vom Schmuggel des Vorstands bekommen sollten.

Vietor war so überrascht, daß er murmelnd eine »Selbstanzeige« erwog. Eine lange Minute schweigender Betroffenheit von allen. Keiner konnte es fassen: Zwei mittlere Manager ließen ihre schönen Beförderungen sausen und beschämten die Konzernspitze.

Das beschuldigte Trio aus Rio hatte ungefähr jene Summe geklaut, die der Konzern erfolgreich über die Grenze gebracht hatte. Der Vorstand steckte im Dilemma des Diebes, der die Polizei nicht rufen kann, wenn er nach dem Diebstahl ausgeraubt wird. Iden, der die Kündigungen vorgelesen hatte, riet, »den laufenden Prozeß unverzüglich zu beenden«. Vietor grübelte nach dem ersten Schock nochmals über einen »Vergleich« und beschloß dann, »Teile des Aufsichtsrats« zu unterrichten. Er ließ über das Verfahren nicht mehr abstimmen.

Zwei Wochen später wurden alle Klagen unauffällig und endgültig zurückgenommen.

Brasilien stellte allerdings keinen Ausnahmefall dar. Als dem Vorstand der Schrecken über das Ende der Rio-Connection in die Glieder fuhr, beruhigte er sich damit, daß es weiter nördlich, in Venezuela, »Transferprobleme nicht gäbe«. Aber ich erfuhr, was hinter der Beruhigung steckte. Auch in Venezuela unterlief die Neue Heimat Steuer- und Devisenbestimmungen. Ihre Immobilien-Geschäfte dort betrieb sie über eine Aktiengesellschaft in Panama, die den Behörden in Caracas vorgaukelte, einem Venezolaner zu gehören. Dadurch wurde ein Gewinn-Transfer von Caracas nach Panama erlaubt — und von da war der Weg frei nach Deutschland. Der Trick: Der Venezolaner, der die Täuschung mitspielte, verwahrte bei sich zu Hause die auf seinen Namen ausgestellten Panama-Papiere — die Neue Heimat in Hamburg besaß aber seine ohne Datum unterschriebene Übertragung der Aktien.

Im Betrugsreigen ging es weiter: Im selben Sommer erhielt ich endlich schriftliche Informationen über die schwarze UBB. Im Vorstand wurde ihre »künftige Geschäftspolitik« beraten, und zu meiner Verblüffung hatte sich weder die Geschäftsführung noch der Beirat geändert. Wie sah ein Käufer aus, der weder die Leitung übernahm noch einen Kaufpreis riskierte?

Die »Neukonzeption« der UBB nannte drei Geschäftsbereiche:

1. den Handel mit Materialien und Einrichtungen,

2. die Arbeit als Subunternehmer für bestimmtes Handwerk,

3. das Heizölgeschäft.

Die Versuche im 2. Bereich wurden schnell wieder eingestellt; meine Mutmaßungen zum 1. Bereich stimmten: Die für den Konzern ausgesuchten Lieferanten von Dämmstoffen, Türen, Glas, Böden, Tapeten etc. sollten einen Sonderbonus an die kaufende, gemeinnützige NH zahlen; diese schenkte 75 Prozent davon der UBB. Als Vorteil des Umweges wurde genannt: »Vermeidung von negativen Einflüssen auf die innerbetriebliche Moral«.

Der 3. Bereich, den Ölhandel, empfand ich schon deshalb als gemein, weil er die Heizgeld-Vorschüsse, die die Mieter monatlich zahlten, mißbrauchte: Die sogenannte »Delcredere«-Haftung, die die UBB als Grund für ihre Gebühr nannte, war erschwindelt. Denn so werden Garantien bezeichnet, die verbürgen, daß Rechnungen bezahlt werden — das Heizgeld der Mieter lag aber (monatlich bezahlt) längst auf den Konten der Neuen Heimat.

Ich wußte inzwischen, daß UBB-Käufer »teletherm« über Fernheizwerke verfügte. Ich hatte auch ermittelt, daß Maximilian Eberhardt, ein ehemaliger NH-Pressesprecher, dort die Macht besaß. Wie nah stand Eberhardt dem Vorstand? Und

vor allem: Warum sollte die »teletherm« das Heizöl billiger ein-
kaufen können als die NH?

Am 1. August, anläßlich eines Gesprächs über die Mieterzeitung, habe ich Vietor danach gefragt. Er antwortete: »Die ›teletherm‹ kann das besser als wir. Die hat Erfahrungen.« —
»Warum kauft es nicht eine Zentralabteilung von uns?« fragte
ich. — »Ich habe keine … keine Zeit, mit Ihnen darüber zu sprechen.«

Auf der nächsten Vorstandssitzung gab Horst Städter be-
kannt, daß er sich beim Beschluß über die UBB-Geschäfte der
Stimme enthalten habe. Und Techniker Dresel regte an, das
Protokoll noch einmal zu »überarbeiten«. Die Angst vor der
Öffentlichkeit lag in der Luft.

Dann traf ich mich wieder zum Cognac mit Bose, der mich Gal-
genhumor lehrte. Es gab gerade das Gerücht, wonach Vormbrock ein paar eigene Wohnungen von der Neuen Heimat verwalten und sich dabei von ihr Mietgarantien geben ließ. Bose
bewertete die vielen Versuchungen grundsätzlich: »Die Chefs
von Mercedes oder Siemens müssen für ihre privaten Geldanlagen unsichere Vermögensberater nehmen — die NH-Chefs machen es schlichter, sie nehmen die eigene Firma.« Seine Bemerkungen erhielten schlagartig Aktualität.

Denn die Betrugs-Szenen im Konzern hörten und hörten
nicht auf. Im Oktober legten Vormbrock und Dehnkamp einen
ganz neuen Kriminalfall vor: Sie unterrichteten ihre Kollegen,
daß der Berliner Prüfungsverband für das WGG bei fünf
NH-Bauten die Abrechnungen moniere und Subventionsbetrug vermute. Es seien Kosten deklariert worden, für die die
Belege fehlten. Die Tonhöhe, auf der Vormbrock den Betrugsverdacht zurückwies, war es, die meine Erkundigungen sogleich
antrieb.

In West-Berlin hatten sich die Vorstände an erlaubten Vermögensanlagen beteiligt. Dort, wo der Konzern im Auftrag des
Senats Grundstücke oder alte Wohnblocks erwarb und aus-
baute, verkaufte er die Häuser an Gesellschaften, die den Ma-

nagern des Konzerns persönlich gehörten. Die Geschäfte waren grundsätzlich bekannt; ihre Anreize lagen in den hohen Steuervergünstigungen, die die »Front«-Stadt jedem privaten Anleger offerierte. Die Manager-Firmen, die diese Häuser kauften oder in Erbpacht nahmen, schlüpften in die Rechtsform von BGB-Gesellschaften.

Solche BGB-Firmen standen bei sparbewußten NH-Mitarbeitern hoch im Kurs. Ich hörte immer wieder von ihnen und ihren Vorzügen. Nicht nur Vorstände oder Direktoren kauften. Mein Stellvertreter zeichnete ebenso Anteile wie der Pressesprecher der Berliner NH.

Die Vermögensbildung stand allerdings auch in üblem Geruch, weil das Gesetz vorschrieb, die Immobilien an »breit gestreute Kreise« abzugeben, der Konzern dagegen ein Insider-Geschäft aufzog. Ich erfuhr von einem Studienfreund aus dem Rathaus Schöneberg, daß man sich im Berliner Senat darüber ärgerte, wie die Neue Heimat öffentliche Projekte unter der Glocke hielt.

Um sich rentabel an einer BGB-Gesellschaft zu beteiligen, mußte man gut verdienen und hohe Steuern zahlen. Je mehr jemand verdiente, um so billiger wurde das Haus für ihn. Im Konzern verfügten 260 Manager über persönliche Dienstwagen: Das Insider-Geschäft besaß also potentiell eine große Klientel. Darüber hinaus gab es dem Vorstand Gelegenheit, Auszeichnungen zu verteilen. Daß Assistenten, Sekretärinnen und Chauffeure mitmachten, beruhte auf Gefälligkeit. Man bewarb sich bei der Konzernspitze, in den Investment-Club aufgenommen zu werden.

Wo lag der Subventionsbetrug? Ging es um Konzern-Bauten oder um diese vom Konzern abgerechneten Privathäuser?

Vormbrocks Töne — beispielsweise: »Wenn das hochkommt, da wackelt der Senat, da ist der Bausenator gefährdet« — gaben der Affäre die Triebkraft. Seine unverständliche Empörung erleichterte die Enthüllung.

Aufgerundete Subventionsanträge, so verteidigte er sich zunächst, entstünden aus »pragmatischer Auslegung« der Vor-

93

schriften: Wenn bei den Abrechnungen die Belege fehlten, würde man die geplanten Bauarbeiten halt nachholen. Außerdem versteckten sich in den Rechnungen unbelegbare Finanzierungskosten; die Nachweise seien gedanklich zu berücksichtigen. Und drittens: »So wurde immer verfahren.«

Zur Überraschung des Vorstandes machte der spitze Hinweis auf die Praxis den Verbands-Prüfer Leirich genauso spitz: Er verkündete eine Rückschau auf die vergangenen Jahre. Leirich schien zu wurmen, daß selbst bei ausgeführten Arbeiten die Belege nicht stimmten. Einen Prüfungsbericht wollte er nur schreiben, wenn er auf die Vergehen hinweisen durfte. Seine Verbandskollegen schlossen sich ihm an.

Vormbrock zeterte, aber der Vorstand sah sich bald gezwungen, etwas weicher zu taktieren: Ja, die NH-Buchhaltung habe »unsaubere Arbeit« geleistet und Fehler gemacht. Der Konzern sei bereit, ein Patronat zu übernehmen für die Rückzahlung aller falschen Zuwendungen – rückwirkend bis 1970. Hauptsache, die Affäre bliebe geheim.

Zu spät: Inzwischen war die Zahl der aufgefallenen Immobilien auf 17 gestiegen, und alle Objekte hatten ihre Subventionen von der Berliner Wohnungsbau-Kreditanstalt (WBK) erhalten. Wie viele dieser 17 Häuser zählten zu den privaten BGB-Firmen? Ich telefonierte viel mit Berlin.

In der Zeit dieser Aufregungen führte ich auch mit Günter Döding, dem Chef der NGG-Gewerkschaft, ein Gespräch über die Konzern-Kriminalität. Ende November lud seine Gewerkschaft die Hamburger Journalisten zum Karpfen-Essen ein, und ich redete mit ihm am Rande. Ich machte ihn auf den Instandhaltungsbetrug aufmerksam, und Döding versprach, »einmal aufzupassen«. Da ich ihn gut leiden konnte, wollte ich noch mehr erzählen, doch wir wurden unterbrochen und zudem dachte ich: Er hätte längst was sehen müssen.

Ich wußte zwar, wie schwer durch das Labyrinth des Konzerns zu gehen war. Aber Döding saß im Aufsichtsrat der gemeinnützigen NH; und ein Blick in die Ergebnisrechnung dort zeigte, daß 1,7 Milliarden Mark Mieten nicht reichten, weil die

Verwaltungs- und Kreditkosten höher lagen. »Mietverzichte« — vom Vorstand als politische Last genannt — vernebelten zwar die Bilanz und verwischten die Unkosten; doch welcher Kaufmann spricht von »Gewinn-Verzichten«, wenn ihn rote Zahlen drücken? Jedenfalls zeigte die Ergebnisrechnung: Es wurde in die Instandhaltungskasse gegriffen.

Es blieb in meiner kurzen NH-Zeit der einzige Versuch, einen Gewerkschaftsboss in meine Beobachtungen einzuweihen.

Was ich in drei Jahren sah, war natürlich nur ein Teil der Betrügereien, in denen der Konzern versumpfte. Wie er beispielsweise mit eigenen Immobilien-Fonds trickste oder Grundstückskäufe als Spenden an Behinderte tarnte, deckten spätere Untersuchungen auf. Und den vielen Gerüchten über Gaunereien mit Bauherrenmodellen[40] ging ich nicht nach. Die wichtigsten Betrugs-Pfründe in der Geschichte des Konzerns bildeten die Mieten und die Staatsgelder (als erschlichene Subventionen oder hinterzogene Steuern).

Zurück nach Berlin. Hier brach im Winter der offene Kampf aus. Die Prüfer verlangten mehr als ein Patronat der Konzernzentrale — sie forderten eine andere Bilanz. Da es dafür zu spät war, glaubten sie, den Nepp nicht für sich behalten zu können. Am 13. Dezember legten sie der Neuen Heimat ihren Bericht auf den Tisch — der Betrugsverdacht ging an die Öffentlichkeit.

Ich erfuhr davon an meinem 40. Geburtstag im Januar. Als Geschenk erhielt ich ein Fernschreiben, in dem einige Sätze des Berichts zitiert wurden. Im Juristen-Deutsch wurde angeklagt: »Bei der Prüfung einer Reihe schlußabgerechneter Bauvorhaben stellten wir fest, daß Teile der geltend gemachten Kosten noch nicht entstanden waren und nicht durch Rechnungen

---

[40] Bauherrenmodelle verschafften dem Käufer von Eigentumswohnungen den Status eines Bauherren und damit extrem hohe Steuervergünstigungen. Das Gerücht: Der Konzern spannte eigene Mitarbeiter als »Bauherrengemeinschaft« zusammen — und diese Kollegen blieben Zwischen-Erwerber, solange die Käufer fehlten.

nachgewiesen wurden.« Falls Bau-Arbeiten geplant gewesen seien, »wurde dies in den Schlußabrechnungen nicht kenntlich gemacht«.

Der Fall zeigte so viel Sprengkraft, und Vormbrock (für Berlin zuständig) gab sich so aufgeblasen entrüstet, daß ein Gewaltakt zu erwarten war.

Zunächst kam mir zu Ohren, daß Vormbrock überlegte, beim Senat eine Aufsichtsbeschwerde einzureichen. Den Bericht hielt er für unseriös. Es sei beispielsweise von einem Anwalt festgestellt worden, daß die Schutz-Behauptung der Prüfer, sich strafbar zu machen, wenn sie ihr Wissen verheimlichten, unsinnig wäre. Ich hörte sogar das Argument, daß Subventionen nicht zurückgezahlt werden müßten, wenn Baupläne aufgegeben seien: Eine gewissenhafte Abwägung, ob die Gelder eingesteckt oder verbaut würden, genüge.

Ich schaffte es nicht, mit Vorstand Vormbrock über seine Diplomatie zu reden; Mitte Februar wimmelte er mich wieder einmal, bei einem kleinen Streit über Filmkosten, ab.

Und dann bekam ich am 28.2. einen Brief in die Hand, der in seiner kuriosen Form einzig war. Vormbrock hatte an den Berliner Bausenator Harry Ristock geschrieben, um dessen Einwände gegen die BGB-Geschäfte wegzubügeln. Er hatte denselben Brief in zwei Fassungen abgeschickt: Einmal in einer mit Kürzungen markierten Originallänge und dann in der abgeschriebenen Kurzfassung. Vormbrock bat den Senator, hinter dem Netz seiner Striche im Lang-Brief »Interpretationshilfen« zu suchen. Falls sich Ristock dafür interessiert haben sollte, mußte er doppelt lesen — erst kurz, dann lang.

Einwände gegen die BGB-Firmen seiner Kollegen deutete Vormbrock als »Profilierungsversuche« von »Kirchturmpolitikern«. Der Gesetzgeber habe übersehen, daß »Aufmerksamkeit bei der Auswahl« der Käufer nötig sei. Dafür trage die Neue Heimat nun Sorge; sie achte auf die Bonität, indem sie »interessierte Mitarbeiter und uns bekannte Persönlichkeiten« zusammenbringe. Es werde damit »ein gewisser Einfluß unseres Hauses sichergestellt, der bei Problemfällen« helfe.

Gestrichener — zur Interpretation freigegebener — Satz im Original: »Solange Deputate, etwa beim Volkswagenwerk zugunsten der VW-Mitarbeiter, politisch integer sind, wird man uns hoffentlich nicht auf dem Boden sog. doppelter Moral bewerten wollen.« Vormbrock bat Ristock, den Verkauf sanierter Häuser an zwei neue BGB-Gesellschaften endlich freizugeben, von denen eine Albert Vietor gehörte. Und er zeigte hinter den Strichen im Langbrief die zentrale Drohung: »Es wäre sehr unschön, wenn wir ... zu irgendwelchen Kaschierungen kommen müßten, etwa durch Einschaltung weiterer Treuhänder, also Strohmänner.«

War der Bausenator so zu »gefährden«? Vormbrocks Briefstil entsprach dem Duktus des Hauses; er gefährdete aber den Absender eher als den Empfänger.

Jeder wußte, daß Ristock die falschen Subventions-Abrechnungen längst kannte; ganz Berlin wußte außerdem von den Krächen, die zwischen dem Konzern und seinen Spandauer Mietern standen, sowie vom Ärger über das Kongreßzentrum ICC. Bei der späteren Schuld-Debatte über den Konzern kam Volkswirt Vormbrock zu kurz: Keiner trat in das Porzellan wie er.

Aus seiner bildungs-verzierten Depesche (»Prominenz muß angestrahlt werden, Elite strahlt aus«) erfuhr ich allerdings immer noch nicht, wieviel BGB-Gesellschaften im Skandal der 17 Immobilien steckten. Um Beispiele für die Betrügereien der Neuen Heimat zu sammeln, brauchte ich die Abgrenzung: Ein Geschiebe bei den BGB-Firmen ging in die private Bereicherung.

Drei Wochen später kam Vietor aus einer langen Kur zurück. Ich fragte ihn, ob bei den inkriminierten Objekten auch Privathäuser involviert seien, und er sagte: »Soweit ich Kenntnis habe, nein.« Vietor war fünf Monate krank gewesen. Ich hatte ein Dutzend drängender Fragen an ihn.

Ich hätte mich etwa bei ihm erkundigen wollen, ob die schlickige UBB vom Instandhaltungs-»Stau« profitiere. Mir war in seiner Abwesenheit nämlich aufgefallen, daß die UBB bei der »Modernisierung« von Wohnungen vorzüglich zum Zuge kam. Sie kaufte in einem Jahr Fenster für 55 Millionen Mark. Die neuen Fenster hätten vielleicht nicht gekauft werden müssen, wären die alten von den Mietgeldern gepflegt worden. Der Reparaturbedarf »Dringlichkeitsstufe 1« war übrigens auf 270 Millionen angewachsen.

Ich hätte Vietor auch gerne über den Käufer »teletherm« interviewt. Die UBB wurde behandelt, als sei sie unverändert eine Konzerntochter: ihre »Gewinnerwartungen« wurden für 15 Millionen Mark versilbert. Entweder stimmte der Verkauf überhaupt nicht, oder der Käufer spielte die Rolle eines Strohmanns. Allerdings für wen?

Der Vorstand machte sich viele Sorgen darüber, daß die UBB genug Futter aus den Wohn-Siedlungen bekam; meckernde Mieter bildeten das geschäftliche Unterpfand der Schmarotzer-Firma. Die Vorstands-Diskussionen sorgten sich zudem um die besten Ölquellen; und als beste galten die, die dem Zwischen-Händler die höchsten Gebühren sicherten. Sowohl beim Schwindel mit den Subventionen als auch beim Betrug an den Mietern rückte die UBB mehr und mehr in den Mittelpunkt. Es schien, als wären fast alle unmoralischen oder ungesetzlichen Geschäfte unter einen Hut gebracht. Wer versteckte sich hinter dem neuen Besitzer namens »teletherm«? Diese »teletherm« wollte ich ins Visier kriegen.

Aber Vietor hatte keine längeren Termine für mich. Und am Freitag, dem 25. April, holte die Berliner Justiz zum Schlag aus: Wegen des begründeten Verdachts des Subventionsbetruges vollzog sie eine spektakuläre Razzia in der Berliner NH-Verwaltung sowie in den Wohnungen der dortigen Geschäftsführer. Vormbrocks Großmacht-Politik brach ein.

Die Durchsuchung von Räumen und die Beschlagnahme von Unterlagen mußte sich ein Gewerkschafts-Unternehmen bis dahin noch nie gefallen lassen. Nach Hitler hatte sich das niemand in Deutschland vorstellen können. An diesem Wochenende brach der erste Stein aus einer Säule des DGB-Tempels. Das »Handelsblatt« vermutete, daß die örtlichen Schwindeleien »sich nahtlos in die Geschäftspolitik der Neuen Heimat eingefügt haben könnten«.

Der Berliner Staatsanwalt überraschte noch mit einem zweiten Handstreich: Auf die 17 Immobilien addierte er elf weitere Projekte mit überhöhten Zuschüssen. Jetzt hatte er fast 30.

Kurz nach Veröffentlichung des Pfeiffer-Plans (siehe S. 76 f.) wurde ich vom Chefredakteur der Berliner »BZ«, Wilhelm Pannier, angerufen; er bat um Auskunft, ob irgend jemand in seiner Redaktion auf der pay-roll der Neuen Heimat stände. Auf einen Tip von ihm, in Kombination mit einer Empfehlung aus dem Rathaus Schöneberg, erfuhr ich Mitte Juli, daß Vietor mich belogen hatte: Am Subventionsbetrug beteiligten sich mehrere BGB-Gesellschaften führender NH-Manager.

Völlig risikolos hatten Vietor, Stellvertreter Iden, Dehnkamp und Verwaltungs-Vorstand Ginhold bereits in den Jahren 74/75 einige Häuser erworben. Die Bauten waren überwiegend vom Staat bezahlt und ausschließlich von der NH betreut worden. Nunmehr erfuhr ich, daß diese privaten Burgen am Betrugsversuch mit 1,5 Millionen Mark beteiligt waren, aufgedeckt fünf Jahre nach der Schlußabrechnung.

Die UBB hatte der Vorstand, wie sich später herausstellte, in der Tat nur zum Schein verkauft: Sie parkte bei der »teletherm«, um mit dem Scheinpreis die Bilanz zu verschönern. Und warum »teletherm«-Chef Maximilian Eberhardt mitspielte — das wußte ich plötzlich im August! Es setzte meinen Erfahrungen die Krone auf (siehe 7. Kapitel).

5. Wie ein Vermögen hochgerubbelt wird
oder Die intime Chronik
eines Mißmanagements

Das Auslandsgeschäft des Konzerns wurde in der »Neuen Heimat International« (NHI) koordiniert. Das Risiko des Abenteurertums dieser NHI gab sich nicht nur mir kaum zu erkennen; der Vorstand handelte wie unter Drogen und nahm eine über die Grenzen sich nähernde Schuldenflut bis zum Schluß nur benommen wahr.

Der Tod des Konzerns kam aus der Fremde; man hatte ihn von dort am wenigsten erwartet.

Die NHI war Anfang der 60er Jahre mit vielen Promotions-Spektakeln gegründet worden. Kabarettisten besangen Vietors Aufbruch mit einem Lied des Seefahrers Freddy Quinn: »Seine Heimat ist das Mehr.« Da es den Schiffahrts-Legenden Hamburgs entspricht, das Glück in der Ferne zu suchen, fand die NHI spektakuläre Unterstützung durch Prominenz und Bürokratie.

Ohne Aufschub wurde eine behördliche »Ausnahmebewilligung« gegeben, und die NHI schipperte an den Küsten und durch die Kanäle Europas. Die erste Tochtergesellschaft entstand in Paris, und von da ging es für Verhandlungen und Investitionen nach Holland, Belgien, Österreich, Italien und Griechenland. Als der Städtebau-Konzern NHS gegründet wurde und die NHI dort ihren Platz fand, baute sie schon in Übersee.

Es machte nicht nur den Hamburgern Freude, international zu touren; die NHI gab auch der Düsseldorfer Gewerkschafts-Zentrale das Gefühl, global zu denken. Vetter weltmännisch: »Wenn in Kanada ein Ministerpräsident zu uns kommt und sagt, ihr baut uns eine neue Stadt, und die Gewerkschaften sagen, wir sind dem politisch verbunden, dann geht das ganze

Know-how, das wir haben, dorthin. Dann werden wir das bauen.«

Die Gewerkschaften wollten die Welt-Spitze erreichen. Auch Hesselbach glaubte, daß weder fremdes Klima noch fremde Kultur — gleich ob Wüste, Eis oder Dschungel — die Neue Heimat daran hindern sollten, den Globus auszubauen: »Wer der Dritten Welt kein Know-how zur Verfügung stellt, entzieht sich einer politischen und sozialen Verpflichtung.«

Vietor schreckte also vor keiner noch so exotischen Herausforderung zurück: weder vor den Slums in Malaysia noch vor dem Lehmbau in Ghana. Jedes interkontinentale Reiseziel schien ihm ein potentieller Bauplatz. Und als der Konzern in Monaco ein eigenes Luxus-Hotel — natürlich mit Spielbank — hochzog, wurde dies als Beweis einer grenzenlosen Einmaligkeit deutscher Arbeitermacht gefeiert.

Aber nirgendwo auf der fremdsprachigen Welt beteiligte sich eine einheimische Gewerkschaft an den Projekten. Überall — von Mailand bis Montreal — ließen sich Vietors Gesandte auf Partner ein, die im Reichtum und in der Ahnungslosigkeit der Deutschen ihren Gewinn suchten. 1974 besaß der Konzern bereits keine Übersicht mehr über seine Abenteuer. Mein Vorgänger Günther Baumann in einem Interview: »Es ist nicht etwa, daß ich etwas verheimlichen will. Es ist aber schwierig, die Zahlen immer neu zu bekommen.«

Daß die Geschäfte für den Konzern keinen Glanz kriegten, daß fahrlässig bis naiv gerechnet und kontrolliert wurde — das dämmerte dem Hamburger Vorstand schließlich Mitte der siebziger Jahre. Er wechselte die NHI-Geschäftsführung aus. Und er machte sich die Mühe, die umtriebigen Erwartungen wenigstens zu hinterfragen. Zudem skandalisierte es ja auf dem Binnenmarkt, und eine neue Vorsicht bestimmte die Köpfe. Das weltweite Geschäftsgestrüpp sollte gelichtet werden.

Zunächst erwog man den Verkauf des Hotels in Monte Carlo. Eine Spielbank am Steuerflucht-Punkt Monaco war einigen Gewerkschaftern und linken Kritikern ohnehin ein Dorn im Auge. Jetzt wurde ein hoher Verschleiß in der Gastronomie beobachtet, und der Ärger förderte die Neigung, das Gebäude abzustoßen.

Im November 1977 sprach Dehnkamp immerhin von »erheblichen Risiken« im Ausland und nannte beispielsweise eine Verlust-»Erwartung« von 20 Millionen Mark in Italien. Den Wirtschaftsplan für die NHI konnte er aber auf Gewinn trimmen, weil er einen Verrechnungstrick vorschlug, nämlich einige NHI-Forderungen — über eine Luxemburger Firma — an den Konzern zu verkaufen.

Organisatorische Überlegungen, die Aufsicht zu verschärfen, da man »von ortsansässigen, zwielichtigen Mitarbeitern oft aufs Kreuz gelegt werde« (Dehnkamp), stießen anfangs auf Widerstand: Städter und Vormbrock argwöhnten, daß ein Ausbau zentraler Kontrollen die eigene Unabhängigkeit einschränke. Die beiden mußten erst beruhigt werden.

Als der Winter vergangen war, im Frühling 78, zeigte die Schneeschmelze im italienischen Tirol, daß dort 40 Millionen Mark verloren waren. Und in Paris blühten knallrote Zahlen: 56 Millionen Mark als Bilanz-Verluste zweier französischer Gesellschaften — dazu Jahres-»Erwartungen« von minus 25 Millionen.

Das schien noch nicht alarmierend, weil der Konzern immer an vielen Fronten zu kämpfen hatte und solche Verluste in seiner Geschichte häufiger verkraften mußte. Im Bewußtsein großer Erfahrungen und der Zugehörigkeit zur Gewerkschaftsmacht feierte man die Feste noch locker und erledigte den Alltag routinemäßig.

In schöner Erinnerung blieb etwa ein leuchtendes Hausfest auf sämtlichen Etagen der 12stöckigen Konzern-Zentrale: Selbst der ovale Sitzungssaal des Vorstandes auf dem Dach animierte als dekorierte Kneipe und erinnerte Vormbrock an eine »Voodoo-Bar«. Und vor der schummerigen Bar saß der Vorstandsvorsitzende auf der Treppe und drückte alle Sekretärinnen, die es mochten, schunkelnd an sich.

Dann hatte ein wunderbar winterliches, einwöchiges Tagungsfest am Eibsee in den bayerischen Alpen für Abwechslung und Erholung gesorgt: Die 40 Spitzenmanager des Konzerns hatten es sich dort mit ihren Ehefrauen in einem Kurhotel bequem gemacht und versucht, Geschäft und Urlaub zusammenzulegen. Zum Skifahren, für Wanderungen durch den Schneewald und abendlichem Hallodri gab es soviel Zeit wie für die Konferenzen.

Mitte der Alpenwoche war der DGB-Bundesvorstand dazugestoßen und hatte ebenfalls die Gattinnen dabei. Adolf Schmidt, Chef der IG Bergbau, wollte sich zwar »länger Zeit nehmen für die NH, denn wir haben bei der g.u.t. schon eine Menge Geld bezahlt«; aber was konnten die Gewerkschaftsbosse in der Winter-Idylle erfahren, was sie nicht — aus Bei- oder Aufsichtsräten — schon wußten? Mehr als ein sozialpolitischer Diskurs lief nicht; nach nur fünfstündiger Konferenz mit Bildern und Parolen sorgte der Kabarettist Jürgen Scheller wieder für Ausflugsstimmung.

Ausland? Iden am Eibsee: »Rückzug aus den kleineren Geschäften in der Schweiz und den USA. Später Italien.« Über Frankreich sagte er nichts.

Das Ausland lag weit weg. Über ausländische Tarifpolitik, Sozialmieten oder Arbeitsplätze stellte kein Gewerkschaftsführer Fragen. Auch in Hamburg nicht.

Fragen stellte er über die »Bewobau«: Diese Tochtergesellschaft, die sich zehn Jahre — lange vor der NHS-Gründung — als getarnte Konzernbeteiligung auf dem Spekulationsmarkt getummelt hatte und mit dem Verkauf von Elite-Appartements bekannt wurde, sollte in jenem Winter die Geschäfte einstellen. Die Defizite einer Firma, die die Speerspitze im Untergrundkampf gegen die WGG-Regeln gewesen war, zum Schluß zu bringen, berührte den Vorstand mit Wehmut: Vormbrock mußte der Bewobau erst »den Naturschutz« nehmen. Keiner der bei der »Bewobau« Beschäftigten sollte entlassen werden; alle Grundstücke und Immobilien wurden auf andere Gesellschaften verteilt (siehe S. 83 f.). Es ging bei der zeitzehrenden Beratung vor allem um Versetzungen der Kollegen.

Ich notierte über eine Vorstandssitzung im November 77:

103

»Beginn 9 Uhr 30 / Dehnkamp referiert über Wirtschaftsplan /
Vietor eröffnet Grundsatz-Debatte: Nötig sei ›Veränderung
der Geschäftsauffassung‹ / Städter sieht in Masse unbebauter
Grundstücke ›Damokles-Schwert‹ / Vormbrock fordert ›Pro-
blem-Reihenfolge‹ beim Land: Bevorratung — Konsolidierung
— Teilverkauf / Iden erinnert an Kapitalmarkt: Zinsbelastung
von rund 100 Millionen könnte steigen / Dehnkamp taxiert
›soziale Stückkosten‹ um 20 Prozent höher als bei Konkurrenz
/ Pinther beklagt ›gewisse Drucksituation‹ bei Mitarbeitern /
Vietor bittet um Übersicht über die großen Grundstücke /
Pause 13 Uhr.« So verging eine Grundsatz-Debatte.

Vier Monate später, Vorstandssitzung im Februar 78:
»Thema: Auftragslage / Riegels referiert kurz / Vormbrock
zählt lange Liste auf mit Projekten, an denen NH ›dran‹ sei /
Für Iden schwierig, ›Realisierung der aufgezählten Projekte
einzuschätzen‹ / Vietor will Behandlung des Themas alle zwei
Monate.«

Der Vorstand beschäftigte sich also mit Erkenntnissen über
schlechte Aussichten. Aber das Ausland zählte nicht dazu.

Und Vietors Bemühen um eine »veränderte Geschäftsauffassung« wirkte ratlos. Auf einer Autofahrt mit mir beschimpfte er
seine Vorstandskollegen, »die immer wieder Sparten oder Objekte abstoßen wollen«. Den Konzern zurückzufahren, wider-
sprach seinem Anspruch. Und Programm-Änderung? Er hatte
keine Vorstellung, wohin der Konzern künftig steuern könnte.
Nur eines wollte er nicht: »Wohnungen verwalten ist kein Unter-
nehmensziel.«

Im Frühling, nachdem die Unglücksberichte aus Italien und
Frankreich übersetzt waren, ließ Dehnkamp einmal ein Warn-
licht aufblitzen: Der NHS-Konzern (mit Ausland) habe, sagte
er nebenbei auf einer Sitzung, »in zehn Jahren keinen Pfennig
Gewinn« gemacht. Vietor reagierte fast verärgert; ihn irritierte
der Defätismus solcher Gesamtzahl. In diesem Moment wurde
ein Telegramm aus Afrika reingereicht, das die Gründung einer
Firma im Sudan mitteilte. Da niemand davon wußte, verdrängte die nette Verblüffung den düsteren Hinweis.

Unruhe zeigte die Personalführung. Begleitet von schnöden Kommentaren im Vorstand wurden kurz hintereinander ein Generalbevollmächtigter und fünf Geschäftsführer entlassen. Städter stöhnte: »Sechs Problemfälle in einem Jahr.«

Im Sommer wurde die Geburt der Sudan-Tochter gefeiert, in Frankreich eine neue Firma für Kommunalbauten eröffnet (Vietor: »Das wird ein Schlager«), in Österreich und Kanada die Präsenz verstärkt, in London ein Industrie-Anwalt für die Eroberung Arabiens engagiert. Der internationale Antrieb des Konzerns brummt ungebrochen.

Außerdem entstand eine »Akquisitions-Koordinierung« für das Ausland, die die NHI-Geschäftsführung entlasten sollte. »In Frankreich«, beruhigte Vietor, »werden die Probleme gelöst.« Man gäbe die Geschäfte stets dort auf, wo sie nicht lohnten. In Brasilien z.B. habe man sich von der Firma »Moura Schwark« getrennt — aus konjunkturellen Gründen. Nur: Moura-Schwark verursachte den Devisen-Betrug; Vietor nutzte den Bruch, um Umsicht zu demonstrieren.

Niemand im Vorstand zeigte im Sommer 78, daß er ein heranwachsendes Desaster auch nur ahnte. Die Geschäftswelt des Konzerns schien im Rückgrat stabil — immerhin wurde das Anlagevermögen auf rund 20 Milliarden Mark taxiert. Daß Iden häufiger nach Paris flog und blasser zurückkam, daß »VW do Brazil« nicht, wie gehofft, NH-Werkswohnungen in São Paulo bestellte, sah man als übliche Schlechtwetter-Momente. Vietor verkündete, »im Ausland vorsichtig« zu sein. Er sah keinen Grund, von den weltumsegelnden Gewohnheiten abzulassen.

Alles Inländische lag zudem näher, als es die Entfernungen erklären konnten. Es begriff sich einfacher. Ungefähr die Hälfte der Diskussionen im Aufsichtsrat erhitzte sich nunmehr an der »Begebau«, der nach der »Bewobau« zweiten Firma, die geschlossen werden sollte. Bei der Begebau arbeiteten etwa 100 Leute. Auch hier wurde niemand entlassen oder schlechter bezahlt — aber mit den Unbequemlichkeiten piesackten die Betroffenen die Gremien bis zur Ermüdung.

Das Universitätsklinikum Aachen, jenes medizinische Monster nahe der belgischen Grenze, hatte der Vorstand sich vom Hals geschafft: Der kleine fuchsige Georg Bamberg — bereits pensioniert, aber drahtig wie ein Söldner — war zum General-bevollmächtigten für dieses Milliarden-Problem ernannt worden und schien die mit 900 Arbeitern besetzte, von Pannen verfolgte Baustelle zäh in den Griff zu kriegen.

Regelmäßig gab er dem Vorstand Bericht; was er sagte, blieb — schon seiner Dramatik wegen — unwidersprochen. Der Vorstand ließ Bamberg machen; und wenn er neue Mitarbeiter brauchte, bekam er sie. Immerhin hatte sich der erste parlamentarische Untersuchungsausschuß in Düsseldorf über die Baustelle gebeugt; Bauzeit und Kosten für das Klinikum bedrohten die Landesregierung.

Wenn der Berliner Bamberg aus der Grube erzählte, staunte die Konzernspitze nur so — über Einsturzgefahren, Leitungsbrüche, Kampf um Kostenbelege, Sicherung von Unfall-Beweisen. 18 Beamte des Finanzministers Diether Posser saßen in einem Sonderstab dem NH-Gewurstel auf den Fersen, verweigerten immer wieder die Zahlung einzelner Rechnungen. Bambergs Erzählungen klangen manchmal so unglaublich wie die eines heimkehrenden Kap-Hoorn-Fahrers.

Die Konzernführer wähnten sich in Aachen vom Krisen-Management entbunden. Das Thema spielte in den Sitzungen keine zeitraubende Rolle, obgleich damals außer den Atomkraftwerken kein Neubau die Republik so erregte wie diese — baulich einem Chemiewerk gleichende — klinische Fabrik.

Die wichtigste Beschäftigung des Vorstandes wurde von mir lange nicht bemerkt, und ich verfolgte sie dann mit unwissendem Staunen: Als Dehnkamp im Winter daran erinnert hatte, daß die Tochter NWDS »aus bekannten Gründen« dem Konzern fernbleibe, hatte ich erfahren, daß NH und NWDS sich gegenseitig Wohnungen verkauften, um die vermuteten Wertsteigerungen zu »aktivieren«.

Diese Tauschgeschäfte machten Spaß, weil dadurch Vermögensgewinne aufgrund von Inflation oder gestiegenen Immobilienpreisen notiert wurden. Sie sahen dennoch onanistisch aus,

106

weil ein Geschäftspartner fehlte. Verboten waren sie — so hatte ich gelesen —, wenn die »stillen Reserven« innerhalb einer konsolidierten Konzernbilanz hochgerubbelt blieben.

Ich wunderte mich, wie spielerisch Dehnkamp — wenn er die Wirtschaftspläne einbrachte und laufend korrigierte — mit zumeist handgeschriebenen Zetteln immer wieder neue Berechnungen springen ließ, und schrieb es der Langsamkeit Vormbrocks zu, daß dieser einmal aufbrauste und es »Schwachsinn« nannte, ständig neue Zahlen zu hören.

Es gab Vorstandssitzungen, in denen spielte Dehnkamp endlos den Ausrufer — seine Kollegen schrieben nur keuchend mit. In solchen Stunden zweifelte ich an meiner Wahrnehmung. Ich sah mich in einem Wettbüro, verstand aber das System nicht.

Ich begriff: Weil auf dem Markt die Geschäfte ausblieben, machte man sie sich in der Schreibstube. Und es lockte jede Bewertung, wenn es keine Kundschaft, sondern nur Angestellte gab. Und ich merkte, daß die Gelassenheit des Vorstands gegenüber den Finanzproblemen aus diesem hoffnungsvollen Vergnügen kam. Denn die Produkte des Konzerns stellten ja gleichzeitig sein Anlagevermögen dar.

Die Unternehmensgruppe verkaufte von Mutter zu Tochter, von Tochter zu Tochter — und sie verkaufte auch kreuz und quer *innerhalb* des föderativen Konzerns. Ich ahnte wohl bald, daß die Geschäfte verboten waren, aber ich begriff eigentlich nicht, wieso — ich verstand nicht, welcher Gewinn für *alle* in diesem System lag.

Der Herbst 78 versetzte dem Vorstand einen Schock: In Frankreich hatten die ersten Fragen eine Katastrophe zum Vorschein gebracht. Die dortige NHI-Tochter »Manera« saß auf unbebauten Grundstücken im Wert von 180 Millionen Mark sowie unverkäuflichen Wohnungen von 270 Millionen. Die Verschuldung belief sich auf rund 450 Millionen Mark, die mit 16 Prozent verzinst wurden. Ein Desaster wie ein Unfall — schlagartig und ohne Warnung.

Die Anteile an der »Manera« teilte sich der Konzern mit einem französischen Partner. Pariser Wirtschaftsprüfer hatten eine Aufstockung des Kapitals um 90 Millionen Mark gefordert. Was tat Vietor? Pas de problème: Vietor war bereit, die gesamte Kapitalerhöhung zu übernehmen, falls der ortsansässige Partner kalte Füße bekäme. Paris halten — eine Kleinigkeit.

Bei der NHI in Mexiko herrschte zur gleichen Zeit Gründerstimmung. Die mexikanische Gewerkschaft CTM, so hieß es, habe Interesse gezeigt, sich zu beteiligen. Endlich tauchte ein politisch vorzeigbarer Geschäftspartner auf; DGB-Boss Heinz-Oskar Vetter selbst schrieb sich die Geschäftsverbindung zugute. Das gab Vietor, der dort auf 2 Millionen qm Land hockte, Aufwind. Wie konnte er zaudern, wenn sein Chef drängelte?

Die tollkühne Reaktion in Frankreich wurde mit der hoffnungsvollen Nachricht aus Mexiko garniert, und schon hatte man die neue Position zur Auslandspolitik: Der Vorstand hielt sich für besonnen, seine internationalen Geschäfte langfristig auf etwa zehn Staaten zu konzentrieren. Ein Rückzug nach Deutschland kam nicht in Frage — und wenn das Geld zu Hause noch so knapp wurde. Gegen die fernen Gefahren glaubte Vietor mit guten Beziehungen gewappnet zu sein.

Mittlerweile hatte das Bundesaufsichtsamt für das Kreditwesen zu ermitteln begonnen: Finanzchef Iden flog zur Amts-Chefin Inge-Lore Bähre und erfuhr, daß der Konzern mit 5,5 Milliarden Mark der zweitgrößte Schuldner der Republik sei. Iden versicherte der Dame, daß die Neue Heimat in vier Jahren die Hälfte aller brachen Grundstücke und damit eine Milliarde an Schulden abschütteln werde. Nicht genannt in der Kreditbilanz waren Hypotheken von über zehn Milliarden.

Überall auf bessere Zeiten wartend, vertrieb sich der Vorstand derweil die Monate mit den 420.000 verwalteten Wohnungen (davon 320.000 eigene). Es wurde auch höchste Zeit, sich der Siedlungen anzunehmen: 4.300 Wohnungen standen leer; dadurch verlor die Firma fast 30 Millionen Mark jährlich. Außerdem beschwerten sich die Mieter landauf und landab. Allzu viele Häuser wirkten verlottert; in allzu vielen Fällen schien die Verwaltung unzulänglich.

Im Geiste des Don Quichotte wurde nun eine Verwaltungsreform beraten. Woher kamen die Mietprobleme in den Siedlungen? Vietor selbstkritisch, mit Blick in die Runde: »Verkrustungen bei unserem Personal: Notfalls müssen wir Leute rausschmeißen.« Vormbrock originell, neigt sich heftig vor: »Es ist die soziale Struktur in den Wohnanlagen: Der erste Türke zieht ein, und die anderen ziehen aus.« Dresel zustimmend, aufrecht und bewegungslos: »Die Gefahr der Verslumung sehe ich so wie du, Wolfgang.«

Plötzlich, für einen Augenblick, erschien Sancho Pansa. Dehnkamp (mit hellblauer Jacke, buntkariertem Hemd und weinrotem Schlips) erinnerte an die Wahrheit in den Slums: Gewinnquelle des Konzerns seien die zurückgehaltenen Instandhaltungen, die allein in diesem Jahr 40 Millionen Mark ausmachten.

Der Verfall der Siedlungen resultierte in der Tat aus jahrelangem Renovierungs-Stau. Wen konnten Leerstände oder Proteste wundern, wenn oft schon der Wind durch die Fenster wehte? Ob Dehnkamp gehört wurde? Sein Hinweis tauchte im Protokoll nicht auf.

Die Wohnungsverwaltung, so Vietor, sei im Konzern »bisher ein Stiefkind« gewesen, und alle wirkten einsichtig, als sie nickten. »Ja, Albert, in der Tat, stiefmütterlich«, säuselte Pinther. Aber als Problem erkannt wurden nur falsche Mieter oder müde Mitarbeiter. Tagelange Diskussionen kreisten um die Fragen: Wann sollte der alte Willi Ginhold, für die Verwaltung zuständig, in Pension gehen? Wie qualifiziert mußte sein Posten neu besetzt werden? Konnte das Ressort aufgeteilt werden? Auf welche Weise? So griff der Vorstand die Windmühlen an. Von den größten Übeln keine Rede: Die Wohnblocks vergammelten.

Am 8. November 78 sagte Vietor vor Betriebsräten: »Die Krise hat die NHS voll gebeutelt.« — »Welche Krise?« wurde er gefragt. — »Die Ölkrise 73/74.«

Heinz Vietherr, als Gewerkschaftsboß und Aufsichtsrat anwesend: »Du kannst doch nicht alles auf die Ölkrise 73/74 zurückführen.« Vietor: »Und du kannst nicht sagen, daß der Vorstand Scheiße baut. Eine solche Bemerkung wäre nicht angemessen.« Vietherr: »Scheiße hast *du* gesagt.«

Trotz seiner Attacken gegen Kollegen, die den Konzern verkleinern wollten, wußte Vietor, daß er loslassen mußte. Der Schuldenberg erreichte die 12. Etage. Eine finanzielle Entlastung erhoffte er sich vom Verkauf dreier Großbauten in München (Olympia-Einkaufszentrum), Mannheim (Collini-Center) und Frankfurt (Senckenberg-Anlage); seit Monaten wurden sie offeriert. An den Auftritten im Ausland wollte er auf keinen Fall sparen — das schien Verlust an Lebensqualität zu bedeuten.

»Scheiße bauen«, das unbewußte Schuldgeständnis, ließ mich intensiver über die Rubbeleien nachfragen und führte mich auf die Fährte. Die fidelen Querverkäufe innerhalb der Unternehmensgruppe brachten ja nirgendwo Liquidität. Aber dank des *gleichzeitigen* An- und Verkaufs schaukelten sich auf allen Seiten die Werte der Immobilien nach oben: Die getürkten Vermögenswerte — die »Aktiva« in den Bilanzen — täuschten gegenüber den »Passiva« somit eine Verringerung der Schulden vor. Der Hamburger Untersuchungsausschuß veröffentlichte 86 eine Grafik (siehe rechts), die den Segen dieser Geschäfte illustrierte (WU — Wohnungsunternehmen).

Innerhalb einer konsolidierten Konzernbilanz mußten die Gewinne interner Umbuchungen wieder »eliminiert« werden. Denn da die Zaubereien unter einer gemeinsamen Decke entstanden, waren sie unkontrollierbar und gipfelten in einer Fata Morgana des Reichtums. Der NH-Vorstand, gewöhnt an Schein und Selbsttäuschung, ließ sich jedoch von den üblichen Regeln nicht schrecken und schaffte es, den Prüfungsverband zum Kumpan seiner Illusionen zu machen.

Städter: »Vier Millionen?« Dehnkamp: »Vier Millionen.« Städter: »Okay. Einverstanden. Vier Millionen.« Pause. Vormbrock: »Auf was habt ihr euch geeinigt? Vier Millionen?«

Der Konzern gaukelte so sich und der Außenwelt vor, er wäre gesund: Da im Inland nichts verkauft werden konnte, tat er so, als müßte gar nicht verkauft werden. Es ist unvorstellbar, vorher

WU A

Aktiva		Passiva	
Wohngeb. I	100.000,--	Eigenkap.	20.000,--
" II	200.000,--	Fremdkap.	280.000,--
	300.000,--		300.000,--

WU B

Aktiva		Passiva	
Wohngeb. I	200.000,--	Eigenkap.	50.000,--
" II	200.000,--	Fremdkap.	350.000,--
	400.000,--		400.000,--

Verkaufspreis 300.000,--

Verkaufspreis 300.000,--

nachher

WU A

Aktiva		Passiva	
Wohngeb. I	---	Eigenkap.	20.000,--
" II	200.000,--	Fremdkap.	280.000,--
" III	300.000,--	Gewinn	200.000,--
	500.000,--		500.000,--

WU B

Aktiva		Passiva	
Wohngeb. I	200.000,--	Eigenkap.	50.000,--
" II	---	Fremdkap.	350.000,--
" III	300.000,--	Gewinn	100.000,--
	500.000,--		500.000,--

Erläuterungen

1. Ausgangslage: Beide WU haben im Anlagevermögen zwei Wohngebäude, bilanziert gemäß Handelsrecht, d.h. im wesentlichen mit den Herstellungskosten ./. Abschreibungen

2. Verkaufsvorgang: Beide WU verkaufen je ein Gebäude zum vereinbarten gleichen Preis. Dabei entstehen unterschiedliche Buchgewinne. Da die Preise gleich hoch sind, haben die Geschäfte geldlich keinerlei Auswirkungen.

3. Ergebnis: Beide WU weisen ihren neuen Gebäudestand im Anlagevermögen höher aus, weil durch die Verkäufe jeweils stille Reserven aufgedeckt worden sind.

4. Mögliche Auswirkungen: Sofern vor der Transaktion Ertragsunterschüsse (Verluste) entstanden wären, können diese ausgeglichen werden, bei A würde aus einem Verlust von 100.000 ein Gewinn von 100.000 werden.

daß Vetter und die anderen Gewerkschaftsführer in den Aufsichtsräten diese immensen Eigengeschäfte und die unseriösen Konzernbilanzen — unabhängig von den steuerrechtlichen Schiebereien zwischen NH und NHS (siehe S. 89) — nicht gekannt haben.

Weil ich oft ausgeschlossen blieb, erfuhr ich viele Konsequenzen erst im nachhinein: Obgleich die Buchgeschäfte die Zahlungsfähigkeit nirgendwo verbesserten, mußten die NH-Töchter die Verkaufsgewinne wie bares Geld nehmen und dieses Geld — durch die »Ergebnisabführungsverträge« — an die jeweiligen Mütter überweisen. Das zwang manchmal zur Neuverschuldung bei den Töchtern der Tochter-Firmen.

Die Als-ob-Geschäfte führten zu kuriosen Zeugnissen. Die Querverkäufe erklärte ein internes NH-Papier folgendermaßen:

»In Großwohnanlagen haben sich in den vergangenen Jahren spezifische Anforderungen an die Verwaltung entwickelt, wovon hier genannt werden:
— Flucht von Problemmietern in die Anonymität großer Anlagen (gemeint sind Alkohol- und Suchtkranke, ehemalige Lagerbewohner, psychisch Kranke, einige Gruppen von Ausländern) und
— Unterwanderung von Mieterbeiräten durch radikale Gruppen.
Die genannten Grundstücksgeschäfte erleichtern die Verwaltung, weil sie
— die Struktur des Wohnungsbestandes zugunsten kleinerer Einheiten verändern, (und weil)
— die oben aufgezählten Probleme durch die EDV neutralisiert« werden.[41]
Satirische Weltliteratur: Die EDV-Anlage — oder der Querverkauf — beseitigt Suchtkranke und Ausländer. Der Text hätte von Swift oder Gogol sein können.

Der Vorstand rubbelte also ausdauernd an seinen Immobi-

[41] Hamburger Untersuchungsausschuß, a. a. O.

lien und wartete auf Godot. Auch dadurch verlor er die Ereignisse im Ausland — und selbst in Frankreich — aus den Augen. Dadurch machte sogar die inländische Auftragslage wenig Sorgen. Die Liste der Objekte, an denen der Konzern »dran« war, mochte ja jedes Quartal vorgelesen werden — neue Abschlüsse kamen nicht in Sicht. Vielleicht sei »eine bessere Marktbeobachtung nötig«, grübelte Vietor einmal; »tun wir genug? Ich weiß es nicht.« — »Aber ja doch«, rief Vormbrock, »wir tun genug!«

Manchmal hatte man den Eindruck, der Vorstand schlüge sich aus Ratlosigkeit die Zeit tot. Denn er machte sich wieder daran, umzuorganisieren — jetzt generell bei der NHS. Entlassen werden sollte weiterhin niemand. Das blieb gewerkschaftlicher Grundsatz. Aber die Kompetenzen konnten neu verteilt werden. Ergebnis: Die regionalen NHS-Gesellschaften wurden zu »Niederlassungen« umgetauft.

Alle regionalen Geschäftsführer versammelten sich in Hamburg, um die Neuheit erklärt zu bekommen. Vietor nach einer Stunde: »Noch irgendwelche Fragen? Keine Fragen. Dann ist die Sitzung geschlossen.«

Nun stellten sich jedoch die Betriebsräte quer. Auf der Aufsichtsrats-Sitzung im November verweigerten sie ihre Zustimmung zu den Plänen. Betriebsrats-Chef Cordua fühlte sich von der Bastelei so irritiert, daß er sogleich auch die Auslands-Geschäfte als »halsbrecherisch« bewertete. Warum er dies sagte (besaß er das zweite Gesicht?), blieb allen unklar, denn er entschuldigte sich sofort. Die Betriebsräte drückten durch, den Etikettentausch bei der NHS zu überarbeiten.

Auf der darauffolgenden Vorstandssitzung murrten sich die Konzernführer an. Sollte man nun mehr oder weniger ändern? Die Debatte litt darunter, »daß«, brummte Städter, »wir nicht wissen, wo wir stehen«. Vietor gab sich sphinxhaft und ärgerte damit Dehnkamp. »Die Beratungen«, knurrte der, »waren zu hektisch.« Alle mißgelaunten Bemerkungen ließen erkennen: Niemand wußte, welche Ziele die Umorganisation eigentlich verfolgte.

Mitte Januar 79 — nach den heftigsten Schneestürmen seit 100 Jahren — ging es weiter. Neue Ideen entstanden: Die »Akquisition Ausland« wurde vergrößert und der Vorstand um einen — statt um zwei — Posten verkleinert. Vielleicht gefiel alles so besser? Es brauchte dann zwei Sitzungen, um sämtliche Formalien den Betriebsräten sauberzuzeichnen. Dehnkamp legte abschließend einen Zettel vor, auf dem er den Rentabilitätsgewinn durch die Umorganisation auf 10 Millionen Mark vermutete — was als »qualifizierte Schätzung« durchging.

Mitte Februar kam Städter aus dem Urlaub zurück. Er protestierte gegen die Veränderungen, weil ihm wieder genommen war, was im November als versprochen galt. Er empfehle »unabhängige Unternehmensberater« gegen das Chaos, wetterte er. Eine Woche später stimmte der Aufsichtsrat dem NHS-Gebossel endgültig zu, und Vietor sah sich obenauf: Auf einer Pressekonferenz — gleich am nächsten Tag — knallte er seinen Wunsch vom »Kahlschlag ganzer Stadtviertel« aufs Podest (siehe S. 135 f.).

Überhaupt knallte es im Februar 79 im Karton — endlich: Man hatte sich monatelang um das Ausland nicht geschert, aber jetzt schlugen ins Frankreich-Geschäft die Blitze ein. Anhand einer unscheinbaren Vorlage Idens, weitere 10 Millionen Mark an die »Manera« zu überweisen, schüttelte die Vorstände spät die Ahnung, daß im Pariser 16. Bezirk, direkt am Eiffelturm, ein 500-Millionen-Mark-Loch auf sie wartete. »Passy Kennedy« nannte sich ein halbfertiger, luxuriöser Wohnkomplex, der in seiner finanziellen Tiefe den Todessturz anzog.

Iden — zuständig fürs Ausland — hockte kreidebleich und äußerst nervös im Saal. Seine französischen Manager hatten gedroht, die Baugenehmigung zu verlieren, wenn nicht innerhalb von zwei Tagen neues Geld aus Deutschland käme. Außerdem bedrückten ihn merkwürdige Abhängigkeiten bei der »Manera«: Ein einziger Bauunternehmer besaß den gesamten »Kennedy«-Auftrag, ohne präzise Berechnungen vorgelegt zu haben; ein unnützer Verkaufsberater zog mit kleinen Ratschlägen große Gewinne ab. Iden, der ein Pariser Rififi mutmaßte, bat um Hilfe und Entlastung.

Der Vorstand war konsterniert. Dehnkamp giftete Iden an, seine Vorlage sei in ihrer Dringlichkeit und Undurchsichtigkeit »unzumutbar«. Vietor ärgerte, »mit unzureichenden Unterlagen« in einen Unternehmens-Krieg hineingezogen zu werden.

Städter gab schließlich zu bedenken, sich aus der unüberschaubar gefährlichen Lage unter den Dächern von Paris zurückzuziehen; aber da schüttelte Vietor den Kopf. Er setzte eine »Manera«-Diskussion für eine spätere Sitzung an — und vertagte das Thema bis zum Mai.

Bis zum Mai verabschiedete sich der französische Partner »Triad«. Und nun legte sich Vietors tollkühne Verpflichtung, die Anteile zu übernehmen, als Schlinge um den Vorstands-Hals: »Passy Kennedy« lag in einer unbekannten Geschäftswelt; es gab dort keine befreundeten Politiker.

Vietor geriet in Not — aber nicht in Panik. Er wandte sich einfach an die gewerkschaftliche Finanzmacht. Die Holding-Chefs Hesselbach und Lappas sowie BfG-Bankier Hoffmann saßen schließlich im Beirat der NHI. Und Hesselbach half, die Pariser Honorare zu zahlen: Wegen des Rückzuges der »Triad« wurden schnell drei Auffang-Gesellschaften in Amsterdam gegründet, die sowohl für »Passy Kennedy« als auch für andere Baustellen in Frankreich als Käufer auftauchten.

Alors. Gab es in Paris keine Freunde, so lebte doch die helfende Familie zu Hause.

Vietor flog in die Ferien und feierte sein 25jähriges Jubiläum als Vorstand der NH.[42]

Die lebensbedrohenden Risiken an der Seine waren durch den Winkelzug über Holland natürlich nicht verkleinert, sondern nur für den Blick der Pariser Prüfer geschönt worden. Der Kaufpreis aus Holland wurde phantasiert, weil er — wie bei den Querverkäufen — ein internes Geschäft rubbelte. Zeit

---

[42] Vietor war eigentlich »Geschäftsführer«, weil der Konzern die Rechtsform einer GmbH hatte. Die Bezeichnung »Vorstand« zeigte Größe.

sollte gewonnen werden. Womöglich beeindruckt von der Familienhilfe, behauptete Dehnkamp in jenem Frühling: »Wir brauchen keine fremden Unternehmensberater — wir sind einmalig.«

Der Entsatz aus Amsterdam konnte dennoch nicht verhindern, daß weitere Geldsäcke nach Frankreich geworfen werden mußten: Der Buchgewinn, der durch den holländischen Aufkauf entstand, wurde von den Pariser Wirtschaftsprüfern nur zum Teil anerkannt; sie forderten zu der ersten Kapitalerhöhung eine zweite — nochmals 45 Millionen. Die »Triad« konnte wahrlich frohlocken, entlassen worden zu sein.

Im Juni 79 schlich sich Iden mit der neuen Forderung in den Vorstand. Er kam kaum zu Wort. Dehnkamp, bei Betriebszahlen fix, holte zu einer Grundsatzerklärung aus: Die erste Kapitalerhöhung von 90 Millionen Mark sei durch die Verluste 78 fast verbraucht; der zweiten Kapitalerhöhung stehe schon wieder ein Betriebsverlust von 30 Millionen entgegen — von allen Gefahren durch die unverkäuflichen Immobilien und undurchsichtigen Manager einmal abgesehen. »In Frankreich haben wir eine Lage, bei der ich befürchte, daß wir ihrer nicht mehr Herr werden.«

Darüber hinaus, so Dehnkamp, und Vietor unterbrach nicht, habe der NHS-Konzern — durch die NHI — inzwischen mehr als sein gesamtes Stammkapital verpfändet.

Spätestens jetzt läuteten im Konzern die Sturmglocken. Spätestens jetzt hätte Vietor die Gelassenheit aufgeben müssen.

Der linke Terrorismus in Italien, Khomeinis Putsch in Teheran, die konservativen Entscheidungen im Elysee-Palast — immer wieder hatte der Vorstand in der Vergangenheit mit politischen Überraschungen seine Probleme begründet. Im Sommer 79 konnte er nicht mehr ablenken; jetzt mußte er einmal genauer auf die eigene Weltlage blicken. Die nächste Vorstandssitzung galt also dem Ausland.

Ganztägig ließen sich die Konzernführer vom neuen NHI-Geschäftsführer Conrad Schäfer durch die Länder führen, in denen sie investiert hatten:

1. Für Frankreich lag ein Gutachten vor, das beim Verkauf der »Kennedy«-Wohnungen Verluste von 250 Millionen Mark erwartete. Über das Gutachten wurde kontrovers diskutiert, alle künftigen Risiken vage beurteilt und von Vietor sogar verharmlost. Man sah sich gemolken und wehrlos. Entschieden wurde, die »Manera« zur Aktiengesellschaft zu straffen, weil man sich davon eine bessere Kontrolle der (französischen) Geschäftsführer versprach. Die Kapitalerhöhung blieb unumgänglich.

2. Auch in Italien hatten sich die Geschäfte so wirr entwickelt, daß Schäfer den Scout spielen mußte, um durch die Verschachtelungen zu steigen. Da sich an einigen Stellen neue Verluste sammelten, mußte eine Kapitalerhöhung durchgeführt werden.

3. In Mexiko hielten sich die politischen Freunde von Heinz-Oskar Vetter weiterhin bedeckt. Welchen Wert hatte ihr Interesse? Um Vetters Freunde zu locken, wurde das Kapital aufgestockt.

4. Das Vermögensgeflecht in Kanada zeigte sich ähnlich kompliziert wie das in Italien; es forderte jedenfalls mehr Geld: Kapitalerhöhung.

5. In Brasilien, wo der Konzern zwei Firmen und 3 Millionen qm Land besaß, waren durch den Kauf der Pampas Schulden über 80 Millionen Mark aufgelaufen. Der Tag verging mit Diskussionen über den Devisen-Schmuggel (siehe S. 82 f.). Es wurde nicht deutlich, was dem Vorstand mehr Angst machte: eine Pleite oder ein Skandal.

Weiter: Tägliche Verluste in Belgien und in Österreich. Knock-out in England und der Schweiz. Das Luxus-Hotel in Monaco ging nicht weg.

Außer in Venezuela überall Verlustmeldungen!

Was hatte der Konzern jemals im Ausland zu finden geglaubt? Fast zwanzig Jahre lang hatte er es weder zu Geld noch zu Ansehen gebracht. Wonach suchte er weiter — unbeirrt, ohne politisches Ziel, ohne ökonomisches System? Wie eine Spielbude wirkte der Konferenzsaal: jedes Land eine Niete.

Nach Vollzug aller Kapitalerhöhungen hatte der Vorstand

fast 130 Millionen Mark über die Grenzen geworfen; mit jenen knapp 55 Millionen, die schon 1978 abgingen, waren die nicht-konsolidierten Auslandsbeteiligungen der NHS in ein-einhalb Jahren auf gut 180 Millionen hochgeschossen — das überstieg das Konzern-Stammkapital plus aller Rücklagen.

Allein Horst Städter erhob gegen die ungebrochene Reise-lust Einwände: Die Kapitalerhöhung in Italien lehnte er ab, weil »die Verluste nur verschoben würden«; den Widerstand gegen Vetters Hoffnungen in Mexiko nannte er »'ne Glaubens-frage«; auch in Kanada wollte er lieber »tabula rasa« machen, als weiter erwartungsvoll herumziehen. Rolf Dehnkamp stellte das weltweite Tummeln wenigstens in Frage.

Aber am Ruder seiner Kreuzfahrerträume wußte Vietor die Mehrheit nach wie vor hinter sich. Ein grundsätzlicher Disput über Sinn und Unsinn der Globetrotterei fand nicht statt.

Auch im Aufsichtsrat wurde Vietor in diesem Sommer noch ermuntert, in den USA oder in Griechenland oder in Spanien Ausschau zu halten: Daraufhin erzählte er wie ein Weltmann von Kontakten in Moskau und Kairo. In den Vereinigten Staa-ten hatte er sich längst die Finger verbrannt, in Griechenland ein Jahrzehnt lang nur Spesen gemacht. Ich bezweifle, daß bis dahin je ein Gewerkschafts-Chef auch nur eine Stunde über die Gefahren dieser Großmannssucht nachgedacht hatte. Vietors internationale Tätigkeit schien den Funktionären eine bunte Bilderwelt der eigenen Bedeutung zu sein; und schließlich — so ihr Glaube — warf Hesselbach ein Auge auf die Gelder. [43]

Die neue Akquisitions-Zentrale schrieb ein kleines Konzept für den Weltmarkt. Bei dessen Diskussion im Vorstand im Au-gust zeigte Vietor einen Gleichmut, als wären 180 Millionen auch für Gewerkschafter nur »peanuts«. Die Alarmsirenen hatte er überhört. Selbstverständlich wollte er keine »unüber-sehbaren Risiken« eingehen, aber er verbat sich doch »Ängst-

---

[43] IG-Chemie-Chef Rappe noch 1986: »Wir hatten gute Gründe, uns im Ausland zu engagieren … Wir wollten der Dritten Welt einen eigenen Weg anbieten zwischen den großen Ideologien.«

lichkeit« und verlangte, »in Ruhe neue Erfolge« zu suchen. Städter und Dehnkamp fehlten. Pinther und Iden, die vorsichtige Fragen stellten, bügelte er ab wie Schuljungen. Mir wurden in dieser Sitzung — in die ich mit gebrochenem Fuß humpelte — auch acht Millionen für Werbung versprochen: Während die Hiobsbotschaften sich häuften, sah Vietor in der Propaganda eine Chance, sich und andere aufrichten zu können.

Der Konzern gab zwar schon rund zwanzig Millionen Mark für Reklame und Repräsentation aus, aber für die zentrale Image-Werbung nur dreihunderttausend. Die 20 Millionen verteilten sich über die Töchter: teils für Immobilien-Anzeigen, teils für merkwürdige PR-Aktionen. Vietor wollte jetzt — in der allgemeinen Not — erstmals eine große, zentrale Werbekampagne starten. Vier Agenturen wurden deshalb vom Vorstand zur Präsentation eingeladen; verhandelt hatten wir mit doppelt so vielen.

Natürlich zählte die gewerkschaftseigene »Acon« aus Köln dazu. Ich war Mitglied ihres Beirats und mußte die Zwickmühle sprengen, bei einem konkurrierenden Wettbewerb vielleicht gegen die Agentur zu entscheiden. Ihr Geschäftsführer Kruggel — ein feinsinniger Hobby-Geiger — zeigte sich unruhig. Er ließ durchblicken, die DGB-Spitze zu mobilisieren, falls »Acon« nicht zum Zuge käme. Er legte sicherheitshalber vier unterschiedliche Konzepte vor.

Michael Schirner von der Düsseldorfer »GGK« trat sanft und zuvorkommend auf; er bekam schlagartig leuchtende Augen, wenn er sprach; sein Texter neben ihm lachte zugleich bübisch wie ein Clown. Ingo Zuberbier von der Hamburger »Lintas« dagegen gab sich wie ein Bankier: bedeckt, gesetzt, autoritativ; er machte auf Vietor den kompetentesten Eindruck; er kam zur Präsentation mit mehreren Fachleuten, die alle referierten. Die Agentur »Lürzer & Conrad« aus Frankfurt schließlich — die seinerzeit eine flotte Kampagne für die BfG kreiert hatte — zögerte anfangs, ein Konzept zu entwerfen, weil ihre Mitarbeiter mit der Neuen Heimat nichts zu tun haben wollten. »Wenn die Kreativen sich weigern, fällt ihnen nichts ein«, verteidigte Teilhaber Conrad seine Crew; er legte uns dann die umfassendste »Kommunikationsstrategie« vor.

Die Vier bemühten sich, den Konzern herauszuputzen. So bot die »Lintas« an, vor allem die Vielfalt der NHS zu feiern. »Acon« thematisierte u. a. die politischen Einflüsse mit selbstkritischem Ton. »GGK« verblüffte mit der Idee, sympathisierende Mieter sprechen zu lassen. Und »Lürzer & Conrad« provozierte: Die Agentur zeigte ein Kriegsflugzeug, wie es Bomben abwarf, und stellte darunter die Frage: »Ist dies der Weg, um unsere Städte zu erneuern?«

Ob Vietor in der Lage gewesen wäre, zu einer teuren Image-Kampagne zu stehen, ist im nachhinein zu bezweifeln. Die Werbeleute wußten: Es fehlte ein klar zu vermittelndes Profil. Da Organisation und Unternehmensziele verwaschen auftraten, mußten die Erfolgs-Chancen der Reklame gleichfalls so eingeschätzt werden. Die Undeutlichkeit des Konzerns machte jede Konzeption zum Wagnis; unser Werbewunsch entstammte einem Traumtanz. Zur Nagelprobe kam es nicht, weil sich die Katastrophen überschlugen.

Denn wie elend der Konzern geführt wurde, zeigte sich ja schon daran, daß nun — fünfunddreißig Jahre nach Kriegsende — erstmals über Budgets in der Hauptverwaltung nachgedacht wurde. Die Großzügigkeit, mit der das Geld jahrelang gekreist war, wurde durch die Unkenntnis belegt, die die Buchhaltung über die Kosten im Haus besaß: In meiner Abteilung Z 04 stimmte kaum eine Zahl. Entsprechend grob wurden die Budgets angelegt.

Geschäftsparadiese aus der Zeit vor den Skandalen waren inzwischen bis zur Unkenntlichkeit verkümmert: Die »Neue Heimat Kommunal« (NHK) oder die »Mediplan« existierten zwar, spielten aber in den Konferenzen keine Rolle mehr. Die »Kommunal« hatte einst Schulen von der Elbe bis zum Bodensee verkauft. Noch wenige Jahre zuvor schrieben die Autoren Scheiner und Schmidt: »Vor ihrem Know-how muß jede Gemeinde kapitulieren. Selbst in Millionen-Städten bedienen sich die Schulbauexperten der Fachleute des Konzerns. Der Siegeszug der ›Neuen Heimat Kommunal‹ ist nicht aufzuhalten.«[44] Ende der 70er nahm ich diese Firma nur wahr, weil Vietors Neffe dort als Geschäftsführer fungierte. Und die »Mediplan«, die große Krankenhäuser gebaut hatte, arbeitete nur noch an kleinen Beratungen.

Völlig verschwunden waren die Geschäfte mit dem Bau von Einkaufszentren. Es gab nur noch Steuerforderungen: Die Hamburger Finanzbehörde verfolgte hartnäckig ihre Ansicht, daß bei den Immobilienfonds »Dr. Görtmüller«, die für einige der Läden gegründet worden waren, Gesetze verletzt wurden. Da die Finanzbehörde sich gerade erst ein Prüfrecht über den Doppel-Konzern erkämpft hatte, blieb sie am Ball.

Das Finanzamt drohte; das Kartellamt warnte; die Kreditaufsicht argwöhnte – die Machtmaschine der Neuen Heimat ächzte an allen Stellen. Die Gefahren trieben nicht nur auf der Schuldenflut oder im Auftragsmangel; auch die Harmonie mit den Behörden und Gönnern war verbraucht. Das Aufsichtsamt in Düsseldorf attackierte sogar den »Ergebnisabführungsvertrag« und hatte schon in zwei Gerichtsinstanzen gesiegt: Der Endkampf vor dem Bundesgericht stand an (siehe S. 186).

Albert Vietor kam von seinem zweiten Jahresurlaub im September 79 nicht zurück: Herzinfarkt, Klinikruhe bis Dezember. Und damit fiel der Kapitän ausgerechnet bei Windstärke 9 um. Sowohl seine Sturheit als auch seine Autorität lagen unter Deck. Hurtig übernahm Dehnkamp mit seinen Berechnungen die Kursbestimmung.

»Wie toll sind wir eigentlich noch?« fragte er. »Sind wir nur noch ein größeres Ingenieurbüro?« Als Techniker Dresel einen Werbebrief nach Guinea schickte, schimpfte er: »Hier weiß die linke Hand nicht, was die rechte tut. Alles läuft nach Zufall und Selbstüberschätzung.«

Im Oktober machte Dehnkamp darauf aufmerksam, daß neue Verluste aus Brasilien und Kanada heraufzogen. Die aus-

[44] A.a.O., S. 106

ländischen Ausbesserungen erreichten die Zweihundertmillionen. Der NHS-»Konzern« besaß keine Refinanzierungsquellen mehr. Sein Ende schien nicht mehr absurd.

Um überhaupt noch Jahresabschlüsse vorlegen zu können, wurde das Verscherbeln von Schmuckstücken diskutiert: der Verkauf lukrativer Dienstleistungs-Töchter.

Verkaufen, gut. Wem?

Ich stritt mich mit Freunden auf einer Feluke im Nil über die Neue Heimat, als die BGAG-Chefs und Aufsichtsräte Walter Hesselbach und Alfons Lappas am 14. November 79 begannen, die NHS zu übernehmen. Vietors Krankheit beschleunigte ihre Machtübernahme; spätere Vorwürfe der Verschleierung von Zahlen durch den Vietorschen Vorstand hätte Hesselbach nie und nimmer erheben können.

Hesselbach hätte sich auch niemals so unsäglich verteidigen dürfen, wie er es in einem »Spiegel«-Gespräch nach dem Skandal tat: »Einem Aufsichtsrat stehen nicht Mittel zur Verfügung, die ein Nachrichtenmagazin hat; er muß sich mit dem begnügen, was er vorgelegt bekommt. Wo kämen wir hin, wenn Aufsichtsräte sich als Detektei sehen.«

Hesselbach verriet die Genossen! DGB-Autor Kurt Hirche spießte ihn später dafür auf: »Da haben die Gewerkschaften seit eh und je ihren Mitgliedern erklärt, daß Mitbestimmung das geeignete Mittel sei, um die Vorstände zu kontrollieren ... und für ›gläserne Taschen‹ zu sorgen. Und dann kommt einer der höchsten Gewerkschaftsangestellten und erklärt, das sei alles Mumpitz.«[45]

Der Konzern-Vorstand vereinbarte jedenfalls mit Hesselbach und Lappas im November den Verkauf von Gewinnerwartungen bei drei NHS-Töchtern: bei einer Versicherungsfirma, einer Hypotheken-Agentur und dem Rechenzentrum. Damit begann es. Die kriminelle »UBB« stand als nächste an.

Die Großprojekte in München und Frankfurt waren inzwischen versilbert worden. Inländische NHS-Belastungen steck-

[45] Kurt Hirche, »Der Koloß wankt?«, '84, S. 66

ten noch im Collini-Center Mannheim (mit Fernsehturm), im unfertigen Klinikum Aachen und natürlich in den vielen unbebauten Grundstücken. Hesselbach erklärte sich deshalb auch zur Generalhilfe bereit: Er aktivierte die GmbH & Co.KG »IAG« als Auffanggesellschaft; die NHS sollte dort alle Gewinnerwartungen kapitalisieren oder dahin ihre Immobilien verkaufen.

Der Vorstand kam natürlich auch jetzt nicht dazu, die Quellen seiner weltweiten Verschuldung zu stopfen. Diese Quellen zu bekämpfen, hätte des Einsatzes in jedem Land bedurft: Erstens wäre dazu örtliche Kompetenz erforderlich gewesen und zweitens überall ein Zeitaufwand wie für die Probleme zu Hause. Drittens und vor allem aber: Es wäre die Bereitschaft nötig gewesen, sich von den exotischen Gefahren überhaupt trennen zu wollen.

Allein Mexiko: Kurz zuvor war dort die Peso-Währung um 60 Prozent abgewertet worden und hatte die NHI um ihre Pläne gebracht. Die Inflationsrate 1979 zeigte 15 Prozent; eine neue Abwertung lag also in der Luft. Alle NHI-Grundstücksgeschäfte basierten auf Dollar-Krediten.

Oder Brasilien: Auch hier waren alle Engagements mit Dollar-Darlehen bezahlt. Die jährlichen Inflationsraten schwankten um die 40 Prozent. Wie konnte da kalkuliert werden? Das Geschäft ruhte auf der Spekulation — wobei die Neue Heimat das Geld mitbrachte und die brasilianischen Partner die Zuversicht.

Städters Einwände gegen das weltweite Hasardspiel — das sich um Rechtsstrukturen, um Kultursphären oder Sozialsysteme kaum kümmerte — beruhte doch nur auf heimischen Erkenntnissen: »Man kann ein Grundstück für wertvoll erklären oder für wertlos, das geht herrlich — über Jahre.«

Die Papiere über die »kurzfristigen« NHS-Risiken spuckten zur Jahreswende eine Summe von 230 Millionen aus: So etwas hätte den Aufsichtsrat vielleicht interessiert. Aber auf dessen Sitzung, kurz vor Weihnachen 79, wurde nicht einmal ein Ansatz der Misere offengelegt. Warum? Weil der große »Gemeinwirtschaftler« aus Frankfurt die Kollegen verhöhnte. Hesse Hesselbach, der gebeten worden war, aus dem NHI-Beirat zu berichten, delegierte die Berichterstattung an Iden — und dieser redete so verharmlosend wie immer.

Hesselbach, sein Vertreter Lappas, IG-Bau-Chef Sperner und Heinz-Oskar Vetter bildeten die »Vierer-Bande«. Bevor der Aufsichtsrat zusammenkam, traf sich das Quartett mit dem Vorstand, um über Details zu beraten. Auf der AR-Sitzung saßen sie dann wie nickende Kumpane des Managements. Während die Holding-Chefs schwiegen, legte sich Rudolf Sperner gerne ins Zeug. Seine Beiträge klangen grundsätzlich so, als wäre er Mitglied des Vorstandes: »Kollegen, sind Sie mal nicht so kritisch.«[46]

Weil vor allem Hesselbach und Vetter für den Vorstand Schmiere standen, wußte der Aufsichtsrat wenig über die NHS-Katastrophe. Aber Hesselbachs Pannenhilfe kümmerte sich nicht um das Ausland!

Im Januar 80 tauchte Vietor wieder an Deck auf. Nach viermonatiger Abwesenheit beteiligte er sich drei Stunden im Kasino an der Lagebesprechung. Er sah blaß aus, sagte nicht viel und ging mittags wieder weg — nochmals für Monate zur Kur. Die Sitzung war als »außerordentliche« Beratung angesetzt worden, die die Perspektiven des Konzerns klären sollte. Nachmittags, nach Vietors Abschied, stellte Dehnkamp fest: »Wir haben kein Konzept, wie wir die NHS führen wollen. Haben wir nicht.« Künftige Chancen? Nötige Entlassungen? Konsequenzen im Ausland? Nichts. Der Vorstand starrte auf die Todesgefahr wie das Kaninchen auf die Schlange.

Die neue Akquisitions-Zentrale sollte wieder abgeschafft werden; einig war man sich, daß sie »überdimensioniert« sei.

[46] Sperner erreichte viel für den Wohlstand deutscher Bauarbeiter: So wurde das Anwerben ausländischer Kräfte verboten und die Konkurrenz osteuropäischer Baufirmen bekämpft.

Ratloses Nervenzucken. Pinthers Hinweis auf die gefährdete »Glaubwürdigkeit des Vorstandes« zögerte die Bekanntgabe hinaus.

Die Ausweglosigkeit führte zum Entschluß, Unternehmensberater anzuheuern, so wie Städter es in seiner Wut gefordert hatte. Beschlossen wurde, drei konkurrierende Analyse-Firmen zu Gesprächen einzuladen. Parallel dazu öffnete sich die Auffanggesellschaft »IAG« in Frankfurt als »Verschiebebahnhof« (Biertz), auf dem die NHS ihre deutschen Wertsachen abstellte gegen Geld oder Gutschriften von Hesselbach.

Ende Januar lag folgender Etappen-Plan des Vorstandes vor: »Umgehend erforderlich« waren nochmals 90 Millionen Mark für das Ausland — u. a. gegen ein zweites Pariser Fiasko und gegen ein neues Unglück in Brasilien. »Passy Kennedy« lag finanztechnisch zugedeckt an den Amsterdamer Grachten; der Pariser Luxus-Komplex konnte weder genutzt noch verkauft werden — hier half vielleicht nur noch Beten.

Anschließend (»2. Stufe«) mußte die NHS an den Tropf. An die »IAG« verkauft werden sollten handfeste, wenn auch kreditbelastete Immobilien: Collini-Center in Mannheim, Plaza-Hotel in Hamburg, »diverse Gewerbeeinheiten« aus ehemaligem NH-Bestand. Immerhin 60 Millionen netto sollten dabei übrig bleiben.

Die »3. Stufe« plante, der gemeinnützigen NH zu helfen. Ihre Bedrängung blieb durch das NHS-Desaster im Hintergrund. Aber sie hatte ja einen großen Teil der Lasten gesetzeswidrig übernommen — war also inzwischen auch vom Ausland bedroht. Und ihre eigenen Grundstücke und Verwaltungspolster brachten sie seit langem um die Gewinne. Fünf eigene Bürogebäude sollte sie zur IAG schieben und dafür gleichfalls 60 Millionen kriegen.

Die Unternehmensberater, zu denen sich der Vorstand durchrang, wurden auf die gemeinnützige NH angesetzt. Das überraschte, da über eine Krise bei den Wohnungen nie gesprochen worden war. Außerdem sollte die Verwaltung — einzig diskutiertes »Sorgenkind« — nicht in die Untersuchung eingeschlossen werden. Man wußte nicht mehr aus noch ein; derart paralysiert konnte nur ein Unternehmen dahinstolpern, dem jede Freiheit und alle Ziele fehlten.

Städter wenigstens sah die NHS chancenlos. Ende Februar 80 legte er seinen Kollegen nahe, sich Gedanken darüber zu machen, den ehemaligen Zweit-Konzern »mittelfristig einzustellen«. Der Hinweis auf das Sichtbare stieß auf einhelligen Widerspruch! Der sanfte Iden suchte noch immer den »optimistischen Drive«. Der unbewegte Dresel schien mit seiner Warnung, »den Betrieb zu verunsichern«, sich selbst zu meinen. Und Dehnkamp sagte: »Ich bin nicht so weit von dir weg, Horst. Aber darüber können wir vielleicht in zwei Jahren sprechen.«

Hesselbach murrte schon Mißfallen, als Iden mit »Volksfürsorge«-Boß Schulz über den Notverkauf von Immobilien redete. Die Volksfürsorge gehörte zwar zur DGB-Familie, aber Hesselbach führte die Drähte. Er maulte, beim Gespräch »außen vor gestanden« zu haben.

Die Gewerkschaften begannen gerade eine Kampagne gegen das Recht der Arbeitgeber, Streiks mit Aussperrungen zu kontern, als Anfang März Vietor wieder am Arbeitsplatz erschien. Seine Machtdemonstrationen im Drama seines Niedergangs waren jetzt schrill: Herrisch widerrief er mehrere Vorstandsbeschlüsse.

Erneut demonstrierte Städter Mut vor dem Thron. Ein Jahr lang war die Entscheidung über Folgen der Vorstands-Änderung liegen geblieben. Und Vietor verweigerte noch immer eine Diskussion über organisatorische Konsequenzen. Da machte Städter polternd Front; er wollte einen Konflikt »notfalls offen« austragen. Wie zwei Bullterrier knurrten sich die beiden an.

Vietor saß in der Klemme: Unter ihm bewegten sich die Kollegen selbständiger als zuvor; von oben drückten ihn die neuen Weisungen der Holding. Einerseits trieb er sich deshalb zum Powerplay an und paukte den Unternehmensberater McKinsey durch, obgleich sechs Vorstände die Zustimmung zu McKinsey verweigerten. Andererseits ließ er sich einfallen, den NHI-Beirat abzuschaffen, um Hesselbach nicht jede Auslandsreise zeigen zu müssen; er versprach dafür, den Aufsichtsrat »in stärkerem Maße als bisher« zu unterrichten.

Die lange Kur hatte ihn nicht einfallsreicher, nur rigoroser gemacht — vor allem kämpfte er blind wie ein Nibelunge um jeden Fußbreit im Ausland. Möglicherweise wollte Hesselbach diesen Kampf langsam beenden.

Im Hochsommer 80 hatte es der Vorstand nicht einmal geschafft, die französische »Manera« zur Aktiengesellschaft zu straffen; er resignierte vor den Pariser Raffinessen. Die Einlösung einer weiteren, runden 200-Millionen-Mark-Schuld bei »Passy Kennedy« stand irgendwann an — sie bedeutete auf jeden Fall das Ende der NHS. Darüber hinaus verschlechterten sich die Nachrichten aus aller Welt weiterhin: In Brasilien versickerten die Gewerkschaftsgelder wie in einem Regenwald; der Cruzeiro war radikal abgewertet worden. In Kanada und in Italien stiegen die Verluste noch schlimmer als befürchtet; das Hotel in Monaco blieb unverkauft; in Mexiko wuchsen und wuchsen die Zweifel...

Hesselbachs Meinung über die Weltreisen blieb unbekannt, seine Haltung schillernd. Im August veröffentlichte der »Spiegel« aber eine Attacke auf Vietor, in der Hesselbach ungetarnt als Angreifer auftrat: Der Bankier sei »verblüfft über fast 500 Millionen Mark« Verluste bei der NHS; die Gewerkschaftsspitze habe deshalb »in Eigenregie« die Sanierung übernommen. Zitat: »Um die Defizite zu mindern, verabschiedeten Vietors Kontrolleure Mitte 1979 ein Sparprogramm. Die Belegschaft der Städtebau wurde um ein Drittel abgebaut, die Regionalgesellschaften zu Niederlassungen degradiert. Zusätzlich mußte Vietor die Frankfurter Senckenberg-Anlage verkaufen.«

Das NHS-Sterben kannte bis dahin niemand; die Fakten stimmten immerhin überwiegend. Aber die organisatorischen Spielereien 79 waren weder gegen Vietor gerichtet, noch hatten sie Bedeutung: Vietor stand unter Beschuß; seine Früh-Pensionierung wurde erwogen.

Er hätte sich also nicht mehr lange halten können. Gab die Enthüllung seiner Privatgeschäfte dem DGB den willkommenen Grund zur Trennung?

Der auf den ausländischen Spielplätzen eingefangene tödliche Virus wurde weiter verharmlost. Dehnkamp glaubte noch an eine Rettung durch Teilung: Er warnte davor, daß der januskōpfige »Gleichordnungskonzern« wieder untersagt werden könnte. Seine Warnungen blieben in den Wind gerufen; ihre Beachtung hätte auch nichts mehr bewirkt.

Zur Schuldentilgung wurde darüber hinaus geplant, die gemeinnützige NH an der BfG-Bank zu beteiligen. Was widersinnig erschien, erklärte sich über die strategische Macht Hesselbachs: Der angesetzte Preis von 350 Millionen sollte über den Verkauf von 7.000 Wohnungen erwirtschaftet werden und direkt an die Gewerkschafts-Holding gehen – damit diese sodann der NHS helfen konnte. Der rechtswidrige Plan existierte *vor* dem Skandal.[47]

Der gesamte Immobilien-Park stand noch bei der »IAG«, als der Vorstand im Februar 82 flog. Was Vietors Nachfolger Hoffmann übernahm, war das Bruchbild von August 80. Im Ausland hatte sich nichts verbessert: Brasilien, Mexiko, Frankreich schlugen als gemeinsame Sturzwelle über den Konzern – und auch in Venezuela war der Damm gebrochen.

Und Hoffmann, bis dahin Chef der BfG, täuschte die Öffentlichkeit mit der Behauptung, das Mißmanagement nicht gekannt zu haben.

---

[47] Die Holding hielt die Anteilsmehrheit bei der NHS, nicht bei der NH. In der Praxis spielte der Unterschied keine Rolle.

6. Wie Herr Vietor seine Leute lenkt
oder Kleine Porträts aus
der Führungsschicht

Die meisten Menschen erlebten Albert Vietor als jovialen Genußmenschen, als leutseligen Gourmand. Er wußte für sich einzunehmen, ansteckend zu strahlen und einfühlend zuzuhören, gesellig zu trinken und freigebig zu schenken, kräftig zu umarmen und unschuldig zu blicken. Wenn er lachte, lachte sein Bauch mit; und es gefiel ihm, großmütig zu sein: Er erlaubte mir, gleich die ersten Wochen auf Urlaub zu gehen.

Ein paar Tage, nachdem ich zu arbeiten begonnen hatte, stellte er mich auf dem Kongreß der IG Metall einigen Gewerkschafts-Chefs vor, als wäre ich sein Sohn: Der Tag lief im abendlichen Bierfest aus, und er führte mich um einen großen Tisch herum, an dem auch BGAG-Vorstand Lappas und IG-Metall-Chef Loderer saßen. Wo immer er mich bekannt machte, strich er mir über den Kopf.

Gerhard van Haaren, Vorsitzender der Gewerkschaft Leder, hatte schon einiges getrunken. Er kündigte an, Vietor »mal was persönlich« erzählen zu wollen, und bat mich, zur Seite zu treten. Vietor hielt mich fest: »Hiergeblieben!« und an den Gewerkschafter gewandt: »Er soll alles hören.« Der schwarzhaarige, dicke van Haaren druckste herum und sagte dann, mich anschauend: »Albert hat ein ganz dubioses Image; er gilt bei vielen von uns als großkotzig.«

Dieses Urteil kannte ich; mit dem Bild des Angebers ging Vietor ja durch die Presse: Er hatte mit dem Aga Khan Golf gespielt; seine Wasserhähne zu Hause waren, so hieß es, teils vergoldet; ihm wurden rauschende Feste und neureiche Freuden nachgesagt. Es überraschte also nicht, daß er auch einigen DGB-Funktionären unangenehm war.

Ähnlich wie van Haaren äußerten sich später ÖTV-Boß Klunker, HBV-Vorsitzender Vietherr und NGG-Chef Döding. »Vietors Reputation«, so Vetters Assistent Wilhelm Kaltenborn, »ist bei uns schlechter als in der Öffentlichkeit.« Ich habe dies nie geglaubt.

In Vietors schlaff-fleischigem Gesicht sah man selten die Härte, die seine Macht bestimmte. Er verbreitete meistens Gutmütigkeit und Nachsicht, und er war der einzige im Vorstand, der öffentlich flachste und flirtete. Seine untersetzte, später runde Figur verband sich mit Herzlichkeit, Umgänglichkeit, Kontaktfreude und Spontaneität. Auch hatte er eine scheinbar großzügige Art, Kritik zu ertragen.

Auf der mehrtägigen Konferenz mit allen Geschäftsführern und Direktoren in den winterlichen Alpen ließ er mich einen Vortrag über die »Probleme der Öffentlichkeitsarbeit« halten. Für eine Rede nach dreimonatiger Erfahrung stellte sich mir die Frage: Ist die Konzernpolitik falsch oder nur ihre Darstellung? Ich zitierte alles, was mir an Vorwürfen bis dahin erkennbar schien: Filz, Organisations-Schwächen, Abrechnungstricks, DGB-Ansprüche.

Vietor ließ mich unbeeinflußt reden. Ich sprach Vermutungen aus über Selbstgefälligkeiten, Heimlichkeiten, Undurchsichtigkeiten, und ich nannte sogar Probleme, die in der »Persönlichkeitsstruktur« Vietors lagen — jene, die sich aus dem Leumund seiner Angeberei ergaben.

Während des Vortrags sah ich nicht nur hinter den Fenstern den zugefrorenen Eibsee, ich sah auch im Saal gefrorene Blicke bei den Geschäftsführern — Blicke, die jedesmal zu knacken schienen, wenn sie von mir zu Vietor schnellten oder zurück. Protokollant Biertz glaubte am Ende, ich hätte »einen beispiellosen Sieg errungen«.

Vietor hatte meinen Text vorher gelesen; er war von meinen Anmerkungen und Absichten nicht überrascht worden. Die Geschäftsführer und Direktoren allerdings staunten Bauklötze, weil der Souverän den großherzigen Eindruck machte, Unverschämtheiten zu ertragen: Vietor konnte bluffen.

Er ging mit seiner Eitelkeit weitaus raffinierter um als etwa der nachspielende Wolfgang Vormbrock; bei Vormbrock hörte man schon am Ton den Gernegroß. Ich kannte keinen Journalisten, der Vietor persönlich für unsympathisch hielt. Mit vielen Redakteuren spielte er nächtelang Skat.

Als Richtfest beim gigantischen Berliner Kongreß-Zentrum gefeiert wurde, lief Vietor 24 Stunden lang sturzbetrunken durch das Programm. Am Vorabend hatte er einen Empfang für den Senat gegeben, am nächsten Morgen, nach zwei Stunden Schlaf, schwankte er durch eine Pressekonferenz; am Nachmittag — noch bevor das Richtfest überhaupt begann — stand er breit und niedlich an der Bühne inmitten sich einübender Musiker und Sänger, kumpelte sich mit denen an, prostete rundum zu und überlegte laut, welche Künstler er künftig engagieren wolle.

Beim Empfang am Vorabend war ein Show-Programm gelaufen: Marlene Charell, seinerzeit besonders gefragte Tänzerin und Sängerin, trat auf. Und kurz zuvor im Flugzeug hatte mich Finanz-Vorstand Iden dringend gebeten, dafür zu sorgen, daß kein Fotograf anwesend sei, wenn, wie zu erwarten war, Genießer Vietor sich ungeschickt bei Marlene Charell einhaken sollte.

Ein »Stern«-Foto, auf dem der kugelige Vietor trunken den tanzenden Kessler-Zwillingen gefolgt war, hatte Jahre zuvor linke Gewerkschafter und Mieter auf die Palme gebracht. Auf einem Silvesterfest mit 150 Journalisten ließ der Konzern 1970 die Affen tanzen: Champagnerkorken knallten wie Feuerwerkskörper, und Vietor war ausgelassen genug gewesen, sich im teuren Varieté-Programm einspannen zu lassen und den Can-Can zu wagen. Ich hatte an jener Gala teilgenommen und Vietors riskanten Bühnenauftritt mit den schlanken Kesslers bewundert — aber die Publicity sorgte für böses Blut.

Es kam am Vorabend zum Richtfest so, wie erwartet: Daddy Albert spielte bei Marlene Charell den Charmeur — und ich wachte an der Tür darüber, daß kein Fotograf in den Hotelsaal kam. Nach einer Weile winkte mich Vietor an seinen Tisch:

»Ich brauche keinen Wachhund«, blitzte er mich vor großer Runde an.

Nachdem er sich dann mit Veuve Cliquot und Chivas Regal bis morgens sechs Uhr geölt hatte, weckte er telefonisch eine Aufsichtsrätin, die an seinem Tisch mit jemandem poussiert hatte — weil er wissen wollte, ob sie »in ihrem Bett« lag.

»Wieso sind Sie um vier verschwunden?« fragte er mich am nächsten Tag. Dahinter steckte die Macht-Lust eines orientalischen Potentaten. Vielleicht hätte er vor dem Empfang zugestimmt, daß ein Foto Tête-à-tête mit Marlene Charell seinem Geschäftsruf schaden könne — dann aber, als sie neben ihm saß, schien ihm das hopp-heißa und wurscht.

Genau so beflügelt ging er am nächsten Nachmittag zum Richtfest für 2000 Gäste: Die riesigen Hallen des Kongreß-Zentrums waren im Rohbau fertig, die gigantische Baustelle wirkte wie ein planetarisches Zauberwerk, eine aufwendige Party-Ausstattung (Tanzflächen, Bars, Lichterschmuck) schuf im Betongerippe bizarre Vergnügungsplätze zwischen dunklen Treppen und schmutzigen Baugeräten. Niemand hätte Vietor in seinem Stolz, Gastgeber einer so theatralischen, menschengefüllten Bau-Gala zu sein, stören können.

Die Geltungssucht, die ihm vorgeworfen wurde, fiel nur deshalb so auf, weil die Gewerkschaften sich und der Welt einredeten, ihre Unternehmen seien Investitionen der Selbstlosigkeit. Vietor sabotierte das Täuschungsmanöver mit der Neigung, sein persönliches Wirtschaftswunder kindlich zu genießen.

Darüber hinaus irritierte er jedoch einige seiner Geldgeber, weil er sich oft mit dem Betriebsrat anlegte.

»In keiner kapitalistischen Großbank«, schmetterte HBV-Gewerkschafter Vietherr in den Saal, »wird der Betriebsrat so brüskiert wie bei dir.« Den Vorwurf donnerte er auf einer Betriebsräte-Konferenz, auf der über zweihundert NH-Mitarbeiter zuhörten. Warum? Vietor hatte die »Ausdehnung des Teilnehmerkreises« moniert und fremde Gewerkschafts-Kollegen gemeint. »Wenn einer von denen geht«, brüllte Aufsichtsrat Vietherr, »gehe ich auch.« Der Konzern-Chef, der zum Rechenschaftsbericht gekommen war, zog den Kopf ein. Er hatte aber Recht mit seiner Beschwerde: Die Belegschaft hatte eigenmächtig die Regeln geändert.

Vietor kam aus kleinem Haus. Selbstverständlich war er Mitglied der Gewerkschaft, aber für seinen Aufstieg zum ersten Baulöwen Europas dankte er nicht den Genossen, sondern seinem Talent. Er hätte lieber mit dem Fürsten von Monaco über Termingeschäfte gesprochen als mit dem Betriebsrat über die Mitbestimmung. Er hielt sich für einen Selfmademan. Den Brüsseler Geschäftspartner de Pauw, dessen rauhe Sitten Harro Iden bedenklich fand, nahm er in Schutz: »Sein Ruf in Belgien ist wie unserer bei den Jusos. Kein Grund zur Trennung.« (Für das Protokoll ließ er das Urteil ändern.)

Mit dem Betriebsrat hatte er schon deshalb oft Ärger, weil sich die Kampfbereitschaft der Angestellten auf totale Beschäftigungsgarantien stützte. Es schien ihn zu wurmen, daß er niemanden rauswerfen konnte. Seinem Selbstbild vom Kommandanten hätte es entsprochen, die Betriebsräte nicht gewerkschaftsüblich zu duzen, sondern — wie Dehnkamp es tatsächlich vorschlug — mit »Sie« auf Distanz zu halten.

Die 1.-Mai-Plakette trug er am Revers, als es im Vorstand um die Installation von EDV-Bildschirmen ging: Da glaubte er, »die Mitbestimmung zu übertreiben«, wenn der Betriebsrat dazu gehört werden würde. Zwei Monate später auf einer Belegschaftsversammlung mußte er sich für seine Weigerung nicht nur entschuldigen, sondern wurde auch von der Nachricht überrascht, daß der Betriebsrat den Vorstand bei der Sozialbehörde angezeigt hatte. Vietor spielte den Beleidigten: »Ich bin über die Klage erschüttert!« Personal-Vorstand Helmut Pinther dagegen wurde grün-bleich und zitterte.

Der Narr: Eine solch jämmerliche Rolle, wie dieser Personal-Vorstand sie übernahm, hat wohl nie ein Arbeitsdirektor bei einem reaktionären Groß-Aktionär spielen müssen: Pinther wurde geschurigelt und bespöttelt. Er traf kaum eine Vereinbarung mit dem Betriebsrat, die ihm vom Vorstand nicht zunächst abgeschmettert wurde. Wenn er vortrug, redeten alle.

Der zuvorkommende Pinther stellte den Watschenmann im Vorstand dar. Er hatte die Schläge auszuhalten, die seine Kollegen in ihrer Schizophrenie verteilten: einerseits Marktmacht zu erwirtschaften und andererseits einen Sozialbetrieb zu leiten. Die Widersprüche ihrer Arbeit, ertragsorientierte Manager sein zu müssen und nicht dazu stehen zu dürfen, prasselten auf Pinther als Chef des mitbestimmten »Gewerkschafts«-Ressorts. Pinther hatte als DGB-Funktionär Karriere gemacht; durch die rauhe Bauwelt ging er wie ein sanfter Störenfried. Dennoch spielte er seine Rolle als Narr würdevoll. Er blieb stets höflich, wenn er wegen seiner Informationen an die Belegschaft gedeckelt wurde — oder schon Beleidigungen wegstekken mußte, als er einmal vorschlug, bei den Geschäftsführern die First-Class-Flüge zu streichen. Der Vorsitzende machte eine Bewegung, als wollte er den Vogel zeigen.

Extern lobte Vietor auf jeder Veranstaltung die »vorbildlichen« Personalvereinbarungen; intern kämpfte er um so härter gegen die »Anmaßungen« im Alltag der Mitbestimmung — und intern schlug zumindest der Betriebsrat eigensinnig und selbstgefällig zurück. Der industrie-erfahrene Meinungsforscher Wettig (»Compagnon«) stellte konsterniert fest, daß schon eine harmlose Umfrage im Haus vom Betriebsrat blokkiert wurde, da der Vorstand sie bezahlte. »So viel Krieg« hatte Wettig in der Industrie noch nie erlebt.

Als Wochen später die Ergebnisse einer öffentlichen Umfrage über die NH vorlagen, zögerte wiederum das Management, die Belegschaft zu unterrichten. In Bremen beschimpfte die Geschäftsführung den »Blödsinn« der Befragung: »Wenn das im Haus bekannt wird, gibt es nur Rebellion.«

Vietors Umgang mit dem Betriebsrat schrammte oft am Skandal vorbei. Und dennoch konnte er sicher sein, daß konservativen Gewerkschaftsführern die Brust schwoll bei seinem Patriarchat. Seine intern rüden Methoden störten nicht, solange sie Erfolg brachten. Pinthers Rolle war zweitrangig. Die meisten Gewerkschaftsführer akzeptierten jedes Verhalten, wenn es ihrem Besitz nutzte.

Sogar überprüfbarer Schwindel ging im NH-Aufsichtsrat oft genug durch: Er »plane eine Fernsehsendung« spintisierte der Patriarch beispielsweise, als er wegen einer Äußerung, die sein geschäftliches Denken offenlegte, ins Kreuzfeuer öffentlicher Kritik geraten war.

Auf einer Pressekonferenz — zwei Jahre vor den Besetzungen alter Häuser in Berlin — behauptete Vietor, daß es in der Bundesrepublik Millionen abbruchreifer Wohnungen gäbe. Er empfand es als »unerträglich«, daß »Familien, sogar große Familien« in diesen »Bruchbuden« lebten, und forderte Benutzungsverbote. Vom dpa-Korrespondenten Jörg Pagel befragt, ob er damit den Kahlschlag kompletter Stadtviertel verlange, antwortete Vietor: »Ja, notfalls auch das.«

Die Kahlschlag-Therapie machte böse Schlagzeilen. Die »Westdeutsche Allgemeine« forderte ihre Leser an Rhein und Ruhr auf, alte Viertel zu benennen, die ihrer Meinung nach abbruchreif seien: Berge von Protestbriefen waren die Antwort. Das »Hamburger Abendblatt« erkundigte sich, welche Wohnblöcke in der Hansestadt gemeint sein könnten, und widmete den genannten Vierteln einen Sonderteil mit vielen Befragungen: Ein einziger Mieter wollte weg. Der »Frankfurter Allgemeinen« platzte der Kragen: Zwei polemische Kommentare nagelten Vietor als geld-geilen Schreihals fest.

Aufgeschreckt von der bundesweiten Empörung bat Vetter seinen Angestellten um Erläuterungen. In einem fast zehnseitigen Rechtfertigungsbrief zog Vietor eine Verteidigungslinie auf, die ihm Chefideologe Werner zeichnete: Er reagierte ausschweifend, aggressiv, gekränkt und großmäulig.

Kahlschlag »in dem Sinn, als sollten ganze, alte Stadtteile plattgewalzt werden«, hätte er nie, auch früher »niemals« gefordert, schrieb er — und verdrängte dabei jenen babylonischen Monster-Bau, mit dem er schon einmal, in den 60er Jahren, den Hamburger Stadtteil St. Georg abräumen wollte. [48] Die Al-

---

[48] Auch das Bremer Ostertor-Viertel sollte einmal von der Neuen Heimat abgerissen werden (siehe O. Dinné, »15 Jahre«, Bremen '79).

lianz der Kritiker, so schrieb er weiter, bestände aus ahnungslosen Journalisten, die er aufforderte, in die alten Viertel »zu ziehen und dort ein Leben lang zu leben«, und aus alten Leuten, deren Wohnzufriedenheit »objektiv« einfach nicht ernst zu nehmen sei. Abschließend erlog er vor dem Aufsichtsrat »eine Fernsehsendung« gegen die ahnungslosen Kritiker — und stellte damit weitere Fragen ab.

Den gewerkschaftlichen Bonzen-Traum verkörperte niemand so wie er — auch Hesselbach nicht, der die Kollegen mit Bankgeheimnissen einschüchterte. Vietor pochte darauf, daß die Gewerkschaften gemeint seien, wenn seine Geschäftspolitik kritisiert würde. Und damit hatte er ja recht — und gerade dies ärgerte empfindsame Funktionäre. Wer Vietors Baulöwen-Stil attackierte, griff damit auch die Scheinheiligkeit des DGB an: dessen Unredlichkeit, eine höhere Moral vorzutäuschen. Die Widersprüche, die die »gemeinwirtschaftlichen« Ideen bargen, legte Vietors Benehmen offen — Hesselbach verschleierte sie. Vietors Großmannssucht und deren Lärm waren den Gewerkschaften nur peinlich, wenn sein Konzern die Macht verlor, ansonsten übersetzten sie gewerkschaftliche Energien. Er wäre niemals wegen seiner Privatgeschäfte oder anderer neureicher Freuden verjagt worden, wenn er erfolgreich geblieben wäre.

Im Vorstands-Gremium blieb er bis zum Infarkt ein absoluter Herrscher: Seinen Kollegen gegenüber behielt er immer das letzte Wort; nie wurde eine Entscheidung gegen ihn gefällt. Die jährlichen Bilanz-Pressekonferenzen — in der Industrie Anlaß zum Auftritt aller Vorstände — bestritt er allein.

Das Profil von Machtgenuß, Herzlichkeit und Gerissenheit hatte ihm zum Aufstieg verholfen. Im Laufe der Jahre sicherten dann Kenntnisvorsprünge die Autorität; schließlich war er der einzige, der schon im Vorstand seines 1963 verstorbenen Vorgängers Plett saß.

Nur zwei Männer hatten am Ende den Mut, dieser Macht zu widersprechen: Der schlanke, stimmgewaltige Horst Städter und der gedrungene, glatzköpfige Rolf Dehnkamp. Nur diese beiden kritisierten etwa die absurden Politik-Papiere von Generalsekretär Werner; nur sie formulierten Bedenken gegen das Auslandsgeschäft.

Der Wühler: Betriebswirt und Bilanzrechner Dehnkamp besaß flinke Augen im glänzenden Schädel und konnte schon wegen der immer schlechter aussehenden Betriebszahlen dem Größenrausch von Vietor entgegenhalten. Als Sohn eines bekannten Bremer Politikers — des Bildungssenators und Bürgermeisters Willy Dehnkamp — verfügte er über gute Verbindungen und somit über eine gewisse Unabhängigkeit. Er hatte Betriebswirtschaft im 2. Bildungsweg studiert, und er pflegte seine Kontakte zur heimatlichen Prominenz. Als er 1982 hinfiel, halfen ihm die Bremer wieder auf die Beine.

Die Bedeutung seines Ressorts verstand man nur aus der Komplexität des Konzerns: Durch die Undurchdringbarkeit der Firmengruppe führten unzählige Finanzwege, über deren Verkehr er wachte. Das Immobilien-Imperium erlaubte zudem eine große Freiheit beim Aufwerten des Vermögens und eine immense Steuer-Schieberei zwischen den Schwestern NH und NHS. Das alles verantwortete Dehnkamp. Er unterhielt einen engeren Kontakt zum Verbandsprüfer Teske als Vietor; und er war in der wirren, geheimnisvollen Organisation der zweitbeste Drahtzieher.

Niemand im Vorstand außer Dehnkamp griff den Vorsitzenden direkt an. »Du hast so eine Art, Albert«, schnauzte er und schlug auf den Tisch, »unsachlich über die Dinge hinwegzugehen oder sie schief darzustellen.« Vietor hatte in einer Kontroverse die Zahlen manipuliert, und Dehnkamp fuchste sich. Ein andermal schüttelte er seinen leuchtenden Kopf: »Albert, das machst du wieder einmal nach deinem Gutdünken«, hieb er los, »du hast keine Linie.«

Vietors Konferenz-Führung schillerte in der Tat. Erschien er zufrieden und fröhlich, leitete er die Sitzungen fintenreich und spottlustig. Kam er brummig und nachdenklich, saß er endlos schweigend da und unterbrach dann mit der Bemerkung: »Ich bin mit dem Verlauf der Diskussion unzufrieden.« War er gar gereizt, konnte er jeden Beitrag in Grund und Boden schlagen: »Dich muß ich doch wohl nicht fragen, wenn ich was will«, kanzelte er Iden ab; oder er machte Pinther zur Schnecke: »Du bist der Oberkontrolleur in Personalfragen? Das wollen wir mal sehen.«

Dehnkamp schuftete wie ein Zahlen-Luchs. Die von ihm vorgelegten Tabellen und Pläne rissen nicht ab. Nach Vietors Herzinfarkt bestimmte er wie ein wühlender Revisor die Debatten. Im Gegensatz zu den lebendigen Augen waren seine Gesten knapp; seine Ausstrahlung kühlte die Umgebung. Dem organisatorischen und ideologischen Wirrwarr begegnete er extrem sachlich — wie eine Rechenmaschine. Seine nüchternen Urteile bliesen manchen Dunst weg, sie schienen aber merkwürdigerweise moralische Skrupel nicht zu kennen.

Der Draufgänger: Städter dagegen trat kumpelhaft und herzlich auf, wie ein junger Vietor. Er war groß gewachsen, hatte graue Haare und den breiten Mund eines Volksredners. Er sprach laut und drastisch, aber sein Ton klang natürlich und direkt. Er bewies die größte Eigenständigkeit im Vorstand, indem er die meisten Quer-Voten abgab. In der Einschätzung politischer Brüche und unternehmerischer Fehler dachte er radikal — und lag damit als Einziger richtig. Er distanzierte sich sogar — durch Stimmenthaltung — von der kriminellen UBB.

Mit Vietor rieb sich Städter mehr als Dehnkamp, weil die regionale Gliederung des Konzerns zur Diskussion stand und dadurch an Städters süddeutschem Machtbereich (einschließlich Österreich) herumgebastelt wurde: Mal wurde er von Vietors Gnaden vergrößert, mal gestutzt. Städters Eigenwille war couragiert, so daß es zwischen ihm und dem Konzern-Chef periodisch knallte.

Braungebrannt aus dem Winterurlaub zurück, holte er auf einer Sitzung ein Papier aus seinem Aktenkoffer und las seinen Protest gegen einen während seines Urlaubs gefällten Beschluß vor. Das wirkte ebenso grandios wie übertrieben. Er drohte auch später, nach Vietors Rückkehr aus der Kur, dessen »Hin und Her« in den Aufsichtsrat zu tragen.

Städter war 1933 geboren und damit der Jüngste im Vorstand. Sein Ehrgeiz strahlte ungeschminkt; hätte er den Vorstand bestimmt, wäre mehr gerettet worden. Aber Vietor hätte ihn wohl niemals zum Nachfolger gewählt, da das Charisma des Jüngeren ihn bedrohte.

Bei Dehnkamps Wutanfällen gab Vietor nach. Städters Angriffe hingegen wurden von ihm zurückgeschlagen. Dehnkamps Rechnereien hielt Vietor ja für überlebenswichtig, während er in Städters Schwung nur sein Ende sah. Mit Dehnkamp teilte der Chef zudem einige Mauscheleien.

Bei den morgens um 9.30 Uhr beginnenden Vorstandssitzungen wurde nach zwei Stunden stets eine Suppe gereicht. Auch beim gemeinsamen Mittagessen verteilte der Allein-Herrscher Aufgaben und Urteile. Städter: »Ich war bei Alex Möller. Hab ihn in Karlsruhe besucht.« Vietor: »Wie geht's ihm? Wie redet er?« Städter: »Gut. Er scheint wieder versöhnt mit uns.« Vietor: »Dann gib ihm 'nen Beratervertrag.«

Alex Möller saß als Bundesfinanzminister im Kabinett von Willy Brandt.

An solchen Sitzungstagen konnte King Albert selbst beim Pinkeln den Konzern führen: Es war gerade über die Vorladung vor den Untersuchungsausschuß in Düsseldorf gesprochen worden, als er sich auf der Toilette neben mich stellte. »Waren Sie im Sommer mit Eva verreist?« fragte er mich. — »Mit Eva?« — »Sie waren mit ihr verreist, nicht?« — »Mit Eva?« — »Geben Sie mir bis Freitag Argumente für den Ausschuß.«

Eva Schneider[49] hatte Architektur studiert und wurde seine Assistentin.

Der Liebediener: Vietors Sparring auf den Vorstands-Sitzungen, seinen Punchingball, spielte der rotgesichtige Wolfgang Vormbrock. Dieser — obgleich nur etwa 1 Meter 70 groß — lief meist so bedeutungsvoll gebeugt, als umgäben ihn lauter Liliputaner.

Niemanden konnte Vietor so unaufhörlich hänseln, so lust-

---

[49] Der Name wurde geändert.

voll ärgern wie Vormbrock. Niemand sonst gebärdete sich aber auch so übereifrig und begriffsstutzig zugleich. Keiner tönte so roh einerseits, duckte sich so verlegen andererseits. Vormbrock schien von Vietor geblendet; er versuchte, dessen Großmannsfreuden zu kopieren.

Vormbrocks Büro war im Kunstverständnis Hamburger Reeder gestylt: moosgrün und braun, Schiffsmodelle und maritime Gegenstände überall verteilt. Auch bei seiner Garderobe pflegte er die Eleganz der hanseatischen Elite. Im Outfit ging er damit den Kollegen weit voran.

Seriös drapiert, beantragte er im Vorstand eine Million Mark Schmiergeld mit der Behauptung, für den Bau einer Müllverbrennungsanlage bei Bielefeld sei der Einsatz solchen Geldes nötig. Vietor runzelte die Stirn, guckte entgeistert: »Eine Million? Bestechung in dieser Größenordnung? Glaube ich nicht!« Die Anfrage wurde zerknüllt.

Vormbrocks Sprache hatte Überschub: Er ging »ran wie Moltke«; oder es »wackelten« Köpfe; oder »Pfeif der Hund drauf, solange kein Ankläger da ist.« An Vietor schickte er beflissene Aktenvermerke: »Lieber Albert, vielleicht können diese Zeilen, die ich ohne sonderliche Beachtung sprachlicher Schönheit niedergelegt habe, Dir bei der Bewertung behilflich sein.« Oder: »Daß wir die geplanten Veränderungen auf uns beziehen, mußt Du verstehen, lieber Albert. Sieh mir bitte nach, wenn ich den Eindruck erwecke, als verstehe ich die Strategie nicht.«

Keiner war so vielseitig und einfallsreich wie er. Er kannte sich in der Musik-Szene aus und ging ins Theater. Er wollte ein Buch veröffentlichen und eine Zeitschrift entwickeln. Aber im Management griff er zu den krudesten Mitteln. Nach Berlin hatte er sich den Ermittler Pfeiffer geholt, und der hatte ihm geraten, Journalisten zu schmieren. Als ich bei ihm protestierte, belehrte er mich: »So etwas ist gang und gäbe.«

Wie niemand im Vorstand motzte Vormbrock gegen Überlegungen, die Akquisition zu systematisieren. Er hielt die Neue Heimat für eine kühne Trapez-Nummer und sich selbst für einen talentierten Flieger in ihr: Vielleicht weil schon sein Vater »gemeinnützigen« Wohnungsbau managte? Mich erinnerte der Sohn eher an einen ungelenken Bodenartisten.

Alles, was Vormbrock im Diensteifer tat, schien jedenfalls von der soldatischen Sehnsucht geprägt zu sein, sich beim Chef auszuzeichnen. So beschenkte er zu Weihnachten fast denselben Kreis von Journalisten, der von Vietor Gaben bekam. So hofierte er den Schauspieler Friedrich Schütter; als ein enger Freund des NH-Chefs galt der Entertainer Peter Frankenfeld.

Der Dulder: Von Vietor eingeschüchtert zeigte sich auch Stellvertreter Harro Iden: Ein hagerer, manchmal scheu wirkender Kettenraucher und der einzige Universitäts-Doktor im Vorstand.

Iden verbreitete den Eindruck, ein schweigsamer Mönch zu sein. Obgleich er als Finanz-Chef und Auslands-Boß viel zu bestimmen hatte, besaß er die Aura des geschlagenen Indianers. Er war Vietors Vitalität durch Nachdenklichkeit unterlegen.

Kam es zu Reibereien zwischen den beiden, trat Iden wortlos den Rückzug an. Da das Auslandsgeschäft kollabierte, befand er sich in der Defensive — besonders weil Vietor der internationale Antreiber war. Iden brauste nie auf, sondern erklärte spröde und ruhig Ergebnisse und Pläne. Wenn er in Abwesenheit Vietors die Sitzungen leitete, moderierte er fast zögerlich.

Dergestalt ging er in den mächtigen Bankhäusern ein und aus; er hatte die gewaltige Verschuldung zu managen. Und er jettete nach Brasilien und nach Kanada. Daß er sich das kunterbunte Auslandsgeschäft zugemutet hatte, habe ich nie mit seiner stillen Intelligenz in Verbindung bringen können. Auch die Größe seines Mißmanagements blieb mir unklar, weil er rechtschaffen auftrat und keine Eitelkeiten zeigte. Möglicherweise lag seine Schuld in der Nachgiebigkeit.

Das Kreuz, das er trug, schleppte er jedenfalls als demütiger Verlierer. Manchmal saß er wie ein melancholisches Orakel in der Runde. Häufig erschöpft, blieb er aber immer ansprechbar. Seine Haus-Macht war labil, weil das Grübeln auch seine Kontakte zum DGB bremste; auf den Gewerkschaftskongressen stand er oft versonnen allein. Vielleicht wußte er um die Aussichtslosigkeit des Konzerns.

Mir gegenüber beanstandete er Vietors Kraftmeiereien, wenn er ein kleines Bier trank und in den Sonnenuntergang blickte.

Als 1977 das Unternehmen »Bremer Treuhand« zusammenbrach, an dem die NH sich heimlich beteiligt hatte, mußte sich Iden um jene Immobilien-Fonds kümmern, die von der »Treuhand« zurückgelassen worden waren. Vietor hatte verkündet, sich »nicht vor der Verantwortung zu drücken«. Da die NH aber zur Übernahme der Fonds nicht verpflichtet war, pokerte Iden mit den Banken um die Verantwortung für erkennbare Verluste.

In den Vorstandssitzungen wurde sein Poker von Vietor verurteilt: »Ich bin nicht damit einverstanden, wie das gelaufen ist.« Der Konzernboss wollte die Fonds mit ihren 11.000 Sparern um jeden Preis einverleiben; er sah in ihnen ein neues Arbeitsfeld und damit eine Vergrößerung des Konzerns. Dehnkamp übernahm daraufhin die Verhandlungsführung.

Iden nannte mir als Antrieb Vietorscher Expansionspolitik »seinen Zweikampf mit Hesselbach« um Rang eins in der gewerkschaftlichen Industriewelt — was Vietor bestätigte.

Vietor selbst sprach allerdings von einem »Grabenkrieg«, den er gegen sich von Hesselbach geführt sah. Dies sagte er auf einer der seltenen Sitzungen, zu denen er den Ideologen Werner und mich zusammenrief. »Wollt ihr einen Kaffee?« — »Ja, danke.«

Auf diesem Treffen wurde darüber beraten, wie für den Verkauf von Sozialwohnungen zu werben sei. Vom Erlös einzelner Etagen versprach sich der Boss einen damals exotisch anmutenden Sondergewinn — keiner ahnte, daß es der Beginn des Ausverkaufs werden sollte: 1978 wurde den regionalen Geschäftsführern erstmals auferlegt, rund 3.000 Wohnungen loszuschlagen.

Da sich gegen den Verkauf politischer Widerstand organisierte, hatte Vietor eine Befragung bei den Mietern geordert. Wir saßen nun in seinem Büro um seinen mächtigen, quadratischen Schreibtisch herum und Vietor reagierte mißmutig, weil noch immer keine Ergebnisse vorlagen. So griff er zum Telefon und ließ sich mit der »Gewos« verbinden, die die Befragung durchführte.

Werner und ich tranken Kaffee, während er am Telefon kommandierte. Vietor: »Das können Sie aufrunden. ... Aber da stellt man eben eine andere Frage ... Das kann man allgemeiner formulieren ... Können Sie ganz weglassen.«

Umfrage-Ergebnisse zu korrigieren war eine Kleinigkeit. Meine Presseabteilung verbreitete kurz darauf, daß die Mieter großes Interesse am Kauf ihrer Etagen hätten.

Aus der Masse der rund 320.000 eigenen Wohnungen sollte damals ausschließlich an die Mieter verkauft werden, und Vietor wollte auch nicht den »Ramsch« und keine »Ladenhüter« anbieten. Aber der Verkauf lief schleppend. Die Verkaufsziele wurden gleich wieder verkürzt; und das lag nicht allein an komplexen Rechtsproblemen, sondern auch an baulichen Mängeln der Wohnungen. In vier Jahren — bis zu Vietors Entlassung — wurden nur rund 5.000 Wohnungen verkauft.

Die Stummen: Im Vorstand verantwortlich für die Wohnungsverwaltung war der Sachse Willi Ginhold, ein weißhaariger, ständig vor sich hin lächelnder Hausmeister am Rande des Ruhestandes. An den privaten Firmen der Konzern-Spitze nahm er so umfangreich teil wie Vormbrock und Iden, und das Alter hatte ihn zufrieden gemacht. Er griente sich durch alle Sitzungen. Über die Mängel seiner Verwaltung wurde heftig diskutiert; Ginhold hatte jedoch dazu nichts zu sagen — und das lag nicht an seinem Sprachfehler.

Seine Gedanken schienen längst in Pension; meistens wirkte er jedenfalls abwesend. Ob er sich dabei ins Fäustchen feixte oder Altersschwäche zeigte, blieb unbestimmt. Als sein Ressort neu organisiert werden sollte, verlangte Vietor, den Posten »nicht wie bislang zweitrangig« zu besetzen — Ginhold lächelte. Wie Pinther hatte er Karriere im DGB gemacht (war dort Vorstandsmitglied für Jugendfragen gewesen), bevor er mit dem Geld eines Industriepostens die Belohnung erhielt — er wurde gleichfalls nicht ernst genommen.

Ähnlich entrückt saß aber auch West-Vorstand Friedrich Riegels in der Halbrunde. So wie Städter aus München anreiste, mußte Riegels aus Düsseldorf einfliegen. Er kam stets eine Stunde zu früh und setzte sich allein wartend in den Konferenzraum. Rheinländer Riegels lastete der Krach beim Klinikum Aachen an, weil er die Bauleitung lange verantwortete. Seine Personalpolitik wurde barsch kritisiert, ohne daß er sich jemals verteidigte. Er rauchte und hustete unaufhörlich: direkt in seine Hände. Als der »Spiegel« den Plan, ihn vorzeitig zu pensionieren, veröffentlichte, wurde Hesselbach als Informant vermutet und daraufhin Riegels Abgang verschoben. Über seine Nachfolge provozierte Vietor viel Streit in der Runde — Riegels sagte kein Wort, er hustete.

Der Getarnte: Als Neunter im Vorstand thronte der Techniker Peter Dresel, ein stattlicher, sportlich gekleideter Architekt. Dresel stieß zur hohen Runde ebenso spät wie Städter, zeigte aber keinen Mut, sondern lag auf der Lauer. Wie ein Alien konnte er blicken; seine hölzerne Strenge wirkte hochmütig. So fest und beherrscht er sich bewegte oder diskutierte, so unverkennbar saß ihm das Kalkül im Nacken.

In Dresels Büro gab es wenig Ordnung; Bau-Pläne lagen in Haufen herum. An den Wänden hingen kalte Graphiken. Er ließ sich mit mir nie in ein Gespräch ein, hörte nur wie eine Statue zu. Von ihm gab es keinen einzigen Satz zu den Sonderheiten des Konzerns — nicht zur Wohnungs- und Kulturpolitik, nicht zum Verkaufs-Filz, nicht zu den Auslands-Gefahren. Er hielt sich aus allem raus.

Vietor gegenüber war er in Hab-acht-Stellung; sein Blick zum Chef schlug stets die Hacken zusammen — was nur der stocksteife Gestus kaschierte. Aber so auffallend bedeckt, wie er sich zu verhalten verstand, so geräuschvoll erhob er sich, als der Patriarch nach dem Infarkt flach lag. »Die Zeiten«, posaunte er, »wo Vietor alles alleine macht, sind vorbei.«

Ich lag mit Hepatitis im Krankenhaus, als ich hörte, daß auf seine Initiative hin der Vorstand (ohne Vietor) beschlossen hatte, die Kosten meiner Abteilung um ein Drittel zu senken. Auch seine architektonischen Einsparungen beim Luxusbau »Passy Kennedy« glichen Ideen, einer Leiter möglichst viele Sprossen zu nehmen. Wie ein blinkender Roboter zog er nun durchs Haus.

Das Vorbild: Als der Konzern zusammenzubrechen begann, hockten neun Vorstände an der Spitze; lange Zeit hatte Vietor den Kreis sogar auf elf vergrößert. Beim Tod des Vorgängers Plett zählte der Vorstand nur drei Mitglieder.

Durch den Vorsitz seit 1963 verantwortete Vietor zwar Aufstieg und Fall des Konzerns management-technisch, aber sein Ziehvater Heinrich Plett darf hier nicht vergessen werden, der ihm neun Jahre Lebensstil und Geschäftspraxis beibrachte. Vietor hatte gerade den 32. Geburtstag gefeiert, als Plett ihn in den Vorstand holte; mit 41 Jahren übernahm er dessen Stuhl.

Auch Plett gehörte zu den Epikureern: trank viel, aß gern, heiratete viermal. Mit seiner Vergangenheit im Dritten Reich hatte sich der Vorstand noch am Ende auseinanderzusetzen. Immer wieder wurde ihm von einigen Architekten vorgeworfen, er habe sich bei den Nazis befleckt. Wieder konnte sich Vormbrock — anstelle Vietors — über solche Vorwürfe besonders erregen. Bei Pletts Erklärungen zur Nazi-Karriere stieß auf, daß er sich zwar der »SPD nahestehend« bezeichnete, daß er aber 1936, kurz nach den Nürnberger Antisemitengesetzen, bei der Dresdner Bank zum Abteilungschef für Hypotheken aufgestiegen war — und damit jede Menge Arisierungsgewinne gemakelt haben müßte. [50]

Plett kam wie Vietor (und wie Lauritzen) aus Kassel; beide wurden als Söhne von Lebensmittelhändlern geboren — wie ein

---

[50] »Keine andere große Geschäftsbank in Deutschland war so rückhaltlos in ihrer Politik, ihrem Personal und ihren Praktiken auf den Nationalsozialismus eingeschworen wie die Dresdner Bank.« (Bericht der US-Militärregierung 1949: sog. »Omgus-Bericht«)

jüngerer Bruder lernte Vietor von Plett die Finanzierungsschliche im Bau- und Grundstücksmarkt. Von Plett stammte das Grundmuster der Neuen Heimat: Er fusionierte den Immobilienbesitz der Gewerkschaften; er eroberte neue Kredite (»und wenn wir sie vom Teufel holen«); er lenkte den Spekulationswillen ins Ausland; er überlief die engen WGG-Regeln, und auch die betrügerische UBB gab's schon bei ihm.

Plett erfand den Filz, bevor die Gewerkschaften das Beziehungsnetz ideologisch absicherten. Daß das Land Bremen reiner Bauboden der Neuen Heimat wurde (jede 4. Wohnung gehörte der NH), ist auf Pletts Überzeugungskraft zurückzuführen. Er machte SPD-König Boljahn zu seinem Gehilfen. Noch heute gedenkt eine »Heinrich-Plett-Allee« in Bremen-Huchting seines Einflusses.

Und schließlich führte Plett seinen Nachfolger in die Tricks privater Bereicherung ein: Plett, Vietor und drei andere NH-Manager gründeten jene »Terrafinanz«, die 1982 enttarnt wurde. Plett erlebte den Reichtum aus diesem Coup nicht mehr; Vietor nahm den Erfolg als Anleitung zu allen anderen dunklen Geschäften des Managements.

Fing Vietor mich anfangs durch seine Großzügigkeit, so begann ich nach einem Jahr, unter der Schattenseite seiner Lebensart zu leiden. Seine Nacht-Kommandos lauteten: »Solange ich hier bin, haben Sie zu bleiben!«

Der Spaß wurde vor allem deshalb gedämpft, weil seine Gängeleien sich mit unternehmerischem Mißmut mischten: Die Krisen-Diskussionen verursachten ein Klima von Trostlosigkeit. Und in diesem Klima wurde Vietors Patriarchat düster und unberechenbarer. Seine Durchtriebenheit verlor ihre Spiellaune; seine Eitelkeit verlor den Charme.

In meinem Vortrag am bayerischen Eibsee hatte ich »Sensibilität und Offenheit« zu Maximen der PR-Arbeit erklärt: Absurde Ideen, wie sich herausstellte. Vietor hatte mich das vortragen lassen, obgleich es für keines der Ziele eine Chance gab. Die NH hatte an Offenheit so viel Interesse wie die Rosenkreuzer. Mir die Unterstützung für Leitsätze zu suggerieren, die die Auflösung des Konzerns bedeuteten, entpuppte sich als Kapriole. Er schien nicht zu wissen, was er wollte oder konnte.

Er lachte auch seltener im Laufe der Zeit. Auf seiner Gelassenheit lag oft ein leerer Blick, und sein Witz wurde rätselhaft. Als er hörte, daß ich in ein 100 Jahre altes, ornamentreiches Haus einziehe, fragte er: »Wie können Sie da unser Presse-Chef sein?«

Ich telefonierte mit ihm, als er in seiner Tessiner Villa Ferien machte. Anlaß war eine »Spiegel«-Recherche, vor der er Angst hatte. Plötzlich raunzte er:

V: »Sorgen Sie endlich dafür, daß wir eine anständige Presse bekommen.

M: Wie soll ich das machen?

V: Es gibt genug, worauf wir stolz sein können.

M: Ja sicher, Herr Vietor. Aber zum Beispiel die Mieterklagen in den Siedlungen ...

V: Sagen Sie doch Betonburgen. Diese unsachgemäßen Bezeichnungen von unsachgemäßen Journalisten ...

M: Habe ich nicht gesagt.

V: Ich spür das. Ihre Einstellung ist so.«

Wahrscheinlich meinte er ›unsachliche‹ Journalisten. Zu Beginn meiner Amtszeit führte ich mit jedem der Vorstände eine Unterhaltung über die Image-Probleme des Konzerns: Unergiebig verliefen die Gespräche bei Ginhold und Dresel. Dehnkamp nannte die Wohnungsverwaltung und die Skandale als wunde Punkte. Iden sah die Kluft zwischen gewerkschaftlichem Soll und kapitalistischem Ist als Belastung. Vormbrock glaubte, daß die wachsenden Ansprüche der Mieter die größte Schwierigkeit seien. Städter und Pinther orteten die Großmannssucht als Problem.

Alles stimmte; jeder verwies auf einen Ausschnitt. Riegels aber nannte unschuldig oder hellsichtig den Kern: Das Problem sei das mangelnde Problem-Bewußtsein.

Vietor und fast alle Vorstände besaßen unbestreitbar kein Erkennungsvermögen für die Skurrilität des Konzerns. Sie problematisierten weder den Filz noch die rechtlichen Beliebigkeiten noch den Geheimhaltungszwang. Sie verdrängten den Berg an Sonderheiten und versuchten krampfhaft, wie normale (rauhbeinige) Fachleute zu arbeiten.

Das mangelnde Problem-Bewußtsein erklärt die Explosivität des Skandals 82: das fehlende Schuldgefühl nicht nur bei den Gewerkschaften sondern auch beim NH-Vorstand. Es erklärt zudem die Beobachtung, daß viele Freunde Vietors zu ihm hielten, nachdem er verjagt worden war. Walter Mross etwa, Abteilungs-Chef beim NDR-Fernsehen, wollte nichts mehr von mir wissen: Ich verteilte Werbung für mein Theater [51] im Foyer des Hamburger Operettenhauses und stand mit den Zetteln eines Abends 83 vor ihm. »Von Ihnen nehme ich nix«, sagte Mross leise. Vier Jahre vorher hatten wir im »Intercontinental« an der Alster wie gute Bekannte zusammengehockt. Da hatte er mir mit ostpreußischem Akzent erzählt, daß er im NDR »nie etwas Schlechtes über Vietor senden werde, weil ich glauben will, daß die Linken erfolgreiche Unternehmer sein können«.

Der Erkenntnismangel ordnet auch die Sehnsucht Vietors nach »einer anständigen Presse« ein. Völlig losgelöst vom Umfeld behauptete er bis zum Schluß einen Irrsinn an Möglichkeiten. Seine Lebenslust wäre bedient worden, hätte ich es für gut gehalten, mit Journalisten nach Saint-Tropez ans Mittelmeer zu fahren, um dort einige Häuser der Neuen Heimat zu bewundern. Er klebte an Erinnerungen, sehnte sich nach den weltmännischen Shows, wie er sie in den Boom-Jahren hatte durchführen lassen.

Je stärker sich das Unwetter über dem Konzern zusammenzog, um so häufiger wärmte die Nostalgie. So feierte der Kegel-Club, der monatliche Spieltreff mit Journalisten, sein zwanzig-

---

[51] Das Keller-»Theater am Operettenhaus« (TaO), das ich ein Jahr betrieb, war das erste Unternehmen auf der Reeperbahn, das die Unterhaltungs-Szene dort literarisch und politisch würzte. Im TaO fand das 1. Hamburger Kabarett-Festival statt.

jähriges Jubiläum: Anlaß nicht nur für eine Extra-Party mit erlesenem Menü, Tanzorchester und Gert Fröbe als Rezitator; Anlaß vielmehr für einen fröhlich-verklärten Rückblick.

Wir hatten Kino-Wochenschauen der 50er Jahre kopieren und in diese Wochenschauen ein paar Firmenfilme einschneiden lassen. Die Vorführungen gaben Anstoß für stundenlange Erinnerungen unter 150 Gästen an die guten Zeiten, in denen die finanziellen Gewinne anerkannt waren als soziale Verdienste — in denen noch alles übereinstimmte.

Unter den Mitstreitern während Vietors langer Herrschaft bleiben erwähnenswert:

1. Walter Beyn, der den Eindruck eines »stramm sozialistischen« Vorstandes vermittelte (Spiegel 1959), aber bei allen Dunkel-Geschäften mitmischte.

2. Herbert Ritze, der es schaffte, in München Schwarz-Gelder zu holen und in Bremen einem Freibad seinen Namen zu geben.

3. Ludwig Geigenberger, der den Vorstand verließ, um selbständig zu werden, und den Konzern mit seinen Erinnerungen »erpreßbar« (Vietor) machen konnte.

4. Lothar Späth, der zum Ministerpräsidenten aufstieg und dort stolperte, weil ihn seine NH-Erfahrungen nicht losließen und er sich von reichen Freunden bedienen ließ.

Der DGB darf nicht vergessen, daß seine Geschichte sich aus Handlungen der Eliten addiert, nicht allein aus Programmen und Tarifen. Alle beschriebenen oder genannten Manager zählten zur Führungsschicht der Arbeiterbewegung; sie waren Erfolgsträger gewerkschaftlicher Ziele. Wer *nur* ihre Fehler nennt (oder sie gar als schwarze Schafe markiert), übersieht die Beteiligung der Anstifter.

Und in der 2. Reihe — im 40köpfigen Führungsteam der Neuen Heimat — saßen ebenfalls energische und intelligente Talente, deren Vergehen allenfalls darin bestand, daß sie die Scheinheiligkeit pfiffig nutzten, die ihnen die Gewerkschaften anboten. Eine moralische Trennung zwischen einem DGB-Bezirksleiter und einem NH-Geschäftsführer wäre historisch unfair; im Baukonzern arbeiteten viele Menschen, von denen ich Wissen, Verantwortung und Humor hätte lernen können. Nur drei (unbelastete) Beispiele: Conrad Schäfer, Finanzdirektor, großer und charmanter Workaholic, Hans-Albers-Typ, der fröhlich »packen wir's an« rief. — Walter Köbe, Bauleiter beim Berliner Kongreß-Zentrum, bodenständiger und gerader Kommandeur, der die Arbeiter durch Ruhe beeindruckte. — Thilo von Bose, Personalleiter, findiger und blitzschneller Organisator, der über Monty Python und Robert Gernhardt Tränen lachte.

King Albert hatte seine Forderung nach »Kahlschlag« damit begründet, daß es drei Millionen Slum-Wohnungen gäbe. Ich wollte mir davon ein Bild machen und gewann den Autor Jürgen Roth für eine Auftragsarbeit; er sollte über Wohnungsnot in Deutschland recherchieren. Als Roth und die Fotografin Renate von Forster nach einer Rundreise mir ihr Material vorlegten, sah ich Vietors These bewiesen — zumindest qualitativ. Die elenden Quartiere, die die beiden belegten, hatte ich im deutschen Reichtum nicht vermutet.

Ich plante, für die Bilder eine Wanderausstellung zu organisieren. Aber die Mehrheit im Vorstand stoppte den Plan, da befürchtet wurde, die Slums wären mit NH-Wohnungen zu verwechseln. Von der Pragmatik »gemeinwirtschaftlicher« Realität wurde man halt immer wieder irritiert.

7. Wie man einen Job verlieren kann
oder Die späte Enthüllung
der Privatgeschäfte

E dmund Eisenberger fungierte als Geschäftsführer in Baden-Württemberg, zählte noch keine vierzig und betrieb
Bodybuilding: kantig das Gesicht, breit die Schultern. In seinem Stuttgarter Büro wollte er mir an einem wolkenverhange-
nen Sommertag »mal was Grundsätzliches erklären«.

Er saß breitbeinig auf seinem Stuhl, nach vorn gebeugt: »Ich
befürchte, jede Motivation für meine Arbeit zu verlieren, wenn
ich anfange zu bohren, wer hier wie sein Geld anlegt. Ich würde
wahrscheinlich Sachen entdecken, die es mir nicht mehr gestatten, vor meine Mitarbeiter zu treten.« Er musterte mich. »Da
könnte ein ganzes System in Frage gestellt werden.« Langsam
schaukelte er den Kopf. »Sich um die Privatgeschäfte der leitenden Leute zu kümmern, steht nicht in meinem Arbeitsvertrag.
Wenn ich da anfange, riskiere ich alles.« Und mit einem Ruck in
den Schultern: »Weiß ich, ob die Vorstände nicht Nebengeschäfte machen?«

So erhielt ich den ersten Hinweis auf das dunkle Privatreich
der Konzernspitze. Ich war knapp ein Jahr im Amt.

Eisenbergers Grundsatzerklärung überraschte mich. Ich
hatte ihm mein Befremden über Vietor anvertraut, wie dieser
eine Woche zuvor auf eine Zeitungs-Recherche reagiert hatte:
Kurz bevor Lothar Späth zum baden-württembergischen Ministerpräsidenten gekürt wurde, hatten Freiburger Journalisten
sich bei der Neuen Heimat nach dessen Vergangenheit erkun-
digt. Späth arbeitete Anfang der siebziger Jahre bei der NH, zunächst als Geschäftsführer in Stuttgart, dann als Konzernvor-
stand in Hamburg.

Die Journalisten besaßen Unterlagen, die belegten, daß

151

Späth 1971 gemeinsam mit dem Bauunternehmer Alois Selz sowie seinen damaligen Kollegen Gilewitsch und Knoblauch (beide gleichfalls Geschäftsführer in Stuttgart) nebenbei eine Firma zum Bau einer Kurklinik in Bad Krozingen gegründet hatte. Späth übernahm an diesem Joint Venture einen Anteil von acht Prozent. Bauunternehmer Selz hing am Tropf der Neuen Heimat; er war Auftragnehmer des Trios Späth, Gilewitsch und Knoblauch.

Der geplante Klinik-Bau scheiterte. 1973 zog sich Späth aus der Firma zurück, und kurz danach gaben auch die anderen auf. Die Absicht zu einem Privatgeschäft mit dienstlicher Macht hatte aber bestanden.

Ich erfuhr durch einen Anruf von der Recherche und unterrichtete Albert Vietor davon, ebenfalls per Telefon. Ich bat ihn, der jetzigen Geschäftsführung in Baden-Württemberg Anweisung zu geben, sich über den Fall zu unterrichten — ich hoffte auf Mißverständnisse, glaubte an einen Sonderfall. Es ging mir nicht um Späth; es ging mir um den Konzern.

Vietor jedoch — schwieg eine Weile am Telefon und murmelte dann: »Was ein Geschäftsführer privat mit seinem Geld macht, geht uns nichts an.« Ich fragte, ob ihn die Angelegenheit nicht persönlich interessiere, und er brummelte: »Nein. Was ich nicht weiß, macht mich nicht heiß.« Wir sollten »abwarten«, so schloß er, »was in Freiburg an die Öffentlichkeit« käme. Einige Stunden später erschien er in meinem Zimmer. Es war das einzige Mal, daß er mich nicht zu sich rief, sondern — überraschend — die elf Stockwerke, die unsere Büros trennten, hinabstieg. Er ließ mich noch einmal das Wissen der Journalisten referieren und hörte aufmerksam zu. Irgend etwas in ihm lauerte, aber ich wußte nicht was; und ich verstand nicht, warum er mir nochmals Recherchen verbat.

Kopfschüttelnd erzählte ich das alles eine Woche später Eisenberger. Trotz Vietors Verbot war ich nach Stuttgart geflogen, um etwas zu erfahren. Waren da nicht Korruptionsspuren? Ging es nicht um Privatgeschäfte mit Abhängigen? Die NHS baute Kliniken.

Aber in Stuttgart mauerte die Geschäftsführung genauso, sowohl Eisenberger als auch sein Kollege Xander. Beide Manager wehrten sich, Nachforschungen im Späth-Fall anzuleiern. Eisenberger, der mich in seiner Direktheit beeindruckte: Er habe gehört, daß Georg Bamberg, Generalbevollmächtigter und Bau-Chef beim Klinikum Aachen, »eintausendeinhundert Wohnungen« besitze. Er frage auch nicht, wie dieser »mit seinem Gehalt« so viele Wohnungen einheimsen konnte.

Ich erfuhr also keine weiteren Details. Ich hörte auch nichts von der Bau-Firma »Objekta«, die vier Jahre später bekannt wurde und denselben Klüngel vereinte. Den Redakteuren wurde geantwortet, daß bei der Planung der Krozinger Klinik ein Interessenkonflikt »nach unserem Kenntnisstand« nicht vorgelegen habe.

Über Bambergs Reichtum munkelte man in der Tat. Die Gerüchte über sein Vermögen gingen durch die Kantinengespräche. Ich bin sogar von Journalisten danach gefragt worden. Und irgendwann wurde eine Immobilien-Firma namens »Wölbern« genannt, an der sich Bamberg beteiligt habe. Man tratschte ohnehin viel über die Zahl der »Baubetreuungen«, die der Konzern für seine Manager durchführte. Die »Betreuungen« privater Mietshäuser galten zwar als erlaubt, aber es spukten manchmal gewaltige Zahlen durch die Gespräche.

Jeder im Konzern wußte, daß die Vorstände sich Wohnungen bauen ließen. Beim Urteil darüber kam es nur auf die Menge und die Preis-Vorteile an. Als ich Vietor fragte, wie zu antworten sei, wenn nach seinem Besitz geforscht würde, sagte er: »Zwanzig bis dreißig BGB-Wohnungen in Berlin, und die zwei Häuser in Hamburg und der Schweiz. Nichts Besonderes.«

Ich glaubte ihm. Und Argwohn über die sogenannten »BGB«-Wohnungen regte sich nirgendwo. Diese Vermögensanlagen gaben sich als solidarische West-Berlin-Förderung und galten zudem als rechtlich kompliziert. Daß die NH-Tochter in Berlin den NH-Angehörigen dabei Vorteile verschaffte, stieß mir erst später auf.

Also: Es zog zwar leises Mißtrauen über das Vermögen der Vorstände durchs Haus, aber es existierten keine konkreten Verdächtigungen über Mißbrauch der Macht. Für Vetter etwa wurde ein Haus gebaut, und Vorstand Riegels stöhnte über die Rabatte, die der AR-Chef erwartete. »Laß mich das machen«, sagte Vietor und kümmerte sich um die Abrechnung. Selbst wenn Vetter das halbe Haus geschenkt worden wäre, hätte mich das nicht erregt. Ein Sonderfall.

Bis zum Schluß hatte ich keine Informationen über merkwürdig erworbene Reichtümer oder unerlaubte Nebengeschäfte eines Spitzenmanagers oder Top-Funktionärs. Trotz des so heftig formulierten Verdachts von Eisenberger im August 78 erhielt ich in keiner einzigen Vorstandssitzung auch nur den geringsten Hinweis. Selbstverständlich standen diese Themen nie auf der Tagesordnung oder in einem Papier. Und am Rande der Konferenzen — in privaten Gesprächen, durch Andeutungen oder Zufälle — erfuhr ich auch nichts.

Günter Döding stieß mich an einem Abend desselben Jahres in seinem Büro auf Gerüchte über Strohmann-Firmen. Ob ich etwas wüßte? Nein, ich war Outsider wie er. Aber Eisenbergers Hinweis auf »eintausendeinhundert Wohnungen« und seine Beschwörung, daß »ein ganzes System in Frage gestellt« sein könnte, wenn man »anfange zu bohren«, ging mir nicht mehr aus dem Kopf; sie hielt mich fast zwei Jahre in Spannung.

Vietor erzählte dann einmal beim Mittagessen von seiner Bettlektüre. »Ihr müßt unbedingt den neuen Simmel lesen«, empfahl er seinen Kollegen mit leuchtenden Augen; »da kann man noch mal sehen, wie wir alle reich wurden.« So? Der Vorstand guckte interessiert.

Johannes Mario Simmels neues Buch hieß »Hurra, wir leben noch«. Ich las es wegen der rätselhaften Reaktionen im Fall Späth.

Der Roman erzählt die Geschichte des Unternehmers Jakob Formann, der sich zwar beim Austernessen blamiert und nichts von Literatur und Malerei versteht (»Bei Intellellen bin ich gelandet, Gott verdammich«), der aber, wo immer sich die kleinste Gelegenheit zu einem Geschäft bietet, begeistert mitmacht. Weil er sich von Hitler um seine Jugend betrogen fühlt, führt er nach dem Krieg einen privaten Raubzug gegen alle (»*mein Krieg*«): absahnen, raffen, bescheißen, alle Arten von Diebstahl, jede Menge Betrügereien. Bis zur Währungsreform 1948 gleicht sein Leben einem Schnellkurs in Wirtschaftskriminalität: Er scheut weder Scheckbetrug und Devisen-Schiebung noch Fälschung, Unterschlagung oder Erpressung. Aus dem Nichts ergattert er so eine Hühnerfabrik, eine Fertighaus-Produktion und eine Zeitschrift.

Wie es sich in solchem Roman gehört, hat Formann natürlich auch ein großes, weiches Herz. Er ist auf eine rührende Weise menschenfreundlich — ein liebenswerter Gangster.

Jener Großschieber, der bei allen Gaunereien den Kumpan spielte, wird nach der Währungsreform sein Steuerberater. Nun vergrößert Formann seinen Reichtum über die zuvor erschlichenen Betriebe. Nach 1948 hilft nämlich die Bonner Gesetzgebung den Fabrikbesitzern durch große Steuerbefreiungen: Indem er die Gewinne als Darlehen an neue Firmen wegdrückt, wird Formann Eigner einer Flotte von Handelsschiffen, einer Gruppe von Plastik- und Textilfabriken und sogar eines Klinikums. Und mit ähnlichen Steuerzuschüssen will er dann Wohnsiedlungen bauen.

Wieder zehn Jahre später produziert sein Fertighaus-Unternehmen schon in sieben Ländern. Seine Hühnerfarm hat sich zu einer Lebensmittel-Gruppe erweitert. Wie er zu den neuen Milliarden kommt, weiß er nicht so genau. Geschildert werden nur weltweite Kungeleien mit Politikern, Staatsbediensteten, Journalisten, Freunden aus dem Krieg (»Natürlich helfe ich Dir, Jakob. Natürlich«). Und teils lustig, teils einfältig heizt eine Kette von Liebes- und Potenz-Geschichten den Aufstieg an.

Der Roman zieht sich über 750 Seiten, und der Text schwankt zwischen schelmischem Witz und idyllischem Kitsch. Ich las die Geschichte des ungeschliffenen und charmanten Emporkömmlings Formann über drei Monate mit wechselndem Vergnügen. Meine Ausdauer war auf der Suche nach einem Hinweis über mögliche Geschäfte Vietors.

Nach 600 Seiten wurde es plötzlich bei der Schilderung von Steuerhinterziehungen interessant: Formanns Freund erfindet Vermittler-Provisionen, um 1. die Unternehmensgewinne vor dem Finanzamt wegzudrücken und um 2. extra privat abzusahnen. Die vermeintlichen Provisionen gehen schwarz in seine Tasche.

Eine Parallele zur Neuen Heimat, so überlegte ich, könnte sein, daß sich Vietor bei der Beschaffung von Aufträgen — z. B. beim Erwerb von Grundstücken für die NH — private Provisionen zahlen ließe. Das wäre möglich durch unverdächtige Gesellschaften, an denen er beteiligt ist: bei Maklern oder Bodenspekulanten.

Simmels Schmöker löste mithin einen konkreteren Argwohn aus. Falls Vietor tatsächlich Konzern-Gewinne einsteckte: Welche Dienstleistungen konnte er dafür nutzen? Welche Firmen tauchten da auf? Aufstieg und Charakterbild des Romanhelden ähnelten seinem Profil ja punktuell; ich fragte mich erschrocken, inwieweit eine vergleichbare kriminelle Energie zu erwarten war. Oder betrieb Vietor Geschäfte mit Abhängigen, so wie Späth sie plante? Besaß er Schwimmbäder oder Kurkliniken?

Im Juli 1979 traf ich »Stern«-Redakteur Traenkner im Café »Le Corbeau« nahe der Alster. Traenkner arbeitete an einer »größeren Geschichte über die NH«; aber wir juxten nur herum, schwätzten über Bekannte und gingen spazieren.

Dann tauchte eine Grundstücks-Firma auf, die in Verdacht geriet, tatsächlich einigen Vorständen zu gehören oder gehört zu haben: die »Terrafinanz« in München. Franz Josef Strauß streute diesen Verdacht.

Ich war überzeugt davon, daß es eine Infamie von Strauß sein mußte, als er öffentlich mutmaßte, daß die über eine Giftmüll-Deponie in die Schlagzeilen geratene »Terrafinanz« eine verdeckte NH-Tochter sei. Ausgerechnet Strauß! Wenn es irgendeinen Politiker gab, dem ich nicht über den Weg traute, dann ihn. Jahrzehnte hindurch war er selbst in diverse Korruptions-Affären verstrickt gewesen; und es schien sein Metier zu sein, Verleumdungen zu verbreiten. Ich beteiligte mich damals an der »Stoppt Strauß«-Kampagne, die seine Kanzlerkandidatur bekämpfte. Und obwohl Vietor mein Engagement tadelte, glaubte ich ihm sofort, als er mir mitteilen ließ: Die »Terrafinanz« der NH anzuhängen, sei der Versuch zu verunglimpfen.

Mit gleichem Erfolg wehrten Iden und Vetter ab, als im Aufsichtsrat gefragt wurde, ob die »Terrafinanz« einmal im Besitz einiger Kollegen gewesen sei. Ihre Antworten wichen aus; doch niemand hakte nach, weil die Quelle des Gerüchts in der CSU lag. Und eine zweite Merkwürdigkeit ging gleichfalls unter: Daß diese »Terrafinanz« die kleine Gemeinde Keferloh bei München gerichtlich in die Knie zwingen wollte, dem Plan zum Bau einer Siedlung zuzustimmen, wurde im Vorstand länger diskutiert, als es ein unbeteiligtes Unternehmen vielleicht tat. Aber Strauß hing nun einmal »der Ruch von Korruption« an; ich war gewiß, daß er mit seiner Verdächtigung die Gewerkschaften kompromittieren wollte.

Von den »Stern«-Recherchen hörte ich nichts mehr, bis sich Redakteur Sepp Ebelseder meldete: Er habe die Geschichte von Traenkner übernommen, weil dieser weggezogen sei.

Nun ging's ruck, zuck. Der Österreicher Ebelseder bestrickte als unterhaltendes Schlitzohr; ich traf ihn im Februar 80 abends in einem italienischen Restaurant. »I hoab die Geschichte schon a bißl fertig«, sagte er beim Nachtisch. »Wenn's wolln, können Sie sie bei mia lesen.« — »Wirklich? Und wann?« — »Soagn wia morgen?«

Solch ein Entgegenkommen rennt Türen ein. Welcher Reporter läßt seine Skandalgeschichte über ein Unternehmen (klar war, daß der »Stern« keine Helden-Story schreiben würde) einen Firmenvertreter vorher studieren? Ich sah in der Einladung sowohl eine Gefälligkeit als auch einen Trick. Ich konnte aber keinen Nachteil darin finden, die Geschichte vor Drucklegung zu kennen.

Tags darauf fand ich mich in Ebelseders Wohnung und las eine Zusammenstellung mehrerer NH-Affären mit Mietern und öffentlichen Auftraggebern. Wo ich Fakten korrigieren konnte, ließ der Autor verbessern. Mein Besuch ersparte ihm leichtsinnige Fehler. Aber gegen das, was ich las, konnte ich nur den Wunsch vorbringen, bekannte Mißstände nicht nochmals gebündelt zu veröffentlichen.

Ich erzählte Iden, der seit Monaten den herzkranken Vietor vertrat, von dem Treffen und stimmte mit ihm noch offene »Stern«-Fragen ab. Bei diesem Termin überreichte er mir meine Vertragsverlängerung um zwei Jahre, beginnend im September 80.

Als ein Trick Ebelseders stellte sich heraus, schneller zu veröffentlichen, als er mich vermuten ließ: Schon am 4. März erschien seine Story unter der Überschrift »Angeklagt: Die Neue Heimat« und eingepackt in doppelseitige Schauder-Fotos.

Und ich sah, daß ich nur Teile des Manuskripts kannte. Was neu für mich war, beschämte und bedrohte mich: Eine Gefährdung erblickte ich darin, daß Ebelseder mich als einen einsamen Rufer im Konzern nannte und aus dem Vortrag zitierte, den ich am Eibsee gehalten hatte. Außerdem zitierte er aus dem Bestechungskonzept Pfeiffers. Ich vermutete, daß er beide Papiere von seinem neuen Kollegen Tornow erhalten hatte, der kurz zuvor aus meiner Abteilung zum »Stern« gewechselt war.

Beschämt fühlte ich mich über zwei Mietfälle: In Dortmund war einem 77jährigen Rentner gekündigt worden, weil er erfolgreiche Rechtsklagen geführt hatte und als »renitent« galt. In Hamburg war einem Ehepaar eine Regenrinne quer durchs Schlafzimmer montiert worden, weil es von der Decke über dem Bett tropfte.

Bis auf eine Handvoll kleinerer Fehler ließ sich an den Fakten des Artikels nicht rütteln. Aber über die optisch inszenierte Kritik geriet das Haus in Wallung wie über keinen Presse-Artikel zuvor. Es begann eine in ihrem Zeitaufwand absurde interne Beratung. Ein Gremium von einem halben Dutzend Managern konferierte eine Woche lang über mögliche Reaktionen.

Juristische Kontras blieben ausgeschlossen; dazu war die Zahl falscher Details zu gering. Andererseits aber fand der Artikel bundesweit so viel Beachtung, daß die Gewerkschaften — blind und stolz — eine Reaktion forderten. Ich schlug Anzeigen vor, in denen die NH sich erklärte und entschuldigte; als Vietor aus der Kur kam und den Vorschlag ablehnte, riet ich zum Streitgespräch mit Ebelseder.

Der »Stern«-Bericht zerbrach meinen Posten innerhalb von Tagen. Man verdächtigte mich, vertrauliche Papiere weitergegeben zu haben, oder kritisierte mein Versagen, solche Artikel nicht verhindern zu können. Vietor bat »Stern«-Chef Peter Koch um einen Termin und fuhr ohne mich, nur in Begleitung von Anwalt Peter Schulz, zu ihm. Koch höhnte: »Herr Vietor, das beste wäre, Sie würden klagen.«

Am 16. April wurde das Streitgespräch veröffentlicht: Vietor hatte wenig vorzuweisen, zumal Koch eine zweite Skandal-Sammlung nachschob. Am 24. April gab Vietor meine Entlassung im Aufsichtsrat bekannt, am 28. sagte er sie mir.

Ebelseder hatte mich natürlich gleichfalls nach dem Vermögen der Vorstände gefragt, nach Besitztümern oder privaten Geschäften. Ich hatte mit den Achseln gezuckt — und nicht einmal die BGB-Wohnungen genannt. In Berlin braute sich ja gerade der BGB-Skandal zusammen: Im dortigen Senat war Unmut darüber entstanden, wie umfangreich die Neue-Heimat-Manager Staats-Aufträge zur Vermögensbildung nutzten; gleichzeitig kam der Verdacht auf Subventionsbetrug auf (siehe S. 92 ff.).

Kündigung wegen dieses Artikels? Mein Unschuldsgefühl machte mich aggressiv. Nachdem die Werbe-Offensive hängengeblieben war, drehte Vietor also seine Verdrängungs-Strategie gegen mich und erklärte mich zum Risiko. Dabei hatte ich meine Solidarität mit dem Konzern weiß Gott strapaziert, hatte Verständnis für alle Überforderungen gesucht, hatte das Management auch gegen Betrugs-Verdächtigungen verteidigt. Und in dieser Situation ärgerte mich vor allem, daß ich den Gerüchten, der Vorstand habe Privatgeschäfte zu Lasten des Konzerns betrieben, nicht gezielt und konzentriert genug nachgegangen war.

Wenige Wochen zuvor war der Psychoanalytiker Erich Fromm gestorben. Zählte Vietor zu den »Haben«-Menschen, deren Triebquellen der Raffgier entsprangen, oder, nach Fromm, zu den »Sein«-Typen, die sich leiten ließen von ihren ureigenen Kräften? Ob er zu jenen Besitzjägern gehörte, die ihr Glück im endlosen Habenwollen finden, die wie Jakob Formann leben und Geschäften nachgehen, welche es »nicht gestatten, vor die Mitarbeiter zu treten« — das hatte ich nicht geklärt.

Fromm betrachtete den Egoismus als Aspekt des Charakters. In »Haben oder Sein« schrieb er, kennzeichnend für die Gier sei ein gestörtes Verhältnis zur Wahrheit: »Wenn ich gütig erscheine, meine Güte aber eine Maske ist, hinter der ich meine ausbeuterischen Absichten verberge, ... dann steht mein Verhalten im Widerspruch zu meinen Kräften.«

Fromms Tod just zum Zeitpunkt des Rauswurfs weckte die Erinnerungen an mein Studentenleben, als dieser Analytiker gelesen und verehrt wurde. Ich hatte zur gleichen Zeit in Berlin studiert wie Rudi Dutschke. Obgleich ich mich weder mit ihm noch im SDS engagierte, war ich doch bei allem dabeigewesen, was das Erlebnis »68« konstituierte: Anti-Vietnam, Anti-Schah, Anti-Ordinarien, Sit-ins, Republikanischer Club.

»1968« bedeutete Befreiung von der Nachkriegskultur: Von der Freßsucht, von der Marschmusik, von der Geschichtsverdrängung, von der Obrigkeitshörigkeit. 1968 platzte der Sack, in dem der Alltag (Rock 'n' Roll, »Spiegel«, Anti-Baby-Pille) zehn Jahre lang eingeschnürt war; und der Inhalt zeigte den Kriegsvätern ein liberales Selbstbewußtsein. Der Aufstand beseitigte die Reste wilhelminischer Erziehungsmodelle. Der Widerspruchsgeist gegen irrationale Autoritäten und gegen das landläufige Duckmäusertum hatte mich geprägt. Ohne die 68er Zeit, ohne die Übungen dieses Umbruchs (und ohne die folgende Praxis bei Augstein) wäre mein Zorn auf Vietor wohl moderater gewesen.

Kündigung? Dadurch verwandelte sich eine vorsichtige Ermittlung in eine kämpferische Recherche. Bei meinem ersten
Gespräch über die Vertragsauflösung mit Personalvorstand
Pinther bestand ich auf Auszahlung des gerade erneuerten Ver-
trages bis September 82. Später wurde diese Auszahlung von
der NH zum »Schweigegeld« verdreht.

Pinther zeigte sich über meine Forderung verblüfft. Ich
nutzte seine Überraschung zur Frage: »Ja und? Kennen Sie eigentlich die Privatfirmen Ihrer Kollegen?« — »Was? Wieso?« —
»Ich habe immer wieder was läuten gehört.« Pinther schaute
sehr verärgert. »Wie stellen Sie sich das denn vor? Was? Nebengeschäfte hier so in den Schränken? So ein Unsinn!«

Ich warf einen Blick in das Zimmer, das fast allen anderen
Büros im Haus glich: Auf der Längsseite, den Fenstern vis-à-
vis, stand eine einfache Schrankwand, hinter der sich in der Tat
(wie bei mir) oft Persönliches und Wichtiges verbergen konnte.
Und im gleichen Moment erinnerte ich mich, wie ich Jahre zuvor in Vormbrocks Büro — das Pinthers Raum gegenüberlag —
eintrat und Vormbrock einen dieser Wandschränke abschloß
und den Schlüssel in ein Kästchen auf dem Schreibtisch legte.

Im Mai feierte Sepp Ebelseders Frau ihren Geburtstag. Ein-
geladen, erhielt ich in einem bunten Kreis von Modeleuten und
Journalisten ersten Trost. Ebelseder stellte mich »tagesschau«-
Chef Müggenburg vor, und der fragte, warum ich mir »so einen
Schlag« gefallen ließe.

Ich hatte nichts in der Hand, was ein Kontra ermöglichte.
Firmen-Geheimnisse auszuplaudern, verbat sich.

Die Verhandlungen mit Pinther zogen sich hin, weil ich eine
Anwältin einschaltete und weil Vietor plötzlich — als Gegenlei-
stung für die volle Auszahlung — eine Arbeit (ein Konzept für
eine Mieterzeitschrift) wünschte. Das Trennungs-Konstrukt
beleidigte, denn ich hatte längst entsprechende Zeitungs-Kon-
zepte vorgelegt.

Ich akzeptierte dennoch: Wegen der Mieterzeitung blieb ich
vorerst in meinem Büro, unterhielt mich mit wohlwollend ge-
bliebenen Kollegen — und dachte darüber nach, wie sich die

161

Vorstandsschränke öffnen ließen. Vietors eigenem Tip (über Simmel) konnte ich ja nur nachgehen, indem ich die Dokumente suchte. Und warum sollte in Pinthers Verärgerung nicht ein goldener Wegweiser liegen? Wenn jemand Vietor kopierte, dann Vormbrock.

Die Vertragsauflösung wurde unterschrieben. Am 30. Juni teilte mir Vietors Sekretärin mit, daß der Vorsitzende nicht mehr für mich zu sprechen sei; Fragen oder Mitteilungen nur noch schriftlich. Am 3. Juli gab ich im Hochhaus meinen Abschied als Konzern-Sprecher; vom Vorstand kam niemand.

In Berlin stand die Neue Heimat mittlerweile bei rund 30 Bauten unter dem Verdacht des Subventionsbetruges; der Staatsanwalt ermittelte. Mitte Juli reiste ich an die Spree. Mit Hilfe zweier Studienfreunde, die im Senat Karriere machten, war ich seit Monaten gut unterrichtet über Vormbrocks Politik dort. Zahlreiche Mietprozesse der NH erregten zudem die Stadt. Immer wieder ging es um die Heizungskosten. Und eine Firma kam ins Gerede, die verdächtigt wurde, mit dem Konzern liiert zu sein: Die Heizungsfirma »teletherm«, die Maximilian Eberhardt als Eigner nannte und die die schmierige »UBB« übernommen hatte. In Berlin erfuhr ich, daß Vietor mich vor der Kündigung belogen hatte: Seine privaten BGB-Wohnungen hingen im Subventions-Betrug drin.

Ich mußte endlich meine Hemmungen überwinden und auf Suche gehen.

Beinahe hätte ich dem Konzern-Boss die Lüge ins Gesicht gesagt. Am 14. Juli traf ich ihn, gleich nachdem ich aus Berlin zurückkam, im Fahrstuhl. »Herr Vietor, das Zeitschriften-Konzept steht schnell. Kann ich es Ihnen bringen?« — »Legen Sie's in die Post.« — »Sie schulden mir einen Abschlußtermin.« Er schaute mir in die Augen und brummte: »Nehmen Sie sich nicht so wichtig.« Die Lift-Tür ging auf — weg war er.

Bis zu diesem Zeitpunkt fehlte also jedes Indiz für einen Skandal, der die Gewerkschaften hätte erschüttern können. Der desolate Zustand des Konzerns nahm diesem zwar alle Zukunft (vom Verwalten einiger Wohnungen abgesehen) — aber keine Enttarnung unternehmerischen Betrugs oder Bankrotts hätte die Lebenslügen gewerkschaftlicher Selbsteinschätzung besser zeigen können als eine Enthüllung von privaten Winkelzügen der Führer.

Und nun erst, drei Monate nach dem Rausschmiß, fühlte ich die Bereitschaft, mir Vormbrocks Schlüsselkasten einmal anzusehen. Ich war genug motiviert, mich auch straffällig zu machen: An einem Samstag ging ich in die 11. Etage, in der Pinther, Ginhold und Vormbrock ihre Büros führten. Das Haus stand leer.

Pinthers Sekretärin kannte ich privat. Für den Fall, daß jemand aufkreuzen würde, hatte ich ein kleines Geschenk für sie eingepackt, das ich dann auf ihren Schreibtisch hätte legen wollen. Mehr Deckung für meine Neugierde besaß ich nicht.

Zu meiner Erleichterung fand ich Vormbrocks Büro offen. Der Schrankschlüssel lag tatsächlich noch immer in dem kleinen Behälter auf dem Schreibtisch. Ich öffnete eine der vier dünnen Türen: Mein Blick erfaßte zwei Ordner mit den Beschriftungen »Wölbern« und »teletherm«. Getroffen?

Rausgezogen, durchgeblättert. Nervös lauschte ich mit übergroßen Ohren auf die Geräusche im Haus.

Und dann wurde ich wie vom Blitz gerührt: Ich sah einen Treuhandvertrag für die Heizfirma »teletherm GmbH & Co. KG« von 1966 mit den Unterschriften der gesamten Konzernspitze! Als Treuhänder zeichnete Maximilian Eberhardt. Ich rannte — blöderweise mit dem Aktenordner — ins Treppenhaus: War ich allein? Hörte ich jemanden in den unteren Etagen?

Ich lief zurück und kritzelte auf, was ich las — Namen, Termine, Prozente.

Danach »Wölbern Hausbau« — erneut ein Schlag: Die Bankiers Ernst und Claus Wölbern hatten sich mit Bamberg zusammengetan. Bambergs riesiger Wohnungsbesitz verdeckte die Häuser der Vorstände! Und ich las einen Brief, nach dem der umfangreiche Hausbau sich vom Konzern »betreuen« ließ.

Manometer. Die Wölbern-Ziffern prägte ich meinem Kopf ein, Akte zu, Schlüssel zurück. Ich sauste wieder nach unten in mein Büro.

Ich saß an meinem Schreibtisch und atmete flach; die Entdeckungen hatten mir die Luft genommen. Beinahe zwei Jahre waren vergangen seit der rätselhaften Rede Eisenbergers. Und dabei genügte ein kleiner, unüblicher Schritt, um die Monster ans Licht zu bringen.

Mein Gott, die »teletherm«! Ich hatte mir — gerade noch in Berlin — das Hirn zermartert, wer hinter dieser Firma, die die NH-Siedlungen heizte, stecken könnte. Sie hatte die UBB gekauft und dafür nicht bezahlt. Und jetzt erfuhr ich, daß der ehemalige Kollege Eberhardt als Strohmann des Vorstandes arbeitete. Die Geschäfte liefen schöner als im Roman: Vietor kassierte keine Vermittler-Provisionen — er hatte sich in Monopol-Geschäfte eingenistet. Außerdem — der Gipfel — trabte Walter Hesselbach mit der Meute!

Ich wußte, daß es im Unternehmensrecht ein »Wettbewerbsverbot« gab. Angestellte durften ihren Arbeitgebern nicht mit eigenen Firmen konkurrieren. Zählte das Heizungsgeschäft nicht dazu? Den Handel mußte ein Aufsichtsrat auf jeden Fall billigen. Aber eine Genehmigung machte den Fall noch schrecklicher. Erstmals beschlich mich das Gefühl, in einer Räuber-Höhle zu sitzen. Ich überlegte, ob mein Leben gefährdet sei, wenn mich einer aus der Gang erwischte.

Ich besprach die Lage mit meinen zwei engsten Freunden. Ich erkundigte mich bei Wirtschafts-Journalisten nach dem Bankhaus Wölbern — und bekam einen Rückruf vom Bayerischen Rundfunk: »Wölbern war vor Jahren an der ›Terrafinanz‹ beteiligt.« — »Von wem hast du das?« — »Von einem eurer Leute.« — »Von wem?« — »Egal. Der würde dir nichts sagen.«

Franz Josef Strauß sollte recht bekommen? Nun ärgerte ich mich, bei der Diskussion über die »Terrafinanz« nicht schärfer hingehört zu haben.

Ich wühlte in meinen Unterlagen: Ja, Claus Wölbern

tauchte in Bayern auf — beteiligt an einer Münchener »Baubetreuung«. Und dann fand ich einen Hinweis auf eine »Tischvorlage« (ein Geheimpapier) über die »Terrafinanz«. Ich erinnerte mich plötzlich, daß über ein Grundstück in Keferloh gesprochen wurde, das der »Terrafinanz« abgekauft worden sei. Mich packte das Ermittlungs-Fieber.

Ich traute mich, den von mir geschätzten NH-Kollegen W. einzuweihen. W. träumte davon, sich selbständig zu machen. Wir hatten uns mehrfach zufällig bei Konzerten in der »Fabrik« getroffen und stets angeregt getrunken. »Glaube ich nicht«, kommentierte er stirnrunzelnd, »zeig es mir.«

In meinen »Spiegel«-Jahren hatte ich gefährliche Recherchen durchgeführt: Beispielsweise über die Rüstungsindustrie und über Schweizer Nummernkonten. Dies hier erwies sich als Klacks. Die Beute wartete ja auf mich. Ich mußte die Papiere nur kopieren. Aber obwohl ich nicht mehr Mut brauchte als beim ersten Aufstieg, schien mir der Weg in der Wiederholung länger.

Gegen Ende August fuhr ich nochmals an einem Samstag in das 11. Stockwerk. Ich schnappte mir die »teletherm«-Akte und nahm sie hinunter in mein Büro. Ich schätzte, es sei unwahrscheinlich, daß ausgerechnet diese Akte in dieser Stunde von jemandem gebraucht würde. Ich vervielfältigte die wichtigsten Papiere, soweit ich sie in der Eile beurteilen konnte. Nach einer halben Stunde schob ich die Akte zurück an ihren Platz.

Weil es so gut lief, wollte ich noch den »Wölbern«-Ordner greifen, um damit nach unten zu hasten, als im Haus eine Tür anschlug: Schrank zu, Schlüssel weg, rüber in Pinthers Büro, das mitgebrachte Geschenk in den Händen. Mein Herz klopfte. Durch das Fenster, durch das ich den Hauseingang beobachten konnte, sah ich jemanden aus der Finanzabteilung weggehen. Himmel, ich hatte seine Anwesenheit nicht bemerkt und war schon zweimal mit dem alten Fahrstuhl hochgefahren. Hoffentlich übertönt der Straßenlärm den Lift, flehte ich. Mein Magen schmerzte, und ich überlegte abzubrechen. Doch dann überwog der Zorn die Nervosität, und ich setzte meinen Ermittlungslauf fort. Nach noch einer halben Stunde lagen zwei Dutzend »Wölbern«-Papiere fotokopiert vor mir, und der Ordner ruhte wieder hinter seiner Holzwand.

Über die »Terrafinanz« fand ich nichts, obwohl ich die Akten-Rücken überblickt hatte. Wieso hatte der Vorstand von ihr in Keferloh ein Grundstück gekauft, wenn dort nicht gebaut werden konnte? Der Rechtskampf der Gemeinde gegen die Bauwünsche der »Terrafinanz« machte inzwischen Schlagzeilen. Ich nahm mir vor, in Bayern zu recherchieren.

Fürs erste fuhr ich mit meiner Beute nach Hause und betrank mich. Tags darauf nahm ich den Nachtzug gen Süden und machte Pause: Ich reiste zu meinem ersten Theater-Workshop nach Österreich.

Mit W. ging ich drei Wochen später an der Elbe spazieren; ich zeigte ihm den Treuhandvertrag der »teletherm«. »Nein!« schrie er so laut, daß sich die Leute umsahen. »Nein! Das kann nicht wahr sein! Nein!« Er versprach mir eventuellen Beistand: »Mal sehen.«

Und dann traute ich meinen Ohren nicht, als sich ein zweiter NH-Kollege meldete: Am 5. Oktober traf ich M.A. auf jener Wahlparty im Hamburger Rathaus, auf der der Kanzlersieg von Schmidt über Strauß gefeiert wurde. M.A. arbeitete als leitender Angestellter im Konzern. Wir sahen uns auf dieser Party zweimal. Zunächst befanden wir uns in einer Runde mit anderen, und er sagte ironisch und laut, daß ich ein »Feingeist« sei und nicht zur NH passe. Etwa eine Stunde später standen wir nebeneinander und blickten in die TV-Monitore, um die letzten Hochrechnungen zu lesen. Da hörte ich ihn flüstern: »Ihre Fragen waren richtig. Ich könnte Ihnen vielleicht etwas zeigen.«

Ich schaute ihn kurz und überrascht an. Wahrscheinlich meinte er die früheren »Fragen« zum Konzern-Betrug. Wir redeten mit Blick auf die Monitore. Er: »Kennen Sie die Tako?« — »Nein, was ist das?« — »Eine NH-freundliche Firma. Würde Sie vielleicht interessieren.« — »Ich kenne ... vielleicht die teletherm.« — »Was ist mit der?« — »Gehört ... vielleicht Vietor.«

— »So? Vielleicht.« — »Was ist denn mit der Tako?« — »Gehört vielleicht Vietors Frau.« Wieder schaute ich ihn kurz an. Er grinste. Machte er einen Witz? Auf den Bildschirmen wurde klar, daß Strauß verlor; um uns herrschte lärmende Fröhlichkeit im Rathaus der Heimatstadt Helmut Schmidts.

Das Büro hatte ich inzwischen verlassen, das Konzept für die Zeitschrift an Vietor abgeschickt und in einem Begleitbrief meine Bereitschaft formuliert, bei Rückfragen zu helfen.

Nun weiß ich nicht, ob ich Vietor bei einem unerwarteten Zeitschriften-Termin meine Kenntnisse über ihn erzählt hätte — ob sie mir rausgerutscht wären. Der Gedanke an diese Möglichkeit kam mir später. Es gruselt mich, wenn ich mir vorstelle, wie schwach ich gewesen sein könnte gegenüber irgendwelchen Bestechungsversuchen. Die Versuche wären ja zu erwarten gewesen — selbst wenn er mir mit juristischer Gewalt gedroht hätte. Allerdings konnte die Beteiligung an der »teletherm« nicht mehr geheim bleiben, da schon drei Leute informiert waren.

»Ein ganzes System« modere — so lautete die Warnung aus Stuttgart. Wenn ich die »teletherm«-Geschäfte gekannt hätte, wäre ich dann freiwillig gegangen? Möglich — doch ich weiß es nicht. Mit »System« hatte Eisenberger wohl die Technik der Selbstbedienung gemeint; aber ich glaubte, daß es die gesamte gewerkschaftliche Ideologie umschloß. Ich fühlte einen zweifelhaften Sieg über Vietor — ohne zu wissen, was ich damit anfangen sollte. Mir schwebte damals vor, direkt in den Journalismus zurückzukehren, und ich wollte die Kenntnisse für ein noch vages publizistisches Ziel behalten.

DGB-Chef Vetter zu informieren, wäre das Allernaivste gewesen. Vetter kam für mich nicht mehr in Frage, weil
1. seine jahrelange Kungelei (UBB, Instandhaltung, Brasilien) — und dann seine »Terrafinanz«-Antwort — ihn verdächtig machte,
2. im Aufsichtsrat über die »Stern«-Story gelogen wurde und er mir gegenüber befangen sein mußte,

3. Vietors Korruption erst durch die Scheinheiligkeit der »Gemeinwirtschaft« möglich zu sein schien.

1982 schimpfte Vetter auf dem DGB-Kongreß: »Wir müssen uns plastisch vorstellen, wie anders wir an die Sache hätten herangehen können, wenn diejenigen, die Akten geklaut haben, das, was sie wußten, uns unmißverständlich gesagt hätten.« Ich habe mir mehrfach vorzustellen versucht, »wie anders« er mit den Enthüllungen umgegangen wäre: Vertuscht hätte er sie, und keiner wäre verjagt worden. Durch die Verwicklung Hesselbachs überschritt die Schweinerei die Grenzen der Neuen Heimat; alle Reaktionen wären also noch machiavellistischer ausgefallen, als sie ohnehin ausfielen.

Vietor sah oder sprach ich nie wieder. Unser letztes Treffen fand bei der gemeinsamen Liftfahrt statt.

M.A. schlug ich vor, mich vom abendlichen Squash abzuholen, um im Auto Dokumente auszutauschen; ich war auf seine »Tako« sehr gespannt. Er kam zum Parkplatz, brachte aber nichts mit. Ich zögerte, guckte erneut argwöhnisch, zeigte ihm dennoch die wärmende »teletherm«-Urkunde, und er schnalzte mit der Zunge: »Ich hoffe, Sie haben das in einen Safe gelegt.«

Hatte ich. Insofern sorgte ich mich nicht um einen Verlust; aber M.A. beunruhigte mich. Er fragte nicht, woher mein Papier stammte. Und er entschuldigte sein Versäumnis allzu schlicht: Er habe es nicht geschafft zu fotokopieren.

Einige Tage später erfuhr ich, daß das Hamburger Handelsregister gar keine »Tako« verzeichnete.

Bei mir hatte sich derweil, im November 80, die Idee verdichtet, einen breiteren Bericht über meine NH-Erlebnisse zusammenzustellen: über die strukturellen Merkwürdigkeiten, über die utopischen Ansprüche, die Gaunereien und die Dummheiten. Ich wollte die Sackgasse zeichnen, in der sich der DGB befand, und ich wollte mir Rechenschaft ablegen: Die »teletherm« würde der Anreißer sein. Ich begann also zu schreiben.

Meine »Terrafinanz«-Recherchen blieben erfolglos. Obgleich ich im Winter auf der Rückfahrt von Venedig länger in München haltmachte, erfuhr ich nur, daß Norbert Plett, Sohn des Vietor-Vorgängers, neben Wölbern an der »Terrafinanz« beteiligt gewesen sei und daß Ludwig Geigenberger, Ex-Kollege Vietors, nunmehr dort das Sagen habe. Diese »Terrafinanz« arbeitete auf keinen Fall unabhängig von der Neuen Heimat, und ich mußte F. J. Strauß um Verzeihung bitten. Weiter kam ich nicht — und überlegte, mich damit zu begnügen.

Denn der Februar 81 bescherte noch zwei Funde. M.A. rief mich tatsächlich an und verabredete sich mit mir zu jenem Landesparteitag der SPD, der sich mit dem Atomkraftwerk in Brokdorf beschäftigte. Dort begrüßte er mich kühl und gab sich kurz angebunden. Nach einem eilig getrunkenen Kaffee ließ er mir, wie aus Versehen, eine dünne Mappe auf dem Stehtisch liegen.

Im Auto schlug ich die Mappe auf: Die Firma »Tako« hieß »Fapaco« — M.A. hatte mich irregeführt. Und diese »Fapaco« kümmerte sich um die Tankstellen in den NH-Siedlungen; die Schriftstücke belegten eine ähnliche Treuhandkonstruktion wie bei der »teletherm«!

Dann, am 25. Februar, traf ich mich mit W. zum dritten Mal nach unserem Spaziergang. Wir zechten in einem Weinkeller; ich schenkte ihm eine Maske aus Venedig, und er brachte mir einen DIN-A4-Umschlag mit.

Ich zog einen Packen Papiere aus seinem Couvert: Unterlagen über eine Antennenfirma »AVB«; der Name Maximilian Eberhardt sprang mir in die Augen. Vor Erregung stieß ich gleich ein Weinglas um. Die Kopien zogen mich derart an, daß ich das schummerige Lokal vergaß und W. mich zum Gelage zurückrufen mußte. Ich erfuhr nicht, wie er den Packen, zu dem noch andere Interna zählten, beschaffen konnte. Er winkte zweimal ab: »Hab jemand auf Trab gebracht mit der teletherm.«

Ich war so beflügelt, daß ich noch in dieser Nacht (mit viel Kaffee) arbeitete, bis die Lichter in den Häusern wieder angingen. Ich dachte an Eisenberger. Wußte er all das oder witterte er nur? Wie viele NH-Kollegen gab es mit seiner Ahnung? Die AVB ›wartete‹ Dachantennen in den Siedlungen, die Fapaco ›verpachtete‹ dort Tankstellen, und überall saß »teletherm«-Strohmann Eberhardt — alle Dienstleistungen hätten zudem von der Neuen Heimat erledigt werden können. Ich war mir sicher, daß die Vorstände an Grundstücksfirmen (vielleicht der »Terrafinanz«) beteiligt sein mußten.

Als ich zum Sommeranfang ein 80seitiges NH-Manuskript erstellt hatte, erschien es mir umsichtig, juristischen Rat einzuholen — und sofort fiel mir der Name des Medienexperten Heinrich Senfft ein. Dieser kultivierte und einnehmende Rechtsanwalt hatte mich als »Spiegel«-Redakteur vertreten, nachdem ich Schweizer Finanzkünstlern auf die Nerven gegangen war. Außerdem dachte ich, er würde noch immer für Augstein arbeiten.

Senfft las das Manuskript und sagte mir am 21. Juli, daß eine persönliche Veröffentlichung keine Überlebenschance hätte. Er nannte ein halbes Dutzend rechtlicher Eingriffsmöglichkeiten. Ein Buch von mir wäre keine zwei Tage ohne Verbot. Ob ich mir nicht eine Redaktion als Partner suchen wollte?

Wenn ich denn den Schutz der Presse benötigte, dann ergab sich aus meinem Lebenslauf, daß der »Spiegel« mein Partner sein müßte. Aber nun stellte sich überraschend heraus, daß Anwalt Senfft inzwischen vom »Stern« in Anspruch genommen wurde. Nach einigen Überlegungen beschloß ich deshalb, mit der Geschichte bei beiden Redaktionen direkt anzuklopfen.

Am 22. September 81 traf ich nachmittags Wolfgang Kaden vom »Spiegel« und abends Michael Seufert vom »Stern«. Zu Kaden fuhr ich in die Wohnung; Seufert besuchte mich in meinem Haus. Rund vier Wochen dauerten die konkurrierenden Gespräche.

Schon am 22. September irritierte mich, daß Ressort-Chef Seufert unser Treffen seiner Redaktion mitgeteilt hatte. In Berlin wurden an jenem Tag von der Polizei acht besetzte Häuser geräumt (sechs von der NH), und Seufert ließ mehrfach bei mir anrufen und sich vom Stand der Ereignisse unterrichten.

Kaden, Leiter des Wirtschafts-Ressorts, delegierte an Peter Bölke. Und Bölke klingelte bei mir, setzte sich still in eine Ecke und las. Mir imponierten seine Zurückhaltung und seine Konzentration. Dann erschien er ein zweites Mal in Begleitung von Michael Nesselhauf, dem »Spiegel«-Justitiar und Vertrauten von Rudolf Augstein; beide machten sich erneut ohne Umschweife und wortkarg an die Texte.

Seufert dagegen wurde weiterhin abgelenkt. Da er sowieso nicht alleine entscheiden konnte, trug ich ihm auf, Chefredakteur Koch zu mir zu bitten. Daß ich in die »Stern«-Redaktion gefahren sei, wie später behauptet wurde, stimmt nicht. Ich hatte nur freundlichen Kontakt zu Seufert, erst bei mir, dann in einem Restaurant.

Nesselhauf und Bölke entschieden das Geschäft zügig, bevor Koch sich rührte: Nachdem Jurist Nesselhauf alle Behauptungen und Beschreibungen überprüft hatte, telefonierte er mit Augstein. Er bat mich zu diesem Zweck, den Raum zu verlassen. Nach zehn Minuten kam er in die Küche, und wir besiegelten die Liaison per Handschlag.

Anwalt Senfft danke ich die Vertragsgestaltung. Obwohl seine aktuellen Interessen beim »Stern« lagen, beriet er mich genial und umfassend. Dem »Spiegel« verkaufte ich Manuskripte und Unterlagen zu dessen Verfügung. Danach kappten wir alle Kontakte, und den Zeitpunkt der Veröffentlichung kannte ich nicht. Am 8. Februar 82, am Tag des Knalls, wurde ich mittags von einem Redakteur der »tagesschau« informiert.

Obgleich sich der DGB öffentlich die Vorwürfe zu eigen machte (Vetter: »Verfehlungen erkannt und abgestellt«), strengte die NH im Sommer 82 ein Verfahren gegen mich an. Ich erwähne den Prozeß — den ich dank des Scharfsinns von »Spiegel«-Anwalt Jörg Soehring gewann — deshalb, weil auch er die Haltlosigkeit der Gewerkschaften belegte. Geklagt wurde auf »Verletzung der Verschwiegenheitspflicht«: Die skandalösesten Privatgeschäfte, die je von Konzern-Managern bekannt wurden (nur diese hatte der »Spiegel« veröffentlicht), sollten der Geheimhaltung unterliegen — so gefordert im Namen einer Institution, die für »transparente« Firmen und gegen Machtmißbrauch in der Wirtschaft jahrzehntelang gekämpft hatte.

Meine NH-Kollegen W. und M.A. arbeiten heute, 1997, in anderen Firmen. Aus diesem Grunde heißen sie hier weiterhin W. und M.A.

8. Wie aller Hochmut ans Licht kommt
oder Der schnelle Untergang eines
falschen Reiches

Den Abend des 8. Februar 82 verbrachte ich auf der Reeperbahn. Ich war am Nachmittag durch die Stadt gefahren, von Kiosk zu Kiosk, um den »Spiegel« zu kaufen — überall
vergeblich, überall »vergriffen«.

Der »Spiegel«-Titel »Die dunklen Geschäfte von Vietor und
Genossen« beschrieb:

1. Die Wölbern-Firmen, die Vietor, Iden, Vormbrock und
Bamberg gegründet hatten, um eigene Wohnungen vom Konzern bauen, verkaufen oder verwalten zu lassen: »So arbeiteten
zahllose Kollegen in der Neuen Heimat, ohne es zu wissen, an
manchem Projekt mit, das der Vermögensbildung ihrer Vorge-
setzten diente.«[52]

2. Die Heizfirma »teletherm«, Lübeck, die zehn Spitzenmana-
gern — z. B. Vietor, Iden, Ginhold, Vormbrock sowie Konzern-
lenker Hesselbach — gehörte und die den NH-Siedlungen die
Wärme gab: »Der Einfall war ebenso schlicht wie erfolgversprechend. Die Neue Heimat kassiert die Mieten, die Chefs bekommen das Heizgeld.«

3. Die Tankstellen KG »Fapaco«, die die Ehefrauen der NH-
Manager betrieben, um »Nutzungsentschädigung« zu kassieren, wenn die Mineralölkonzerne in den Siedlungen Benzin
verkauften.

4. Den Antennen-Betrieb »AVB«, den Vietor bei Wölbern und
Eberhardt unterbringen wollte, dann mit nur 50 Prozent zur
»teletherm«, Hamburg, schob, und der von Gebühren für den

---

[52] Vietor gestand nun, daß er 240 Wohnungen besaß.

Radio- und TV-Empfang lebte. Von »beratenden« Managern (Ginhold und Bamberg) wurde er den Mietern aufs Dach gesetzt.

Eine Woche später schob der »Spiegel« nach: Er breitete in einer zweiten Titelgeschichte den Berliner Immobilienbesitz aus, den die Vorstände — über die BGB-Gesellschaften — im Geschäft mit ihrem Konzern angehäuft hatten. Und er nannte führende Gewerkschaftsvertreter als Teilhaber solcher Bereicherung: Vetter, IG-Metall-Chef Loderer, DGB-Vorstand Pfeiffer. Die Subventions-Mogeleien (siehe S. 98 f.) standen vor Gericht: »Der Staatsanwalt hat gegen vier Mitarbeiter der Neuen Heimat Berlin Anklage erhoben.«

Vier Tage nach der teletherm-Enthüllung — schon nach dem ersten Titel — hatte die DGB-Spitze den gesamten Vorstand abgesetzt: Vietor, Iden und Vormbrock fristlos entlassen; Dehnkamp, Städter und Dresel vorläufig beurlaubt. Riegels, Ginhold und Pinther konnten froh sein, vorher in Pension gegangen zu sein.

Die DGB-Spitze verkündete, »ohne Gnade« (Vetter) aufzuräumen, denn die Empörung ging durch ihre Mitglieder. Ein Institut für Wirtschaftsprüfung wurde beauftragt, den Schadensumfang festzustellen. Die Medien verkündeten den größten Firmenskandal in der Geschichte der Bundesrepublik.

Walter Hesselbach allerdings wurde nicht entlassen. Ihm gelang das Kunststück, sich gegen alle Angriffe herauszureden. Auszug aus einem »Spiegel«-Gespräch im März:

S: Sie hielten also Ihre Einlage bei der »teletherm« für eine unanstößige Sache?

H: Mir erschien es nützlich, für die Versorgung mit Heizwärme privates Kapital zu mobilisieren und dem Wohnungsbau zuzuführen.

S: Es wäre nichts dagegen zu sagen gewesen, wenn die Heizwerke nicht für Neue-Heimat-Siedlungen gewesen wären.

H: Verzeihen Sie, warum sollten das nicht Neue-Heimat-Siedlungen sein? Ich habe nie einen Hehl aus meiner Beteiligung gemacht.

174

S: Wenn die Beteiligung so unproblematisch war, warum versteckten sich elf Gesellschafter hinter Treuhandverträgen? Ist der Verdacht ungerechtfertigt, daß das gemacht wurde, um die Verhältnisse zu verschleiern?

H: Wenn man hier etwas hätte verschleiern wollen, hätte man jemanden beauftragt, mit seinem Namen zu unterschreiben.

S: So war es doch.

H: Nein, diesen Treuhandvertrag hat jeder der Kommanditisten unterschrieben. Jeder wußte, daß die Verträge in zwölf Sekretariaten offen auslagen ... Das ist kein Strohmanngeschäft.

S: Dann sind sämtliche Strohmanngeschäfte, die Vietor, Vormbrock und Iden getätigt haben, in Ordnung.

H: Das weiß ich nicht.

S: Dann kann auch der Treuhandvertrag mit Wölbern nicht beanstandet werden.

H: Möglicherweise ist das auch kein Strohmanngeschäft.

S: Weshalb sind denn die Herren entlassen worden?

H: Wissen Sie, diese Frage ist fast eine Chuzpe. Da werden Emotionen aufgeheizt ... Da wird die Basis mobilisiert — und dann fragt man blauäugig: Warum habt Ihr die rausgeworfen?«

Sicher, ohne die »Basis« wäre das Regieren leichter gewesen. Wie bei Honecker. Durch den Rauswurf Vietors, so der Bankier, wurde nur das Volk bei Laune gehalten. »Ohne Gnade« aufräumen: Die Absicht erwies sich also schon als Lüge. [53]

Wolfgang Kaden schrieb: »Seine Unterschrift unter den Treuhandvertrag war weit jenseits des Verträglichen. Wo liegt der Unterschied zu den gefeuerten Managern?« Die Antwort gab ihm Vetter in der »Zeit«: »Ich bin überzeugt, daß Hessel-

---

[53] Gleichfalls im März gab der DGB eine Schrift heraus, die die Aufsichtsräte verteidigte: »Mindestens seit 1969 hat der NH-Vorstand dem Aufsichtsrat oder einzelnen Mitgliedern keine Information über ... (private) Beteiligungen gegeben.« Schweigen über Hesselbachs und Vetters Wissen.

bach als einer der großen Finanzmenschen solche Beteiligungen mit anderen Augen sieht als wir normalen Menschen.«

Der Umgang der DGB-Spitze mit Bankier Hesselbach zeigte früh, wie sich die Funktionäre durch den Skandal schlagen würden: doppelzüngig und gesinnungslos. Hesselbachs Verwicklung sowohl in die Privatgeschäfte als auch in die Katastrophe des Konzerns erlaubte es keine Minute, die Situation nach den Enthüllungen ehrlich zu analysieren. [54]

Dresel durfte zurück an seinen Arbeitsplatz; Städter und Dehnkamp schieden mit Abfindungen aus; Vietor klagte auf Widerruf seiner Kündigung: »Alles, was ich gemacht habe, ist offiziell gegangen«, behauptete er. Und vielleicht hätte man sich auch mit ihm arrangiert — wenn nicht im Mai ein dritter »Spiegel«-Titel über die »Millionen von München« die bundesweite Empörung neu belebt hätte.

Kaden und Bölke hatten tatsächlich die »Terrafinanz« entlarvt! Hinter dem »Wölbern«-Besitz verbargen sich Vietor, sein Vorgänger Plett und die ehemaligen NH-Vorstände Beyn, Ritze und Geigenberger. Sie hatten mit der »Terrafinanz« beim größten Städtebau-Projekt der Nachkriegszeit, beim Bau der Siedlung Neu-Perlach am Ostrand Münchens, die Äcker heimlich erworben und dann als Bauland an ihren Konzern verkauft. Das »Keferloh«-Grundstück war eine Hinterlassenschaft aus diesem gemeinsamen Handstreich; Geigenberger hatte es der Neuen Heimat aufgezwungen, nachdem Vietor wieder ausgestiegen war. Bei den Prozessen, die die kleine Gemeinde Keferloh bis zum Bundesgericht führen mußte (und gewann), steuerte also die Neue Heimat (siehe S. 66 f.). Der Perlacher Einfall, private Gewinne zu kassieren, indem die unverdächtige »Terrafinanz« als Grundstücks-Vermittler auftrat, entsprach haargenau der Idee des Romanciers Simmel. Der »Spiegel« beschrieb das Geschäft (ein »Gipfel der Unverfrorenheit«) in allen Einzel-

---

[54] Außerdem hatte sich Hesselbach mit 1,4 Millionen Mark an den Berliner BGB-Gesellschaften beteiligt.

heiten und schätzte die Verluste für die Neue Heimat zunächst auf 30 Millionen Mark.

Nun war Vietor für jeden Vergleich verloren, und Hesselbach konnte sich aus dem Rampenlicht schleichen.

Vetter durfte, wie lange geplant, von der DGB-Spitze Abschied nehmen; der designierte Nachfolger Alois Pfeiffer zog seine Kandidatur zurück; Dresel wurde erneut entlassen. Die »Terrafinanz«-Enthüllung machte es leicht, das Skandal-Bild auf das Management zu verengen.

Ende des Jahres herrschte Ruhe, um auf die Finanzprobleme des Konzerns zu schauen. Vietor-Nachfolger Dieter Hoffmann gab seine Sanierungskonzepte zu Protokoll:

1. Die NHS sollte alle Immobilien und Beteiligungen verkaufen, d. h. Großprojekte wie das Collini-Center und vor allem den Besitz im Ausland.

2. Die NH sollte innerhalb von fünf Jahren 30.000 Wohnungen losschlagen.

Die NHS-Verluste 81 bezifferte er auf rund 560 Millionen Mark. Hoffmann handelte mit den Einzelgewerkschaften einen Sanierungszuschuß von 400 Millionen aus. Die NH wollte er in fünf Jahren wieder flott haben.

Was Hoffmann über Zustand und Ziele des Konzerns aufschrieb, fügte sich nahtlos an die Probleme und Absichten des Jahres 1980. Schon Vietor hatte den Verkauf von Wohnungen zu forcieren und die Großbauten der NHS (z. B. das Collini-Center) abzustoßen versucht. Auch Vietor hatte bei den Gewerkschaften um einen gewaltigen Zuschuß bitten müssen.

Die Schulden im Ausland standen unverändert hoch. Es war sogar schlimmer geworden: »Passy Kennedy« drückte, Brasilien deprimierte und auch Mexiko belastete, weil Vetter sich dort verspekuliert hatte — und nun kam Venezuela hinzu, wo ein Verlust von 50 Millionen Mark lauerte. Zwei Jahre zuvor, verbündet mit einem einheimischen Devisenschieber, galt Venezuela als einziger Gewinnbringer.

Die Absicht, die Auslandsreisen rigoros abzubrechen, wirkte scheinbar tatkräftig. Die Idee, die vielen Länder möglichst fluchtartig zu verlassen, hätte als Neuerung auch Applaus finden können, hätte Hoffmann nicht — im Verein mit Hesselbach — den Auslandsrausch jahrelang finanziell und politisch unterstützt. Kritik an Vietors Weltpolitik kam ja erst kurz vor dessen Entlassung auf. Hoffmann hatte im NHI-Beirat gesessen, und seine BfG-Bank hatte »Passy Kennedy« in Holland vertäut.[55] Jetzt schrieb er nur auf, was die Pleitegeier von den Dächern riefen.

Das Auslandsgeschäft hatte den NHS-Konzern zur Strecke gebracht. Hoffmanns Motorik übertünchte allerdings die durch Fahrlässigkeit verursachte Mitschuld und machte gleiche fahrlässige Fehler. Er erweckte jetzt den Eindruck, die NHS-Töchter könnten die einzelnen Länder wie abreisende Feriengäste hinter sich lassen. Aber so schnell konnte nicht eingepackt werden, wie die Schuldenflut weiter weltweit stieg. Die ausländischen Partner blockten und drohten zunächst einmal, bis sie sich ordentlich abgefunden fühlten.

Im Frühjahr 83 wurde bekannt, daß Hoffmann nochmals rund 700 Millionen Mark vom DGB benötigte — die Lastenhilfe überschritt die Milliarde. Die Funktionäre fürchteten erstmals um die angelegten Mitgliedsgelder und muckten auf.

Der Neuling mußte sich aufmachen, neue Kreditgeber zu suchen. Früher sprang in allen Notfällen die familieneigene BfG ein, aber das ging nicht mehr: Zum einen wurde bekannt, daß sich die Bank mit Krediten an Polen und Israel verhoben habe (Hoffmanns altes Arbeitsfeld), zum anderen verbat ihr das Aufsichtsamt Stützen für die NH, da sie bereits 1,2 Milliarden geliehen hatte. Anderthalb Milliarden schuldete der Doppel-Konzern fünf weiteren deutschen Banken; diese hatten zugesagt, für ein Jahr auf Zins und Tilgung zu verzichten. Die ausländischen Gläubiger allerdings pochten auf pünktliche

---

[55] Hoffmann verantwortete zwölf Jahre lang alle Auslandsgeschäfte der BfG. Außerdem hatte sich die Bank an den Vermögensschiebereien beteiligt, die der NHS halfen (siehe Seite 128).

Zahlung. Alle neuen Kredite, die der neue Vorsitzende auf-
nahm, wurden auf jeden Fall immens teurer.

Ein Jahr später, im Frühjahr 84, addierte Hoffmann die
Konzernverluste seiner kurzen Amtszeit schon auf 1,5 Milliarden Mark — zwei Drittel davon bei der NHS. Den Umfang der
Ursachen brauchte er nicht zu verantworten, doch zeigte sich,
daß er auch nichts verändern konnte. Der Konzern hatte in
Deutschland von Staatsgeldern und Bauspekulationen gelebt;
nun, nach dem Skandal, gingen hier Boden und Immobilien
schlechter weg als je. Und neue Aufträge hatte es schon vorher
nicht gegeben — nun war Feindesstimmung am Markt.

Als eines der Hauptprobleme entpuppte sich aber, daß man
mit dem Sanierungsgespann Hesselbach-Hoffmann zwei Mit-
läufer zu Rettern ernannt hatte. Hesselbach sagte auch jetzt
noch: Bei Grundstücken müßte der Bauriese »nur lange genug
warten, dann stimmt die Rechnung«. Er festigte Hoffmanns
Hilflosigkeit genauso, wie er seinerzeit die Renommierlust von
Vietor und der Gewerkschaftselite gestützt hatte.

»Seit Monaten«, schrieb der »Spiegel« 84, »sucht Hoffmann
einen Käufer für den Wohnungskomplex Passy Kennedy,
ebenso wie für das Luxus-Hotel in Monaco.« Genauer bese-
hen, stand der Komplex ›Passy Kennedy‹ seit fünf Jahren zum
Verkauf — das Hotel in Monaco seit sechs. Nach Vietors Abgang schien sich weniger zu bewegen als zuvor.

Auch die gemeinnützige NH — mit leeren Wohnungen, teuren Verwaltungen und großen Grundstücken belastet — lag
mittlerweile im Siechtum: Allein die Zins-Kosten der brachen
Flächen, durch die Wertschiebereien zwischen NH und NHS
vermehrt, beliefen sich auf 200 Millionen. Von den Grundstük-
ken (insgesamt 20 Millionen qm) konnte gerade ein Zehntel
verkauft werden.

Die NH-Kredite türmten sich auf sieben Milliarden Mark —
ohne die zehn Milliarden, die als Hypotheken in den Wohnungen hingen. Über das Schicksal des DGB-Konzerns entschieden
nicht mehr Aufsichtsrat und Vorstand, sondern die Gläubiger.
Mehrfach legte Hoffmann »Strukturkonzepte« vor. Die Ziele

blieben gleich, die Ergebnisse auch: Er kam nicht voran. Selbst die eigenen Bürogebäude in Hannover, Bremen und München, die bereits im Verkaufsplan 1980 genannt worden waren, blieben Ladenhüter.

Hoffmann hatte viel zu lange in Hesselbachs Vertrautenkreis gearbeitet, um eigenständig analysieren zu können. Er hatte Karriere gemacht im Weihrauch der »Gemeinwirtschaft«; er konnte so wenig wie fast alle in diesem Kreis begreifen, daß die Gewerkschaften selbst sich verspekuliert hatten. Sein Einfallsreichtum glich deshalb zwangsläufig dem des Mißmanagements vor dem Skandal.

Im November 84 starb Albert Vietor, zweieinhalb Jahre nach seiner Entlassung, gerade 62 Jahre alt. Ein Gutachten hatte festgestellt, daß er mit seiner »Terrafinanz« dem Konzern über 100 Millionen Mark entzogen hatte. Vietors Klage auf Widerruf der Kündigung war vom Hamburger Landgericht abgewiesen worden. Der Konzern seinerseits hatte Schadenersatz verlangt.

Diese Klage auf Schadenersatz — auf eine Rückzahlung von 10 Millionen beschränkt — lief auf ein politisches Spektakel hinaus. Vietor wollte sich lärmend verteidigen, denn sowohl Vetter als auch BGAG-Vorstand Lappas hatten das »Terrafinanz«-Geheimnis gekannt! [56] Und vermutlich hätte Vietor sich dagegen gewehrt, allein verantwortlich für den Größenwahn des Konzerns — für den Auslandsdrang, das Bauland-Risiko oder den WGG-Betrug — gemacht zu werden. Sein früher Tod durchkreuzte den Prozeß und ließ ihn, zu Unrecht, allein schuldig bleiben.

Der Tod verhinderte auch, daß Vietor vor dem parlamentarischen Untersuchungsausschuß in Hamburg auftrat, der 1983

[56] Vietor berief sich u. a. auf ein DGB-Schreiben aus dem Jahr 1957, das ihm Privatbauten über Strohmänner erlaubte. Vetter behauptete, das Schreiben nie gesehen zu haben, mußte aber zugeben, über die »Terrafinanz« seit 1976 Bescheid zu wissen.

eingesetzt worden war und zur denkbar umfänglichsten Untersuchung des Konzerns führte. Der Ausschuß wollte nur die Länderaufsicht über die »Gemeinnützigkeit« erforschen und bohrte sich jahrelang durch alle Merkwürdigkeiten der Neuen Heimat.

Aus Angst vor diesem Untersuchungsausschuß verkaufte Maximilian Eberhardt sofort nach Vietors Tod sein Imperium: Die Heizwerke »teletherm« und das Antennengeschäft »AVB«. Die Welt eines Geheimbündlers verschied; mit dem Erlös von 30 Millionen Mark ging er in Pension. Und der Hamburger Ausschuß stieß gleich auf unbekannten Nepotismus: wieder ganz nach Simmel — und womöglich von Onkel Albert auf die Sprünge gebracht — hatte Neffe Klaus Vietor, leitender Angestellter (NH-»Kommunal«), sich durch Firmen bereichert, die für den Konzern makelten.

Nach Vietors Tod begann das NHS-Desaster die NH in den Abgrund zu ziehen. Die Sanierungshilfen der Gesellschafter von fast eineinhalb Milliarden Mark waren ja sämtlich in die NHS geflossen; jetzt nahmen die Banken den gemeinnützigen Teil in die Zange. Ab 1985 türmten sich die Konkurs-Wolken über den Siedlungen. Und nun mußte sich erweisen, ob die Gewerkschaften mit ihrem Besitz sozialpolitisch umzugehen verstanden.

Hoffmann tat genau das, was Vietor vorgeworfen worden war: Er handelte ohne Sensibilität für die Ware »Wohnung« — ohne Gefühl dafür, daß Wohnungsverkauf ein »Heimat«-Verlust bedeuten kann. Auch sein Management zeigte, daß es nicht begriff, welche politische Verantwortung es mit seinen 320.000 Mietwohnungen besaß. Jahrzehntelang hatte der DGB seine Baulöwen als »Schrittmacher des Fortschritts« gepriesen — nun begann er, seine blindesten Sympathisanten zu brüskieren.

Ökonomisch hatte Hoffmann wenig Alternativen. Er hätte vielleicht an den Mythos der Gewerkschaften erinnern können, wenn er ein sozial- oder kulturpolitisches Pflichtbewußtsein ansatzweise vorgeführt hätte. Da ein solches Bewußtsein aber

181

nur in den Mythen vorkam, zeigte er, was in der »Gemeinwirtschaft« steckte: eine moralisch bodenlose Behauptung, der jede Überreaktion zuzumuten war.

Der DGB mit Vetter-Nachfolger Ernst Breit berief sich auf sein Gruppeninteresse und sah seine Streikkassen bedroht. Er nahm unverhüllt keine Rücksicht mehr auf die Befindlichkeiten ihm fremder Mieter oder die Einwände staatlicher Stellen. Wieso sollten WGG-Wohnungen nicht frei verkauft werden dürfen?

Daß Hesselbach 1985 in Pension ging (in Ehren), hatte für die weitere Abwicklung keine Bedeutung. Er ließ genug Männer zurück, die so handelten wie er. Auch Nachfolger Lappas kam aus seiner Schule.

Hoffmann verkaufte en bloc: Einmal an eine städtische Wohnungsfirma, ein andermal an eine Privatbank. Und dann setzte er mehrere Großsiedlungen an einen Spekulanten namens BGI ab, der zur BGAG-Holding gehörte. Die Holding sollte die Sozialbauten »vorsichtig in den Wohnungsmarkt streuen«, d.h. an Anleger jeder Couleur losschlagen.

Bis Ende 85 hatte Hoffmann auf diese Weise 60.000 Wohnungen veräußert. Daß er sich dabei sogar versteckter Tricks bediente, machte alle Welt wild. Seine rücksichtslose Vorteilssuche zeigte folgender Fall: 2.000 Wohnungen wollte ihm die Stadt München abnehmen zu einem Preis, der um ein Drittel höher lag als im geplanten Verkauf an die Holding. Münchens OB Kronawitter (SPD) glaubte sich mit Hoffmann einig — da präsentierte ihm der Vertrag einen zusätzlichen »Entschädigungsanspruch« der Gewerkschaften über 15 Millionen Mark.

Im Bundestag wurde eine erste Debatte über die Neue Heimat angesetzt. Mietergruppen organisierten sich überregional. Nie zuvor hatte ein Wirtschaftsunternehmen die Öffentlichkeit so erregt wie der von Vietor, Hesselbach und Vetter zurückgelassene Konzern. In Wohnbezirken, in denen die Sozialdemokraten ihre Anhänger wußten, demonstrierten ältere NH-Mieter mit den Parolen ihrer Jugend: »Häuser-Spekulanten sind Verbrecher.«

Die Gläubiger-Banken trafen sich allerdings so häufig wie der Aufsichtsrat. Sie stellten erst einmal klar, daß die Verschuldung nicht 7 Milliarden Mark zähle sondern 17 Milliarden, weil die Hypotheken beim Verkauf der Wohnungen entscheidend seien. Und dann bezweifelten sie Hoffmanns Erzählungen über den Wert der Wohnanlagen.

So ungewöhnlich, wie der Konzern lebte, sollte er nun sterben. Die Koordinierung der Ansprüche von 60 Gläubigern — die Rolle der sogenannten »Hausbank« — wollte kein Geldinstitut übernehmen: Dazu schlugen die politischen Emotionen zu hoch; dazu nutzte die konservative Bundesregierung (Kohl/ Lambsdorff) die vergangenen Anmaßungen und jetzigen Nöte des DGB zu leicht für ihre Vorteile. Anfang 87 wurde der Bundestag neu gewählt, und die Regierung versuchte, die Opposition über die alten Filz-Bilder der Neuen Heimat zu diskreditieren.

Die Banken erklärten sich zum Kredit-Moratorium nur bereit, wenn die Gewerkschaften einen noch höheren Zuschuß zahlten als die bisherigen 1,5 Milliarden. »Im Extremfall muß die Gewerkschafts-Holding ihr ruhendes Vermögen einsetzen«, warnte der Präsident des Bankenverbandes. Das bedeutete: Die Gläubiger forderten »im Extremfall« den Verkauf der Volksfürsorge oder der BfG-Bank als Sicherheit für die Kredite. Damit näherte sich die Schuldenflut der gesamten »Gemeinwirtschaft«: Die leichtsinnigen Abenteuer im Ausland gefährdeten — noch unfaßbar — das mächtige, einmalige Gewerkschafts-Vermögen.

Die BGAG wurde von den Gläubigern gezwungen, den Bankier Manfred Meier-Preschany zum Koordinator der Sanierung zu ernennen; und kaum ernannt, brachte dieser der Gewerkschaftsspitze bei, daß bei der NH nicht mehr viel zu retten sei; daß womöglich 200.000 Wohnungen verkauft werden müßten: ganze Satellitenstädte. Und sein Urteil wurde publik.

In Hamburg, Bremen, Wiesbaden, Düsseldorf, Stuttgart oder München — überall kochte die Politik der Länder, geschürt von der Angst hunderttausender von Mietern, über den

Problemen des Konzerns. Es gab keinen heftigeren Parteien-
streit als den um die Neue Heimat — nicht um die Kriminalität,
nicht um die Ökologie, nicht um die illegalen Parteispenden
der Flick-Affäre.

Eine Million Sozialmieter fühlten sich wie Stückgut behandelt. Ein »gemeinnütziger« Wohnungsgeber, der sich nie um
die Gefühlszonen seiner Bewohner gekümmert hatte, schien
mit unbarmherziger Ignoranz die bisherigen Sitten zu brechen.
»Heimat als Hoffnungskategorie aufgehobener Fremdheit« für
eine »kollektive Selbstfindung der Menschen« (Soziologe Oskar Negt) lebte vielleicht nur in den Räumen der Utopie — erstmals aber traten Gewerkschafts-Vertreter solche Sehnsüchte
mit Stiefeln.

Und in dieser verbitterten Aufregung veröffentlichte der Untersuchungsausschuß der Hamburger Bürgerschaft im Mai 86
— einstimmig — einen 1000seitigen Bericht. Er belegte mit Hunderten von Beispielen:
— Wie gleichgültig dem Konzern die Vorschriften der Gemeinnützigkeit gewesen waren,
— wie umfassend die NH von der NHS ausgeplündert wurde,
— wie bedenkenlos die Aufsichtsräte den Vermögensschiebereien zugestimmt hatten,
— wie ausführlich Behörden und Prüfungsverband die Mani-
pulationen gedeckt hatten,
— wie vielfältig Hesselbach in Entscheidungen einbezogen
war,
— wie systematisch der Konzern mit geheimen Finanzbeteili-
gungen operiert hatte,
— wie verschlagen er »Ausnahmebewilligungen« für seine Expansion durchgesetzt hatte,
— wie unverfroren er bei den Immobilienfonds Steuern sparte,
— wie billig er private Bauvorhaben der Vorstände betreute,
— wie stur Nachfolger Hoffmann »die früher praktizierte Ver-
schleierungs- und Hinhaltetaktik fortgesetzt« habe.
Danach legte die konservative Regierungsmehrheit im Bundestag noch einen drauf: Sie setzte einen eigenen parlamentari-

184

schen Untersuchungsausschuß gegen den waidwunden Konzern ein, der zwar nichts mehr enthüllen konnte, aber den bevorstehenden Wahlkampf anheizte.

Derweil versuchten Hoffmann und Holding-Chef Lappas, das öffentliche Gezeter für sich cool zu nutzen. Sie setzten die Landesregierungen unter Druck, die Mieter schützen zu müssen, bevor sie ihre Siedlungen an private Besitzer verhökerten. Hoffmann bauschte die Werte auf: In den Siedlungen stecke ein »Reserve-Potential« von fünf Milliarden Mark; den hohen Schulden stünde ein höherer Verkaufswert gegenüber. Offenbar rechnete er weiter damit, die NH-Pleite gewinnbringend abschließen zu können. Hier vor allem — im Gerangel mit den staatlichen Kaufinteressenten — zeigte der DGB seine soziale Indolenz.

Aber die Banken hatten Hoffmann die Rechnung nicht abgenommen; die Politiker taten es auch nicht. Denn die Wohnungen sahen teils verkommen aus; jetzt wurde der vom NH-Aufsichtsrat jahrelang akzeptierte Betrug mit den Instandhaltungen quittiert. Eine Konferenz deutscher Bauminister vereinbarte, ein neutrales Gutachten über die Werte erstellen zu lassen: Die BGAG hatte zunächst zugestimmt — dann ängstlich widerrufen.

Dabei waren die SPD-Landesregierungen am Ankauf schon deshalb interessiert, um den Attacken der CDU den Wind zu nehmen. Doch die Verhandlungen schleppten sich hin, weil Hoffmann stets mehr verlangte, als die Politiker durch eigene Prüfungen feststellten. So zögerten die Hamburger, die 40.000 Wohnungen verstaatlichen wollten; so zauderten die Bremer, bei denen es um die gleiche Menge ging. Und so kam Hoffmann selbst bei Kohl-Gegner Johannes Rau in Nordrhein-Westfalen nicht weiter. Die Gewerkschaften hatten ihren Wohnbesitz ja fast ohne Eigengeld erworben: Wieso sollten die Freunde in der SPD — öffentlichen und institutionellen Kontrollen ausgesetzt — durch Schulterschluß ihren Kopf riskieren? Die Filz-Debatten wirkten nach.

Ernst Breit und die Mehrheit der Gewerkschaftsbosse unterstützten natürlich das asoziale Poker. Wenn die Länder nicht kauften, so sagte Breit auf einem Kongreß, dann würden die Siedlungen »über kurz oder lang aus der Sozialbindung fallen«. Den Funktionären ging es nur um Geld; die Regierungen sollten sich gefälligst um die Menschen kümmern; schließlich seien die Mieter deren Wähler. Demonstrativ übertrug Hoffmann immer wieder die schönsten Immobilien an die BGI seines Chefs Lappas, um den Druck zu vergrößern.

Die gewerkschaftlichen Spekulanten verdarben es sich durch ihre Aktionen mit allen Medien und mit allen staatlichen Interessenten, obgleich ihnen andererseits der Club der Gläubiger fest im Nacken saß. Hinzu kam folgende Verschärfung: Das Bundesverwaltungsgericht hatte die »Ergebnisabführungsverträge« zwischen NH-Zentrale und NH-Töchtern — wie befürchtet — verboten und damit nicht nur neue Steuerprobleme entfacht, sondern die Organisation des Konzerns zerschlagen. Der Wohnungsbesitz durfte nicht mehr konzern-einheitlich geführt werden.

In dieser Situation zeigte der DGB auf eine sensationelle Weise den Stand seiner geistigen Verengung. Die Eigentümer der Neuen Heimat trafen die denkbar verrückteste, politisch abstruseste und kaufmännisch absurdeste Entscheidung: Im September 86, kurz vor der Bundestagswahl, schenkten sie 190.000 Sozialwohnungen einem unbekannten Bäcker.

Der »Spiegel«: »Die Meldung klang, als hätten Jules Verne, Erich von Dänicken und Madame Buchela ihre Phantasien in ein Projekt gesteckt.«

»Herr, vergib ihnen«, wurde Meier-Preschany zitiert, der sein Mandat gleich niederlegte; »sie wissen nicht, was sie tun.«

Der Bäcker aus Berlin hieß Horst Schiesser, seine Brotmarken »Geschi« und »Paech« (»Liebe Mutti, bitte, bitte, gib mir doch 'ne Paechbrot-Schnitte«), und er beschäftigte immerhin bundesweit 2.000 Mitarbeiter. Im Kaufvertrag stand: »Der Preis beträgt eine Mark und ist sofort zur Zahlung fällig.«

Den Aufstand, den dieser Handel auslöste, hätte sich kein

Gewerkschaftsfeind besser wünschen können. Die Fassungslosigkeit bei Journalisten, Politikern oder Mietern hätte durch keine Landung exterristischer Wesen, durch keine Wunderheilung schwarzer Mönche überboten werden können. Der stets traurig blickende Breit (Post-Gewerkschaftler) begründete den Wegwurf so: »Der Versuch, die Neue-Heimat-Sanierung durch Bundestagsdebatten und den noch laufenden Untersuchungsausschuß zu behindern, hat dazu geführt.«

So atemberaubend die Erklärung klang, so haarsträubend gerieten die Aussichten für die NH-Bewohner. Breit: »Was der Erwerber mit den Wohnungen tut, wird er sich nicht vorschreiben lassen.« Eine halbe Million Mieter wurden über Nacht einem anonymen Profiteur ausgesetzt. »Und keine Gewerkschaft ist da, die gegen dieses gigantische Monopoly protestiert.« (»Spiegel«)

Denn für den Kaufpreis von einer Mark hatte der Großbäcker auch die Milliarden-Kredite am Hals. Natürlich konnte er Mitarbeiter entlassen und Personalkosten sparen; aber jene laufenden Millionen, die die Wohnungen für Renovierungen, Zinsen und Kredit-Tilgung verschlangen, blieben gleich. Weg damit. Der materielle Schaden sollte für den DGB zum Ende kommen. »Gemeinwirtschaft« zeigte einen brutalen Wahnwitz, wie ihn selbst die ärgsten Kritiker nicht für möglich gehalten hatten. Breit agierte so sensibel wie Vetter, Lappas so moralisch wie Hesselbach.

Alfons Lappas hegte mit Vietor einst enge Freundschaft. Er neigte wie jener zur Eitelkeit, besaß jedoch nicht dessen Geschick und Charisma. Seit eineinhalb Jahren BGAG-Chef, hatte er es spät zum Geldmanager gebracht. Als junger Mann Waldarbeiter, stieg er zunächst zum Chef der Forst-Gewerkschaft auf und arbeitete noch mit 40 Jahren als Funktionär. Er verfügte nicht einmal über Finanz-Erfahrungen wie sein Vorgänger. Die »Frankfurter Rundschau« urteilte: »Die BfG war ihm mangels geeigneter Qualifikation verschlossen. Die Bankenaufsicht hätte seine Hereinnahme in den Vorstand nicht genehmigt — zu Recht.«

Lappas hatte den unglaublichen Deal mit Schiesser durchge-
boxt. Im BGAG-Aufsichtsrat ließ er den Streich damit begrün-
den, daß die öffentlichen Diskussionen »die Reserven im Woh-
nungsbestand zerredeten«. Ob eher ökonomische Dummheit
oder politische Panik die Gewerkschaftsspitze einwilligen ließ,
blieb ungeklärt. Kein privates oder staatliches Unternehmen
hätte sich auf diese Schnapsidee eingelassen. Der Verkauf
führte vor, zu welcher Lachnummer die »solidarische« Arbeiterbewegung verkommen war.[57]

An den Brotfabrikanten nicht verschenkt waren rund
70.000 NH-Wohnungen, für die zwei Landesregierungen noch
immer Interesse zeigten. Den 190.000 Wohnungen Schiessers
standen also »nur« dreizehn Milliarden Schulden entgegen. Im
»Handelsblatt« rechnete ein Fachmann vor: Mehr als 5.000
Mark Nettojahresmiete könnte Schiesser für eine Wohnung
nicht erzielen, mithin nur eine Milliarde Mark Mieten für seinen Neubesitz. Abzüglich aller Kosten blieben ihm etwa 500
Millionen. Damit könne er Kredite über sieben Milliarden
Mark mit Zins und Tilgung bedienen. Wie glaubte er, die restli-
chen sechs Milliarden steuern zu können? In welche Abenteuer
trieb er die Mieter? »Ein Märchen aus Donnerstagnacht«,
schrieb die »Zeit« in Anspielung auf den frühen Morgen, an
dem Schiesser das Geschenk übernahm.

Die Banken fühlten sich düpiert. Sie waren bei dem wunder-
samen Tausch nicht gefragt worden und betonten, daß sie den
DGB nicht aus der Verantwortung entlassen würden. »Wir haben unsere Kredite nicht an einen Berliner Bäcker gegeben«, so
der Chef der DG-Bank, »sondern an den Deutschen Gewerkschaftsbund.«

Währenddessen zog der Untersuchungsausschuß des Bun-

---

[57] »Eine Verzweiflungstat. Beseelt war sie von der Hoffnung, der Außenstehende, der Fremde, der Unbelastete, der — immerhin doch auch — Unternehmer, wäre frei von politischem Druck, von den täglich und stündlich be-
lastenden Erwartungen der Öffentlichkeit.« So der DGB-Bundesvorstand
(Hrsg.), in: »Neue Heimat. Die Jahre von 1982 bis 1990«, S. 53.

destages ein Spektakel gegen die Neue Heimat auf, wie es das nie zuvor gegeben hatte. »Zum ersten Mal in der Geschichte der Bundesrepublik«, notierte die »Süddeutsche Zeitung«, werde dort »ein Untersuchungsausschuß nicht gegen Institutionen des Staates tätig; Untersuchungsgegenstand ist erstmals ein privates Wirtschaftssubjekt«. Über den Ausschuß stritten sich die Verfassungsrechtler: Namhafte Juristen leugneten die Kompetenz des Bundestages, sich mit einem Unternehmen beschäftigen zu dürfen, das zwar mit den Ländern, jedoch nicht mit dem Bund Geschäfte machte. Aufgabe von Parlaments-Ausschüssen sei grundsätzlich, Mißstände in Regierung und Verwaltung aufzudecken.

Aber so aufgebracht die Öffentlichkeit über das Schockbild Neue Heimat diskutierte, so vergeltungs-lüstern gingen die Konservativen an den Abbau der Gewerkschaften. Die Ausschuß-Mehrheit verlangte Einsicht nicht nur in die Unterlagen der NH sondern auch in die der BGAG-Holding und drohte mit Beugehaft bei Verweigerung. Mitte Oktober setzte sich Lappas vor diesen Ausschuß, bestritt mit imperativem Ton die Untersuchungsrechte und verweigerte jede Antwort. Einige Tage später wurde er auf einem Gewerkschaftskongreß festgenommen und (getragen vom Beifall der Delegierten) in Haft geführt. Zur selben Zeit trafen die Banken den Bäcker, der für die Schulden der NH geradezustehen hatte — und befanden ihn unseriös, sein Konzept dilettantisch, den gesamten Verkaufsvorgang unakzeptabel.

Zwischen Lappas' Auftritt in Bonn und dem Beschluß der Gläubiger, Schiesser abzulehnen, verkauften die Gewerkschaften noch die Hälfte ihrer BfG-Bank: Für 1,9 Milliarden Mark übernahm die Aachener und Münchener Versicherung (AMB) gut 50 Prozent. Lappas bestimmte die Schlagzeilen wie ein Operetten-Revoluzzer: Ein circensischer Verkauf der NH, ein flotter Abwurf der BfG, dazwischen vier Tage Haft. Auch den Handelsriesen co-op, an dem seine Holding die Mehrheit besaß, versuchte er zu dieser Zeit unkonventionell loszuwerden — wie hemmungslos, erfuhr die Öffentlichkeit drei Jahre später.

Aber Lappas' Debüt in Bonn war selbst von den Gegnern des Ausschusses als peinlich empfunden worden, zumal er im Gefängnis seine Weigerung schnell widerrief. Der Ärger über seine aufgesetzte Courage, der Jahrmarkt mit Schiesser und der Teil-Verkauf der BfG — alles zusammen machte nun die Gläubiger der NH psychologisch stark. Sie setzten Lappas/Breit die Pistole auf die Brust und verlangten das Ende der Knallszene von Schiesser: Da die Gewerkschaften bei Kasse seien, sollten sie entweder die Siedlungen zurücknehmen oder sich dem NH-Konkurs stellen.

Eine Bankrott-Verhandlung vor Gericht kam einem Kapitulationsfall gleich. Finanziell hätten Forderungen von 8 Milliarden Mark und Verfahren wegen Konkursverschleppung gedroht. Die Banken ließen durchblicken, daß sie die Schiebereien unter Vietor/Hesselbach/Vetter zum Thema machen würden. Nein, bloß kein Prozeß — erst recht nicht mit einem kessen Bäcker in der lachenden Nebenrolle. Die Genossen hatten gehofft, die Banken würden in Sorge um ihre Kredite einen Konkurs scheuen; erneut hatten sie ihre eigenen Schwächen übersehen.

Nach sechs Wochen wurde deshalb die Clownsnummer beendet: Die 190.000 Wohnungen nahm der DGB wieder zurück, den Brotfabrikanten entschädigte er für seine Unterhaltung — und den Banken versprach er, einen neuen Zuschuß über mindestens zwei Milliarden Mark bereitzuhalten. Hoffmann war beim Verkauf abgetreten, Lappas beim Rückkauf. Der Forst-Gewerkschafter hatte in zwei Monaten mehr Schaden angerichtet als Vietor in zwei Dekaden. Wie Rentner Hesselbach sich zur Groteske verhielt, erfuhr die Öffentlichkeit nicht. Zu befürchten ist, daß er sie deckte; vier Jahre zuvor war er als einer »der großen Finanzmenschen« bewundert worden.

Spätestens jetzt mußte alle Welt erkennen, daß der NH-Skandal nicht allein aus den Affären und Fehlern Albert Vietors bestand. Selbst die Belege, daß Vetter und Hesselbach in den Privatgeschäften verstrickt waren, wurden zweitrangig. Der bittere Klamauk mit dem Brotfabrikanten wies eine Kontinuität des Versagens auf, über deren Gründe sich die Gewerkschaften bis heute keine Rechenschaft ablegten. Die ständige Verwechslung ihrer eigenen Bedeutung mit der des Staates verleitete sie zu der Behauptung, eine Demokratie »brauche« sie — koste es, was es wolle.[58] Diese Selbstüberhöhung führte immer dann zum skrupellosen Dilettieren, wenn mehr als ein Tarifvertrag im Spiel war: beim Filz ebenso wie beim gemeinnützigen Ausverkauf. Das Getöse über eine verbandspolitische Sonderrolle verzischte als faul riechender Dampf — dennoch setzte das Gepolter Jahre später wieder ein.

Der Vorfall galt als so blamabel, daß er die gesamte Geschichte gewerkschaftlichen Wirtschaftens in Frage stellte. Wer traute den Genossen noch zu, auch nur einen Tante-Emma-Laden leiten zu können? Wie war noch das Recht zu vertreten, in der Führung fremder Kapitalgesellschaften mitbestimmen zu wollen? Mißbrauchten die Gewerkschafter auch das Vertrauen bei den Konten ihrer Mitglieder? Oder bei den Genossenschaftseinlagen der co-op?

Der Erlös aus dem Verkauf des Banken-Anteils brachte nicht einmal großen Nutzen. Rund zwei Drittel der Summe mußte in der BfG bleiben, um dortige Management-Fehler aufzufangen, und um deren Beteiligung an der Volksfürsorge herauszukaufen. Von den 1,9 Milliarden blieben für die Sanierung der Neuen Heimat etwa 600 Millionen.

Nun fingen die Versuche wieder da an, wo im Sommer abgebrochen wurde. Nach den Erfahrungen mit Hoffmann und Lappas lehnten die NH-Gläubiger endgültig einen weiteren Gewerkschafts-Manager ab. Es ging nicht mehr um die Rettung des Konzerns, sondern um seine definitive Liquidation — den Auswüchsen folgte die Vergeltung. Die öffentliche Meinung hatte die Faxen ohnehin dicke, und die Banken zitierten den »Extremfall«: Bei der Abwicklung des Wohnungs-Riesen

---

[58] IG-Chemie-Chef Hermann Rappe: »Eine Demokratie braucht kampfkräftige Gewerkschaften, deshalb mußten wir verkaufen.« (Spiegel, 46/86)

machten sie ernst mit der Forderung, die »Gemeinwirtschaft« aufzubrechen.

Fünf Jahre, nachdem ich eine Fensterscheibe eingeworfen hatte, erreichten die Erschütterungen im morschen Viertel die umliegenden Häuser.

Die Gläubiger zwangen die BGAG, eine Extra-Holding zu gründen und den Bankier Heinz Sippel als Treuhänder dieser Holding einzusetzen. Sippel erhielt uneingeschränkte Handlungsfreiheit; er übernahm den Aufsichtsratvorsitz der NH und durfte den Vorstand aussuchen. Zugleich mußte ihm die BGAG zusichern, zu haften und mindestens zwei Jahre lang für Liquidität zu sorgen. Er erhielt, so Sippel später, »einen Blankoscheck der Gewerkschaften«.

Der Liquidator suchte keinen Kompromiß zwischen Eignern und Gläubigern, wie bei Konkursen üblich: Durch Sippel hatten die Banken nichts zu befürchten und die Gewerkschaften nichts zu sagen. Als Zahlmeister stand ihm Hans Matthöfer gegenüber, der acht Jahre Bundesminister unter den Kanzlern Brandt und Schmidt gewesen war und jetzt, Anfang 87, als Nachfolger von Lappas einstieg.

Während Matthöfer nun tatsächlich gezwungen wurde, einen Käufer für die »Volksfürsorge« zu suchen, ging Sippel daran, die abgebrochenen Gespräche mit den Regierungen wieder aufzunehmen. Der Liquidator verkaufte schnell
— 38.000 Wohnungen an das Land Nordrhein-Westfalen für eine symbolische Mark [59],
— 42.000 Wohnungen an das Land Bremen, gleichfalls für eine Mark,
— 30.000 Wohnungen an das Land Hessen für 260 Millionen.
Hessen übernahm die einstige NH-Tochter »Südwest« und damit Siedlungen auch in Rheinland-Pfalz und im Saarland.

---

[59] Kurz vor diesem Verkauf hatte die Oberfinanzdirektion Düsseldorf der Regierung Rau empfohlen, der Neuen Heimat die Gemeinnützigkeit abzusprechen.

Bremen heimste das »Hollerland« ein, das zwanzig Jahre lang als Mahnwiese des Boljahn-Skandals geblüht hatte.

Immer waren die Verkaufspreise für die Erwerber günstig. Für Kompromisse — für Wertkorrekturen oder Kreditveränderungen — standen zu 90 Prozent die Gewerkschaften ein, zu 10 Prozent die Banken. Matthöfer konnte gegen die kostspielige Abwicklung nichts unternehmen; Sippel hatte vermutet, daß die BGAG vielleicht mehr als 2 Milliarden drauflegen müsse.

Der Verkaufswert für die Versicherung »Volksfürsorge« (Vofü) wurde zu Beginn auf 4,5 Milliarden Mark taxiert. Matthöfer versuchte anfangs, eine Anteilshälfte loszuwerden, und erwartete dafür 2 Milliarden. Er verhandelte mit zahlreichen Interessenten und schließlich — erfolgversprechend — mit der DG-Bank. Die Schlußgespräche mit dieser Bank gerieten plötzlich ins Stocken.

Denn die Belegschaft ging auf die Straße (»Wir wollen nicht für die Fehler anderer kaputtgehen«), und der Vorstand solidarisierte sich. Die Gewerkschaft HBV, die alle Vofü-Mitarbeiter organisierte, stellte sich gleichfalls gegen Matthöfer. Es entstand ein gewerkschaftsinterner Kampf. Die IG Metall hielt die meisten BGAG-Anteile und wußte sich als größter Verlierer im NH-Untergang; sie wollte eine schnelle Veräußerung. Die HBV dagegen erklärte sich mit dem Vofü-Verkauf nur einverstanden, wenn alle Privilegien im Betrieb und besonders die paritätische Mitbestimmung erhalten blieben. Matthöfer war IG Metaller, Vorstand Werner Schulz HBV-Mitglied.

Der Kaufvertrag mit der Bank war unterschriftsreif; da vereinbarte Vorstand Schulz demonstrativ mit der HBV, die Mitbestimmung im Haus festzuschreiben — und prompt zog die Bank ihr Kaufgebot zurück. Man lasse sich die »erweiterte Mitbestimmung nicht unterjubeln«, erklärte Bankboss Guthardt. Nachdem ein Bäcker beinahe Europas größter Vermieter geworden wäre, schien es ja ein Glücksfall — und vielleicht nur durch die Versicherungs-Aufsicht ermöglicht —, daß sich überhaupt noch ein Milliarden-Käufer für den Gewerkschaftsbesitz meldete.

Die Vofü wurde nicht »für die Fehler anderer« herangezo-
gen; Hesselbach und Vetter hatten die Assekuranz ebenso ge-
lenkt wie die Neue Heimat. Vermögensverwalter Matthöfer
setzte sich deshalb mit der Macht seiner IG Metall durch. Und
er hatte Dusel, daß in dieser brenzligen Lage die Aachener und
Münchener Versicherung (AMB), die die BfG-Hälfte gekauft
hatte, wieder auftauchte und das Schnäppchen suchte. Sie erwarb wenigstens ein Viertel der Vofü und erhöhte später (die
protestierenden Vorstände wurden entlassen, die Privilegien
im Betrieb gestutzt) sogar auf 75 Prozent. Den Rest verkloppte
Matthöfer an der Börse. Statt 4,5 erreichte der Gesamterlös
schließlich 3,1 Milliarden.

Die ersten Gerüchte über den Ausverkauf beim co-op-Handel tauchten auf, da schlug der Haß auf die Neue Heimat an
der Küste nochmals Wellen: Die konservativen Liberalen stellten im Stadt-Staat Hamburg mit den Sozialdemokraten erneut
die Regierung. Über den staatlichen Erwerb der Wohnungen
kam es zu lautem Krach zwischen den Partnern, denn die Liberalen — die die Auftritte von Wolfgang Vormbrock nicht vergessen hatten — gönnten dem DGB keinen Pfennig. Der öffentlich ausgetragene Zwist brachte die Regierung fast zu Fall; die
Einigung kostete Matthöfer ein paar Millionen mehr.

Bis Ende 88 war Bankier Sippel bundesweit 173.000 Wohnungen los: Manchmal wurden den Staatskäufern Kredite verbessert, manchmal Instandhaltungen angerechnet — immer
zahlte Matthöfer. Für den hochfahrenden Dilettantismus
wurde dem DGB heimgezahlt.

»Solange ich Aufsichtsratsvorsitzender bin«, wurde Sippel
zitiert, »wird hier kein Herr von der BGAG Geschäftsführer.«
Einer seiner drei Vorstände erhängte sich; ein zweiter mußte
gehen, weil er eine Puff-Rechnung über 4.000 Mark abzeich-
nete. Als Sippel schließlich im Sommer 89 die auf ihn übertra-
genen NH-Anteile zurückreichte, gab es den Baukonzern nicht
mehr.

Allerdings: Zurückgeblieben war die NH-Tochter in Nieder-
sachsen, weil dort die CDU-Wirtschaftsministerin Breuel —

vergleichbar der Hamburger FDP — Widerstand leistete. [60] Und die NH-Tochter in Bayern hatte sich Matthöfer überschreiben lassen, weil er glaubte, sie ohne Sippel besser verwerten zu können.

Mit diesen Restposten ging Matthöfer auf den Markt und verkaufte sie an private Unternehmen: 2.000 in Düsseldorf, 5.000 in Stuttgart, eine Siedlung in Kiel — und dann, nochmals mit viel öffentlicher Erregung, den gesamten bayerischen Besitz (33.000 Wohnungen inklusive Neu-Perlach plus eine Million qm Land) an einen einheimischen Spekulanten, der vom Holzhandel zum Geldadel aufgestiegen war. Matthöfer erhielt dafür fast eine Milliarde Mark und verlor zugleich zwei Milliarden Mark Schulden. Das hätte der alte Fach-Vorstand (Städter oder Dehnkamp) nicht burschikoser machen können. Matthöfer erwies sich als Verkaufstalent, das sowohl politische Aufregungen als auch ökonomische Aussichten einzuschätzen wußte. Freilich hatten die Preise am Immobilienmarkt angezogen und das Gemeinnützigkeitsgesetz WGG war von der Regierung Kohl — unter Hinweis auf den gewerkschaftlichen Mißbrauch — abgeschafft worden. Matthöfer fühlte sich weit freier als seine Verkaufs-Vorgänger.

In München-Perlach, wo Vietor seine dunklen Privatgeschäfte begonnen hatte, machte also der DGB-Bauriese seinen letzten grausamen Atemzug. Doch die Erregungen über den kaltschnäuzigen Großverkauf in Bayern hielten nicht lange an. Die Empörungen über eine Sozialbewegung, die sich unvorstellbar vergangen hatte, schienen erschöpft.

Denn als die Berliner Mauer fiel und von der untergegangenen Neuen Heimat gerade noch ein Dachfenster zu sehen war, hatte Matthöfer die Erlöse aus den Verkäufen auch noch für den co-op-Handel bereitzuhalten, dessen Horror-Geschäfte just ans Licht kamen, als die NH verschwand. Wieder hatte der »Spiegel« enthüllt: Der gesamte Vorstand unter der Leitung

[60] Hätte die CDU überall bestimmt, wäre das Debakel für die Gewerkschaften noch teurer ausgefallen.

des pragmatischen Bernd Otto hatte den Handelskonzern unter ein internationales, labyrinthisches Beteiligungsnetz gebracht und sich dabei Millionen in die privaten Taschen gesteckt. Den Aufsichtsrat führte — wer wohl? — Forst-Funktionär Lappas. Der joviale Otto war bis zu Vietors Rauswurf durch keine Untat aufgefallen, zumal er, 40jährig, erst zwei Jahre als Vorstandschef regierte. Aber dann — vielleicht angeregt durch Vietors Geschäfte oder Lappas' Phantasien — begann er, Konten im Karussell durch Europa zu fahren und die co-op-Aktien von Adressen aufkaufen zu lassen, die der co-op selbst oder ihm persönlich gehörten: Der Wandel eines Aufsteigers vom kumpeligen DGB-Assistenten[61] zum kriminellen Finanz-Hasardeur.

Der co-op-Skandal deckte auf, welche Schieber-Atmosphäre — mit dem Etikett gewerkschaftlicher »Solidarhilfe« — in der von Hesselbach gegründeten Holding geherrscht hatte: Die BGAG wandelte ein gigantisches Mißmanagement der BfG in co-op-Beteiligungen um, versteckte aber diese Beteiligungen in verschiedenen Tarnfirmen. Ende 85 — Lappas hatte mit dem Groß-Verkauf von Siedlungen begonnen — versuchte die Holding dann, ihr drückendes Engagement bei der co-op zu lösen und einen reichen Teilhaber aufzuspüren. Da sich keiner fand, wurde ein Firmen-Dschungel aufgebaut, der von der Schweizer Holding »Garvey« gesteuert wurde und der der Börse vorgaukelte, die co-op sei in guten ausländischen Händen. Sie befand sich vor allem in den Händen von Otto und seinen Vorstandskollegen.

Der Strafprozeß, der 1992 folgte, beschränkte sich auf die privaten Bereicherungen und brach nach einigen Schuldbekenntnissen der Angeklagten ab. Im Prozeß fragte der Richter den feixenden Otto: »Heißt das, daß Sie und Ihre beiden Vorstandskollegen Inhaber der Garvey waren?« Und der pausbakkige Otto antwortete: »Der Schluß bietet sich an.« Er bestritt

---

[61] Heinz-Oskar Vetter, dessen Assistent Otto gewesen war, starb ein Jahr nach diesen Enthüllungen.

allerdings, daß er den Firmenbesitz behalten wollte, behauptete vielmehr, er hätte das Vermögen bei Gelegenheit zurückge-
geben. Er wurde wegen Untreue in drei Fällen zu viereinhalb
Jahren Haft verurteilt. Waldläufer Lappas erhielt zwei Jahre auf
Bewährung. Nachdem das Scheinimperium aufgeflogen war,
wurde der Wertrest der co-op von den Banken verscherbelt.

Aus dem Unglück nichts gelernt
Epilog

Der Untersuchungsausschuß des Bundestages über die NH, der schon nach halbjährigem Wirbel seine Arbeit beendete, veröffentlichte Protokolle der BGAG: In ihnen wurde belegt, daß Lappas den Gewerkschaftsbesitz wie aus einem Luftschutzkeller geführt hatte, daß z. B. die BGAG-Aufsichtsräte seine Lügen deckten, wenn sie als Aufsichtsräte der Neuen Heimat tagten.

Das verschwörerische Geschäft im Frankfurter Unterstand (die Staatsanwälte der co-op sprachen vom »Verdacht einer kriminellen Vereinigung«) wurde also von der DGB-Elite immer gestützt. Kaum ein moralischer Preis war den Funktionären zu hoch. Sozialstaat und Mitbestimmung reichten ihnen nicht; sie verheizten sozialistische Ideale mit kapitalistischer Gier. Beinahe vierzig Jahre ging die Hybris gut; parallel zum Untergang der DDR verschwanden auch die Übergriffe der westdeutschen Gewerkschaften.

Merkwürdigerweise gingen sowohl die co-op als auch die BfG nicht wegen der Neuen Heimat verloren. Auch die BfG hatte gewaltige Managementfehler offenbart; sie war überdimensioniert und unterkapitalisiert; die Mängel ließen sich nur mit Hilfe neuer Besitzer überwinden. Nach der Aachener und Münchener Versicherung stieg dort (mit 25 Prozent) noch die französische »Crédit Lyonnais« ein.

Der Zusammenbruch der doppelten Neuen Heimat war vorauszusehen. Tauchten nun Analogien zum Bruch der anderen Unternehmen auf? Gewerkschaftliche »Gemeinwirtschaft« erschien in toto auf propagandistischem Matsch gebaut; überall stellte sich das Ende als Rache für politische Selbsttäuschung ein. Mit dem Touristik-Unternehmen »g.u.t.« hatte es erkennbar begonnen; der Verkaufsversuch der Bücherläden »Gutenberg« bildete 1994 den kaum noch wahrgenommenen Schluß.

Einer, der gleich zwei Konzerne kannte, Diether Hoffmann, schrieb nach seinem Abgang einen Aufsatz über die NH, in dem er vorsichtig die Gewerkschaften in die politische Schuld einbezog und verdeckt Hesselbachs Philosophien kritisierte — aber so verdeckt, daß sich neue Verdrehungen einschmuggelten. Er behauptete, die Theorie-Arbeiten seien als Notwehr gegen eine polemische Publizistik erdacht worden, um die DGB-Konzerne zu rechtfertigen — in der Praxis machte erst die angestrengte Ideologie jede Polemik möglich. Er kritisierte die Bremer Politik wegen der Hollerland-Affäre, weil sie die Bauplanungen verändert hätte — dabei verschwieg er den Boljahn-Filz. Er sah keine NH-Instandhaltungsmängel und glaubte, daß bei Vietor alle Wohnungen »sofort bezogen« worden seien. Er meinte, die Neue Heimat habe »stets auf korrekte Abgrenzung der Kosten für den gemeinnützigen und für den nicht gemeinnützigen Bereich geachtet« — und war so frei, sämtliche Vermögensschiebereien zu unterschlagen. Er beklagte bürokratisches Verhalten, marktwirtschaftliches Versagen sowie finanzpolitische Fehler bei Vietor — und unterdrückte natürlich jede Parallele zur BfG und zur co-op.[62]

Beim Niedergang der BfG oder beim Ruin der co-op finden sich im Detail andere Gründe als bei der Neuen Heimat. Aber künftige Untersuchungen werden auf viele Gleichheiten stoßen: 1. Die Neue Heimat war unterkapitalisiert — den gleichen Mangel zeigten die zwei anderen Konzerne. Was hinderte die Anteilseigner, katastrophale Entscheidungen (beim Grundstückskauf hier — bei der Kreditvergabe dort) aufzufangen? 2. Bei der Neuen Heimat arbeiteten zu teure Apparate — ähnlich pompös sah es bei der co-op und der BfG aus. Wieso verstanden es die Gewerkschaften nicht, ihr Unternehmens-Personal

[62] Diether Hoffmann, »Der Fall Neue Heimat«, in: »Zeitschrift für öffentliche und gemeinwirtschaftliche Unternehmen«, 4/87

effizient zu führen? 3. Wo gab es vergleichbare Filzstrukturen und Kontrollmängel? 4. Und hat die Bankaufsicht bei der BfG eventuell größeres Unheil verhindert? Hoffmann: »Selbstkritisch möchte ich anmerken, daß es eine Sache ist, Postulate aufzustellen, und eine andere, ihnen ... gerecht zu werden.«

Nach dem Februar 82 kam das Gemauschel der BGAG den Behörden, Parlamenten und Medien ins Visier. Das öffentliche Klima wurde unduldsamer gegenüber den Gewerkschaftsmanagern; ihre Schliche sprangen der Welt in die Augen. Aber das »gemeinwirtschaftliche« Skandalon wurde durch die NH-Affäre nur beschleunigt entdeckt — nicht mehr. Die Beweise über Vietors Habgier — und die brutalen sowie grotesken Versuche, das Mißmanagement aufzufangen — zogen nur die Decke weg, die die bigotte Luft im Industrie-Club des DGB zusammenhielt.

Insgesamt fünf Milliarden Mark habe die BGAG bei der Neuen Heimat, der co-op und der BfG verloren, gab Matthöfer zwölf Jahre nach Vietors Sturz bekannt.[63] Nachgewiesen waren rund 3,3 Milliarden beim Untergang des Baukonzerns. Das Geschiebe unter dem Dach der Holding machte es offenbar unmöglich, die Schadensbereiche zu trennen.

Ausgerechnet zur Wiedervereinigung endete also der machttraum-verlorene Anspruch der Gewerkschaften, die BRD von zwei Seiten zu bestimmen. Hätte die Strafe nicht gesamt-gesellschaftliche Konsequenzen, wäre sie leichter zu vergessen: Fünf Milliarden als Bußgeld für eine Anstiftung zur politischen Verwirrung, aufgebracht von damals siebeneinhalb Millionen Mitgliedern als Sterbehilfe. Volksfürsorge, Neue Heimat, co-op, BfG — alles verloren.

Denn was hat der DGB daraus gelernt? Fast nichts. In der Broschüre über die Neue Heimat, die er 1990 veröffentlichte, wurde zwar eingeräumt, daß »ein Grundproblem, vielleicht ein Grundirrtum, der Gemeinwirtschaft deutlich« wurde, nämlich: »Politische Ziele lassen sich mit Unternehmen, die den

[63] Wirtschaftswoche, 35/94

Marktgesetzen ausgeliefert sind, nicht verfolgen.« Aber wieso dann »Gemeinwirtschaft«? Die meisten Erklärungen klangen so verblasen, daß zentrale Erkenntnisse nicht zu sehen waren: »Weil die privaten Konkurrenten ihren Marktanteil halten wollten, mußten sie ein vergleichbares Verhalten an den Tag legen wie die gewerkschaftlichen Unternehmen ... Solange sie das nicht taten, arbeiteten die DGB-Unternehmen mit geringerer Kapitalrentabilität.«[64] Verstehe das, wer kann. Preisvorteile für Mieter oder Käufer wurden nie geboten. Laufende Zuschüsse fehlten ebenfalls.

Die Breitsche Broschüre gab Management-Fehler unter Lappas zu. Aber sie beklagte die »Ätsch-Reaktion« der Öffentlichkeit; sie bejammerte, daß »die Neue Heimat und die Gewerkschaften gleichgesetzt wurden«; oder sie bat um Mitleid: »Ein permanenter Rechtfertigungsdruck konnte zu lähmender Entschlußlosigkeit führen.« Es schimmerte soviel Naivität und Widerspruch im Text, daß allein die Hoffnung versöhnte, die Gewerkschaften begäben sich nie wieder auf solche anspruchsvollen Abenteuer. Ihr eigenes Versteckspiel als zentralen Grund für das NH-Debakel erkannten sie nicht.

Hesselbach zeigte die Kunst orakelhafter Rhetorik bis zu seinem Tod 93. Er glaubte weiterhin an eine gemeinwirtschaftliche Idee, meinte jedoch damit — noch vager als zuvor — Ethik und Moral in der Wirtschaft. Einige Kollegen hätten die Idee nicht begriffen (Namen nannte er nicht); und »wenn man für die Gewerkschaften ist, muß man manchmal gegen sie sein«.[65]

Der Erkenntnismangel über den Verlust der Konzerne beschädigt die deutsche Sozialpolitik bis heute. Vetter und IG-Bau-Chef Sperner erklärten sich nie für belastet; selbstkritische NH-Kontrolleure äußerten allenfalls, »nicht genügend aufgepaßt« zu haben. Noch immer behaupten die meisten Gewerkschafter, sie seien vor allem von Vietor, Otto oder Lappas rein-

[64] »Neue Heimat. Die Jahre von 1982 bis 1990«, hrsg. vom DGB-Bundesvorstand, S. 44
[65] Wirtschaftswoche, 25/89

gelegt worden — nicht von ihrem Verbandsdünkel oder ihren politischen Spekulationen. [66]

So hat der DGB in der Mietpolitik nichts mehr zu melden — egal, wie unsozial die Verhältnisse geraten. Die Gewerkschaften sind schuldig an der Wohnungsnot der 90er Jahre, weil ihr hemmungsloses Geschiebe den sozialen Wohnungsbau diskreditierte (und das war keine Untat Vietors). Ihren Anspruch, Mietmißstände zu bekämpfen, haben sie auf unbestimmte Zeit verspielt.

Und wie wollen sie die Herausforderungen durch die Computer-Elektronik begreifen, wo sie sich in einer seit hundert Jahren entwickelnden Rationalisierung überschätzten? Die Wirtschaft steht am Ende ihrer seit der Industrialisierung bekannten Organisationsformen; ein ökonomisch-kultureller Umbruch ist zu erwarten, wie es ihn in der Neuzeit noch nicht gab: Fast alle in diesem Jahrhundert entwickelten Betriebsabläufe wandern demnächst ins Museum. Taylorismus, Fließband, traditionelle Funktionsteilungen, gemeinsame Arbeitsstätte, erkennbare Unternehmen, normale Arbeitszeiten: fast alles wird verschwinden. Die fortschreitende Informationsgesellschaft löst die Industriegesellschaft auf. Da die Telekommunikation Entscheidungen und Bilder in Sekunden um die Welt schicken kann, werden bald interkontinentale Geschäftsflüge ebenso überflüssig wie Autofahrten zum Betrieb.

Die Gewerkschaften entwickelten sich als Vereine der Industriegesellschaft. Wie immer nun künftige Arbeitnehmer ihre Interessen schützen müssen: Mit diesen Vereinen können ihre Organisationen wenig zu tun haben. Und am wenigsten in der Bundesrepublik. Denn die deutschen Gewerkschaften haben sich in einem Maße mit der Industriegesellschaft identifiziert — haben ihr Muster und Machtgeber sein wollen — wie keine Arbeiterbewegung in einem vergleichbaren Ausland. Aus diesem

---

[66] Hans Otto Hemmer u. a., »Die Geschichte der Gewerkschaften«, Köln '90, S. 420 f. Auch hier wird die Ursache der Katastrophe vor allem im Vietorschen Management gesehen.

Grund wirkt ihre heutige Erstarrung so verheerend; sie beanspruchten die Führung — nun versteinern sie im Altersspeck.

Ihr Versteckspiel haben sie dabei nicht verlernt. Wieviel Prozent aller DGB-Mitglieder beziehen heute ihre Gehälter aus Steuermitteln — von Behörden, öffentlichen Einrichtungen oder vorwiegend subventionierten Unternehmen? Mit dem Staat verhandeln Lohn und Arbeitsbedingungen: ÖTV, IG Bergbau-Energie, GEW, Post-, Eisenbahn- und Polizei-Gewerkschaft sowie Teile der IG Metall, der IG Medien und der IG Bau-Agrar.[67] Schätzungsweise die Hälfte aller DGB-Gewerkschaften erstreitet sich seine Bezüge vom Wohlstandsstaat (aus Steuern oder anderen Pflichtgeldern); die einstige Arbeiterbewegung steckt nicht nur im Wandel der Produktionsstrukturen fest, sondern nistet in der Öffentlichen Hand.

Erkenntnismangel und Bequemlichkeit führen zu jener Reform-Unfähigkeit, unter der der Arbeitsmarkt leidet. Anders als in Holland, Schweden, Dänemark, England oder den USA drehen die entscheidenden Gremien in Deutschland — Arm in Arm mit den Gewerkschaften — Warteschleifen über den Arbeitslosen und hoffen, das Wirtschaftstief würde, einem Unwetter gleich, wieder abziehen. Wie antwortet IG-Metall-Chef Klaus Zwickel auf den Hinweis, seine Branche habe die kürzesten Arbeitszeiten und fast die höchsten Lohnkosten der Welt? Er verweist auf die Export-Überschüsse[68] — und ignoriert die Lasten von 6 Millionen Menschen, die am Arbeitsprozeß nicht mehr teilnehmen.

Wo das Unheil liegt: Unter dem Dach der DGB-Zentrale arbeitet seit langem — und ausnahmslos — eine Gruppe von Berufsgenossenschaften, deren Mitglieder sich so egoistisch artikulieren wie Landwirte, Soldaten oder Apotheker. Das Kreuz mit ihnen entsteht dadurch, daß sie immer noch als Vertretungen der Unterdrückten auftreten. Sie beanspruchen unbeirrt den gleichen, alten Nimbus!

---

[67] Darüber hinaus natürlich der Beamtenbund und Teile der DAG.
[68] »Spiegel«-Interview, 21.4.97

Zu Beginn der Industrialisierung hatten sie sich mit der Demokratiebewegung und der Kultur der Massen gleichsetzen können — das unfaire Drei-Klassen-Wahlrecht galt bis 1918. Vor diesem Historienbild wehren sich heute ihre Beamten und Facharbeiter dagegen, auch nur ein Zehntel ihres erreichten Wohlstandes zugunsten der Erwerbslosen aufzugeben.[69] Heute wird jede Gehaltserhöhung im Öffentlichen Dienst nicht gegen ausbeutende Arbeitgeber errungen, sondern als Verteilungskampf gegen Wohngeld- und Bafög-Empfänger geführt — ausgehandelt von Genosse zu Genosse, da die Vertreter der Arbeitgeber in den meisten Kommunen und Ländern gleichfalls Gewerkschafter sind. Und heute läßt die IG Bergbau ihre Mitglieder auf teuren Motorrädern (Zweitautos gleich) für den Erhalt ihrer Subventionen gegen Bonn fahren und veranlaßt (oder zwingt) damit den Bundesfinanzminister, das Geld da zu nehmen, wo kein Widerstand geleistet wird: bei der Sozialhilfe.

Die IG Metall verkörpert nach wie vor die größte Branchen-Gewerkschaft der Welt. Ihr 2. Vorsitzender Walter Rister forderte zu radikalem Umdenken auf: darüber, »wie Solidarität noch«[70] zu verstehen sei. Gleichzeitig schlug ihr 1. Vorsitzender Zwickel eine Arbeitszeitverkürzung (mit »teilweisem« Lohnverzicht) vor und hätte damit praktisch erreicht, daß die Zahl der besser bezahlten Überstunden zugenommen hätte. Zwickel verstand unter »teilweisem« Verzicht, die 35-Stunden-Woche auf 32 zu senken und dafür einen Lohn wie für 34 Stunden zu kassieren. Erwartungsgemäß schrien die Arbeitgeber auf, weil damit das Stundengehalt erhöht worden wäre — phantastischerweise schrien aber ebenfalls die IG Metaller auf und nahmen Zwickel zurück: Auch nur theoretisch auf das

---

[69] Die Zahl der Überstunden 1995 entsprach rechnerisch einem Äquivalent von 1,7 Millionen Arbeitsplätzen. Der DGB behauptet, diese Überstunden abbauen zu wollen.

[70] »Zeit«, 11.4.97

Geld für eine Tarifstunde zu verzichten, empfanden die IG Metaller als zu viel.

Trotzdem verkaufen sich führende Gewerkschafter ungebremst als Sprecher der Erwerbslosen. IG-Medien-Chef Hensche etwa fragt herausfordernd: »Wer soll denn gegen die Arbeitslosigkeit kämpfen, wenn nicht wir?«[71] Die Frage entpuppt sich als so irreführend wie die Zielvorgaben der »gemeinwirtschaftlichen« Unternehmen; ähnlich eingebildet sorgte sich die Neue Heimat um die Mieter.

Man muß Detlef Hensche nicht die Gewissensqual absprechen, aber er knüpft an Hesselbach an und redet wie ein zwielichtiger Priester, der laut die allgemeinen Mängel — beispielsweise am Theater, im Wald und auf der Straße — beklagt und leise für die Bezüge seiner Gefolgsleute arbeitet. Das ablenkende Spiel fiele beim Verband der Steuerberater auf, würde dieser das Leben der Obdachlosen bejammern (und damit seine Arbeit für die Hausbesitzer verkleiden). Wenn Gewerkschafter gegen Arbeitslosigkeit protestieren, dann aus der Angst, selbst arbeitslos zu werden: Aber sie entwickeln keinen Gegenplan, kennen keinen Verzicht, sondern igeln sich ein. Schriftsteller Klaus Harpprecht formuliert noch wohlwollend, wenn er den DGB-Verbund eine »Zunft« nennt, »die die Privilegien einer arrivierten Arbeiter- und Angestelltenschicht verwaltet«.[72]

Wie arglos kann also ein Wissenschaftler wie Oskar Negt sein, der bar aller Erfahrungen fordert, die Gewerkschaften hätten weiterhin »das Wohl und Wehe des Gemeinwesens in den Vordergrund ihres Handelns« zu rücken?[73] Und der unverdrossen die Erweiterung eines »kulturellen Mandats« für den DGB ersehnt, obgleich er beklagen muß, daß die Gewerkschaften keine »kulturellen Handlungsfelder« vorweisen? Negt

[71] »Zeit«, 15.11.96
[72] »Vorwärts«, 10/95. Sozialdemokrat Harpprecht zählte zum Beraterkreis Willy Brandts.
[73] Zeitschrift »Erziehung und Wissenschaft«, 10/96, S. 2

spießt den Industriellen Tyll Necker wegen einer asozialen Äußerung auf (»Das Kapital geht überall hin, wo es sich wohl fühlt«) — und sein Stich hätte vielleicht vor dreißig Jahren gesessen. Heute geht er daneben. Wohin wanderte das Gewerkschaftskapital? Und was soll der DGB — wie Negt wünscht — im »Schul- oder Erziehungssystem« oder bei »Problemen der sozialen Solidarität« einbringen, was er nicht hätte durchsetzen können? Wann immer Vietor ein Behindertenheim baute, sprach er von »sozialer Solidarität« (die Bauten wurden solide bezahlt). Und die letzte Schul- und Bildungsreform aus der Kanzlerzeit Brandts gestaltete sich vor allem als Gehaltsreform der Erziehungsbeamten. [74]

»Probleme der sozialen Solidarität« werden längst ohne die Gewerkschaften diskutiert. In diese Debatte treten wieder jene Institutionen ein, die der Reichtum vergessen machte: die religiösen und freien Wohlfahrtsverbände. Arbeitslose (egal, ob religiös oder nicht) können zum Jahrhundertende der Moral von Kirchenvertretern — wenn diese fordern, Arbeit zu teilen — eher glauben als den Motiven und der Sprache des DGB, wenn dieser einen »Beschäftigungsgipfel« organisiert und auf dem verheißungsvoll propagierten Kolloquium nur staatliche Arbeitsprogramme verlangt. Wer den Motiven des DGB mißtraut, lehnt solche Programme nicht ab. Das Mißtrauen entsteht nur aus der Vermutung, daß die Reform der Arbeits- und Sozialpolitik von einem Verband nicht bewältigt wird, der mit dem Schlagwort »Solidarität« seine Fleischtöpfe zudeckt. Wer zeigt praktische Solidarität mit denen, die draußen oder unten stehen? Wer betreibt Pflegeheime, Obdachlosen-Asyle, Sozialstationen? Die Gewerkschaften nicht.

Das Fahnenwort »Solidarität« — das Koalitionsfreiheit, Tarifhoheit und Streikrecht zu Verfassungswerten hob — ver-

---

[74] Über 50 Prozent aller Beamten sind Gewerkschaftsmitglieder. Die Öffentliche Hand ist wie kein anderer Arbeitssektor berufsgenossenschaftlich organisiert; Reformen gegenüber »steht sie wie eine Wand« (Soziologe Ralf Dahrendorf).

steckte immer schon den Gruppen-Egoismus; soziale Verantwortung für Außenstehende war damit (spätestens in der Bundesrepublik) nicht gemeint: die wurde auf den Staat übertragen. Nur deshalb, weil Tariflöhne auch für Nicht-Gewerkschafter gelten, ließ sich der Gruppen-Egoismus als soziale Selbstlosigkeit mißdeuten.[75]

Schon vor zwanzig Jahren, als Vetter noch die DGB-Macht führte, zeigte dieser Egoismus unvergeßliche Beispiele: Die Drucker verdienten mehr als die Eisenbahner, die Chemiearbeiter wurden besser bezahlt als die Textilarbeiter. Vom Sozialismus beflügelte Humanisten wie Joachim Steffen und Gerhard Eppler brachten damals den Vorschlag ein, der DGB möge sich eine solidarische Lohnpolitik — einen Geld- und Arbeitsausgleich über die Betriebe hinweg — zum Ziel machen, damit er die Repräsentanz von Partikular-Interessen überwinden und eine eigene, partei-ähnliche Position erringen könne. Vorgeschlagen wurden Gewerkschaftsfonds zwischen Groß- und Klein-Verdienern, um die Idee der Arbeiterbewegung als Idee der Chancengleichheit zu reaktivieren. Die Vorschläge wurden diskutiert — und von den Habenden abgelehnt. IG-Chemie-Chef Hauenschild: Solidarische Lohnpolitik brauche »einen fast engelsgleichen Menschen, der so viel Einsicht hat, daß er für den Nachbarn Verzichte bringt«.[76] Derweil ging Vetter durch die Lande und hob die Politik der Besitzstandswahrung in den Rang außerparlamentarischer Konkurrenz.

Seinerzeit verteidigten namhafte Wissenschaftler und Publizisten den DGB vor dem Vorwurf, er habe aus der Bundesrepublik einen »Gewerkschaftsstaat« gemacht, denn — so ihre Ar-

---

[75] 1995 wurde innerhalb der ÖTV gefordert, Tarifabschlüsse nur noch für Gewerkschafter gelten zu lassen. — Das IG-Medien-Blatt »Forum« (I/96) berichtete über eine Programm-Debatte: »Solidarität müsse Dreh- und Angelpunkt bleiben. Mahnend angemerkt wurde aber, diesen Begriff nicht zu überhöhen … Hilfreich könne sein, so eine Anregung, Solidarität künftig als ›kollektiven Eigennutz‹ zu definieren.«

[76] Helga Grebings lebendiger Aufsatz in: »Gewerkschaftliche Politik: Reform aus Solidarität«, Köln '77, S. 43 ff.

gumente — das Grundgesetz etabliere eine kapitalistische Wirtschaftsordnung und böte den Gewerkschaften keine Chance, mit der Unternehmermacht gleichzuziehen; es gäbe keine »Kampfparität« zwischen Kapital und Arbeit. Solchen Argumenten war auch die Studentenbewegung 68 gefolgt.

Aber zwischen damals und heute zerbrach eine Welt. Das linke Engagement der westdeutschen Intelligenz (Kunst, Medien, Hochschulen) wurde nicht durch den sowjetischen Staatsmarxismus oder durch die Wiedervereinigung ruiniert, sondern durch die Politik der eigenen Gewerkschaften: durch die egoistischen Schreckgesichter der Affären Neue Heimat und co-op. Die Gewerkschaften besaßen kein Gesellschaftskonzept, das ihnen »Kampfparität« hätte zubilligen können — weder in ihren Wirtschaftskonzernen noch bei der Mitbestimmung[77], weder in der Bildung noch in der Ökologie. Sie richteten sich im Kapitalismus profitabel ein und behaupteten, ihr Humanismus wäre unterdrückt.

Und aus diesem die Gesellschaft umklammernden Widerspruch haben sie sich nicht gelöst. Ihre Politik aus Nostalgie, Eigensucht und Verdrängung schiebt das Land jetzt in eine wirtschafts- und sozialpolitische Lähmung. Die Politik ähnelt der Mischung, in der die »Gemeinwirtschaft« — jedenfalls die Neue Heimat — arbeitete. Henning Scherf, gewerkschaftstreuer SPD-Bürgermeister zu Bremen, attackiert alle, welche

[77] In der Mitbestimmung wurden sogar demokratische Modelle bekämpft, an denen die Gewerkschaften nicht beteiligt waren. — Vielleicht sollten Kirchen sowie Umwelt- und Menschenrechts-Vereine in künftige Mitbestimmungen eingebunden werden. Ethiker, Philosophen oder »Greenpeace«-Vertreter scheinen bessere Garanten für soziale Verpflichtungen und humane Lebensweisen zu sein als Gewerkschaftsfunktionäre. Darüber hinaus scheint die Besitzbeteiligung von Mitarbeitern noch immer eine Chance zu bieten, asozialem Renditedenken unkontrollierbarer Kapitalgeber entgegenzuwirken, obgleich solche Beteiligungen die ethischen und ökologischen Probleme kaum lösen: Mitarbeiterfirmen, die Waffen oder Gifte produzieren, würden sich so gewinnorientiert verhalten wie feudal geführte Firmen.

die Gelegenheit genutzt hätten, diese DGB-Konzerne »zu ruinieren, die ein Modell alternativen Wirtschaftens waren und in der Zukunft wohl auch hätten sein können«.[78] Scherf behindert sozialpolitische Veränderungen, indem er eine Dolchstoß-Legende verbreitet.

Den Herausforderungen durch die »Globalisierung« sind solche Geschichtsträume nicht gewachsen — was sich aktuell an der Bremer Vulkan-Werft-Pleite zeigt.[79] Die arbeitspolitischen Bedrohungen, die aus der Entwicklung weltweiter Märkte entstehen, kamen zwar insoweit überraschend, als niemand damit rechnen konnte, einmal in Osteuropa ein kapitalistisches System anzutreffen. Aber die Lohnkonkurrenz aus den Ländern Asiens (Wettbewerber der Werften) oder Südamerikas existiert seit langem. Anpassung? Soziale Innovation? DGB-Chef Dieter Schulte Anfang 1997: »Mit mir können Sie über Re-Regulierung reden ... nicht aber über die Aussage: Wir müssen uns anpassen.«[80]

Beim Bergbau oder Schiffbau, bei der Post, der Eisenbahn, der Müllabfuhr oder den Hochschulen — überall, wo hierzulande die europaweite Überteuerung Hunderttausender von Arbeitsplätzen freigelegt wird, versucht Schulte, den Wohlstand zu sichern. Gegen den schwerfälligen Rückzug wäre nur halb soviel zu schießen, behaupteten seine Mitstreiter nicht, sie kämpften im Namen von Humanität und Demokratie.

[78] Aufsatz in: Wolfgang Müller (Hrsg.), »Erinnerungen für die Zukunft«, Frankfurt '94, S. 192 ff.

[79] Die Vulkan-Werft meldete im Februar '96 Vergleich an, nachdem sie eine Milliarden-Subvention erhalten und sogar EU-Gelder mißbraucht hatte. Der »Spiegel« (10/96) veröffentlichte ein Papier des niedersächsischen Staatssekretärs Alfred Tacke (SPD), in dem dieser »den Einfluß, den die IG Metall und der Bremer Senat auf die Unternehmenspolitik ausgeübt haben«, zum Kern der Pleite erklärt.

[80] »Zeit«, 3.1.97 — Eine Studie der Hans-Böckler-Gesellschaft über neue Arbeitsformen beschreibt, wie defensiv der DGB wurde. (Hildegard Mathies u. a., »Arbeit 2000«, Reinbek '94)

Sechs Millionen deutsche Haushalte haben sich Immobilien-Vermögen im Nettowert zwischen 250.000 und 750.000 Mark anschaffen können. Alles, was die konservative Regierung Kohl bislang an sozialpolitischem Abbau legalisierte, bleibt weit hinter dem zurück, was sozialdemokratische Regierungen in Holland, Schweden oder England mittlerweile — im Kampf gegen die Arbeitslosenzahlen — als Verzichtpolitik akzeptieren. Daraus sollte die deutsche SPD (wenn sie das Land erneuern will) den Schluß ziehen, mit dem DGB sachlicher als bisher zu verkehren. In Großbritannien etwa will der neue sozialdemokratische Premier Tony Blair am als Thatcherismus bekannten Sozialabbau substantiell nichts ändern. Dieser Thatcherismus entmachtete die Gewerkschaften, die in den achtziger Jahren als die stolzesten Besitzverteidiger Europas galten: Auf englischen Elektro-Loks fuhren unverdrossen Kohlenheizer mit. Wie nahe an diesem ökonomischen Luxus befinden sich die deutschen Genossen — als Werftarbeiter, deren Schiffe verschenkt werden; als Postbeamte, deren gediegene Frühpensionen die Kassen fressen?

Der Kampf um die Angleichung der Gehälter nach der Wiedervereinigung steht exemplarisch für die Blindheit gegenüber der Globalisierung. Denn die Angleichung wird nicht zum West-Niveau aufsteigen können (wie von den Gewerkschaften gefordert), sondern umgekehrt zum Ostlohn fallen müssen; das Denken in die falsche Richtung beschert der Republik, welche ja — einmalig — ein Kommunistenland sozialpolitisch übernahm, gewaltige Zusatzprobleme.

Wenn der renommierte Soziologe Ulrich Beck darauf verweist, »daß im bisherigen Modell unserer Demokratie ... Beteiligung an Erwerbsarbeit eine der Voraussetzungen für demokratische Beteiligung war«, und zu überlegen auffordert, »wie Demokratie jenseits der Erwerbsarbeit begründet«[81] werden

---

[81] »Vorwärts«, 7/97 — Beck verlangt »hierüber eine öffentliche Diskussion«.

kann — pointiert er den gesellschaftlichen Umbruch und die erstickende Verbands-Vormacht der Gewerkschaften.

Weder in England noch in den USA verstand sich die Arbeiterbewegung als Konstituante der Demokratie. Hierzulande hingegen wird Demokratie weiterhin mit gewerkschaftlichem Einfluß — mit vom DGB organisierter Lebensverbesserung — kurzgeschlossen, und dieses materialistisch besetzte Verfassungsbild erlaubt, jede soziale Veränderung als Gefahr zu sehen. Mit ihrem unseligen Gemeinwohl-Anspruch untergraben die Gewerkschaften letztlich die offenen Strukturen einer pluralistischen und konflikt-geregelten Gesellschaft.

Die »moralische Dimension« der DGB-Lobby, die Soziologe Negt beschwört, ist so real wie die Behauptung der Bauern, gemeinwohl-orientierte Pfleger der Landschaft zu sein (und das Grundwasser subventioniert zu vergiften). Nur belastet der DGB nicht das Grundwasser, sondern das Grundgesetz. Sein salbadernder Stillstand wirkt tragisch, weil er einst, nach dem Gemetzel der Faschisten, tatsächlich einen Teil des humanen Gewissens innerhalb der Gesellschaft verkörperte — und niemandem ein Vergleich zu Landwirten oder Soldaten eingefallen wäre. Aber solange er heute nicht erkennt, wohin sich die humanen Probleme verlagert haben; solange er seinen Wirklichkeitsblick auf sich richtet; solange er glaubt, nicht teilen zu müssen — so dauerhaft müssen seine moralischen Ansprüche bekämpft werden. Der DGB verschleiert die sozialen Brennpunkte und verhindert ihre Lösung; eine Arbeitsmarktpolitik wird erst wieder erfolgreich sein, wenn die Gewerkschaften entweder ihren Egoismus oder ihre Propaganda aufgeben.

Schlußendlich der »Euro«: Warum glaubt IG-Bau-Chef Klaus Wiesehügel gleich die Verfassungsfrage stellen zu müssen, wenn englische Bauarbeiter billig auf deutschen Baustellen schuften? [82] Wiesehügel wies als erster Gewerkschafter die geplante Euro-Währung ab, weil er befürchtete, daß durch eine europaweite Lohnkonkurrenz die deutschen Maurer verarmen

---

[82] »Zeit«, 28.2.97

könnten. Angst vor Neuerungen ist leicht zu schüren[83] — hier rief sie die Demokratie an.

Englische Bauarbeiter — vom Thatcherismus gebeutelt — reisen quer durch Europa, um ihr Geld zu verdienen. Die soziale Härte auf ihrer Insel, die sie zur Jobsuche ins Ausland jagt, hat die britischen Grundgesetze aber nicht abgeschafft. Die englische Sozialstruktur soll auch nicht als wünschbar gelten, sie kann jedoch das Pathos verdeutlichen, mit dem hierzulande die Einkommen verteidigt werden. Der Vorsitzende der CDU-Sozialausschüsse, Rainer Eppelmann (einst Oppositioneller in der DDR), bittet inzwischen die Kirchen um ein arbeitspolitisches Konzept, weil auch er erkannte, daß der Verbands-»Egoismus« die Arbeitslosen links liegen läßt.

Falls es zur Gefährdung unserer demokratischen Grundordnung käme, dann dadurch, daß »moralische« Gewerkschaften ihr Lohngefüge gegenüber sechs Millionen Erwerbslosen abschotten. Die ehemaligen »Schrittmacher des Fortschritts« blockieren am Ende ihrer mehr als hundertjährigen Geschichte stur und blind (wie einst Vietor) die wichtigsten Anpassungen an die ökonomischen Umbrüche. »Es ist nicht ausgeschlossen«, schreibt die »Zeit«, »daß die klammheimliche Mesalliance zwischen einem zynischen Neokapitalismus und einer altlinken Orthodoxie die Übel verschlimmert. Die Schrumpfung von Teilen des liberal-konservativen Milieus auf einen extremen Marktradikalismus ist das eine — der Absturz von Teilen des linken Denkens in eine schiere Affirmation des Status quo ante ist das andere Kapitel.«[84]

1994 verlöschte der Name »Neue Heimat« auf dem Wohnungsmarkt, nachdem die NH-Niedersachsen (das letzte

---

[83] Siehe die argumentativ unsägliche Anzeigen-Kampagne einer Initiative, die sich »pro D-Mark« nennt. — Im »Euro« liegt die große Chance, der Globalisierung einen europäischen Binnenpakt entgegenzusetzen und die Industrie von spekulativen Devisenmärkten zu befreien. Der Publizist Claus Noé nennt diese Märkte »eine Spielkasinokette zu Lasten der Realwirtschaft«.

[84] Autor: Warnfried Dettling, 28.2.97

Zehntel) sich in »Bau Be Con« umgetauft hatte. Im Hamburger Hochhaus der einstigen Führung saß noch eine Pensionskasse, die den ehemaligen Angestellten die Betriebsrenten überwies. Hans Matthöfer ging 1997 in Pension.

Was wäre, wenn die Gewerkschaften heute noch ihre Konzerne besäßen? Wie heuchlerisch könnten sie als Unternehmer den Ausschluß der Erwerbslosen aus ihrer Politik leugnen?

Wolf Wagner

Kulturschock
Deutschland

*»Es ist vor allem ein Buch
gegen die Bretter vor den Köpfen,
egal vor welchen.«* (Der Tagesspiegel)

Von Einheit keine Spur.
Diagnose: Kulturschock.
Therapie: Scheuklappen ablegen,
den Schock als Chance
begreifen, legitime Unterschiede
zwischen Ost und West anerkennen.

Englische Broschur
240 Seiten
DM 29,80/öS 218,00/sFr 29,80
ISBN 3-88022-376-9

ROTBUCH *Verlag*

*Parkallee 2
20144 Hamburg
Tel. 040/45 01 94 - 30
Fax 040/45 01 94 - 55*

Sunil Khilnani
Revolutionsdonner
Die französische Linke nach 1945
Gebunden mit Schutzumschlag
379 Seiten

ZEITGESCHEHEN

bei ROTBUCH

Lin Chun
Wortgewitter
Die britische Linke nach 1945
Gebunden mit Schutzumschlag
415 Seiten

Andrei S. Markovits/Philip S. Gorski
Grün schlägt Rot
Die deutsche Linke nach 1945
Gebunden mit Schutzumschlag
607 Seiten

Wolf Wagner
Kulturschock Deutschland
Englische Broschur. 238 Seiten

Klaus Behnke/Jürgen Fuchs (Hg.)
Zersetzung der Seele
*Psychologie und Psychiatrie im
Dienste der Stasi*
Rotbuch TB 1015. 347 Seiten

Richard David Precht
Noahs Erbe
*Vom Recht der Tiere
und den Grenzen des Menschen*
Gebunden mit Schutzumschlag
380 Seiten

Peter Vanderbruggen
Die Euro-Lüge
*Vom Unsinn der europäischen
Währungsunion*
Broschur. 200 Seiten

Elfie Siegl
Russischer Bilderbogen
*Reportagen aus
einem unbegreiflichen Land*
Broschur. 224 Seiten

John S. Mehnert
Die Gewerkschafts-Bande
*Der größte Wirtschaftsskandal
der Nachkriegsgeschichte,
aufgeschrieben von dem Mann, der
die Neue Heimat zu Fall brachte*
Broschur. 192 Seiten

Burkhard Schröder
Der V-Mann
Rotbuch TB 1061. 216 Seiten

Tim Köhler
**Die Maschine kann nicht fühlen,
ob der Mensch atmen will**
Reportagen aus dem Krankenhaus
Rotbuch TB 1059. 142 Seiten

Guido Viale
MegaMüllMaschine
*Über die Zivilisation des Abfalls
und den Abfall der Zivilisation*
Broschur. 239 Seiten

Bernd Guggenberger
Das digitale Nirwana
Gebunden mit Schutzumschlag
268 Seiten

R O T B U C H   V E R L A G   ·   H A M B U R G